# O Comportamento do Consumidor

Dados Internacionais de Catalogação na Publicação (CIP)
(Câmara Brasileira do Livro, SP, Brasil)

Giglio, Ernesto Michelangelo
  O comportamento do consumidor / Ernesto Michelangelo Giglio. - 4. ed. - São Paulo : Cengage Learning, 2015.

  3. reimpr. da 4. ed. de 2010.
  Bibliografia.
  ISBN 978-85-221-1068-1

  1. Consumidores - Comportamento 2. Consumo (Economia) 3. Marketing - Administração I. Título.

10-09062                                    CDD-658.8342

Índice para catálogo sistemático:

1. Comportamento do consumidor: Gerência de marketing: Administração de empresas 658.8342
2. Consumidores: Comportamento: Gerência de marketing: Administração de empresas 658.8342

# O Comportamento do Consumidor

4ª Edição

Ernesto Michelangelo Giglio

Austrália • Brasil • Japão • Coreia • México • Cingapura • Espanha • Reino Unido • Estados Unidos

O comportamento do consumidor – 4ª edição

Ernesto Michelangelo Giglio

Gerente Editorial: Patricia La Rosa

Editora de Desenvolvimento: Sheila Fabre

Supervisora de Produção Editorial: Fabiana Alencar Albuquerque

Revisão: Maya Indra Souarthes Oliveira

Diagramação: FZ.Dáblio Studio

Capa: Absoluta Publicidade e Design

© 2011 Cengage Learning Edições Ltda.

Todos os direitos reservados. Nenhuma parte deste livro poderá ser reproduzida, sejam quais forem os meios empregados, sem a permissão por escrito da Editora. Aos infratores aplicam-se as sanções previstas nos artigos 102, 104, 106 e 107 da Lei no 9.610, de 19 de fevereiro de 1998.

Esta editora empenhou-se em contatar os responsáveis pelos direitos autorais de todas as imagens e de outros materiais utilizados neste livro. Se porventura for constatada a omissão involuntária na identificação de algum deles, dispomo-nos a efetuar, futuramente, os possíveis acertos.

Este livro tem material de apoio no site www.cengage.com.br
O material de apoio é uma cortesia para professores que adotam a obra e a indicam na ementa do curso.

Para informações sobre nossos produtos, entre em contato pelo telefone **0800 11 19 39**

Para permissão de uso de material desta obra, envie seu pedido para **direitosautorais@cengage.com**

© 2011 Cengage Learning. Todos os direitos reservados.

ISBN-10: 85-221-1068-9
ISBN-13: 978-85-221-1068-1

**Cengage Learning**
Condomínio E-Business Park
Rua Werner Siemens, 111 – Prédio 11 – Torre A – Conjunto 12
Lapa de Baixo – CEP 05069-900 – São Paulo –SP
Tel.: (11) 3665-9900 Fax: 3665-9901
SAC: 0800 11 19 39

Para suas soluções de curso e aprendizado, visite
**www.cengage.com.br**

Impresso no Brasil.
*Printed in Brazil.*
1 2 3 4 5 6 7   15 14 13 12 11

# Sumário

**Introdução** .................................................................................................. 1

**Parte I  O leque de teorias sobre o comportamento do consumidor** ................ 5

**Capítulo 1  Os pontos de partida dos modelos científicos e a noção de ser humano** .................................................................................. 7
1.1 Os pressupostos das ciências de apoio ao comportamento do consumidor ........................................................................................ 7
1.2 O método positivista e seus ideais de controle e previsão ..................... 9
1.3 Teorias do consumidor que utilizam o positivismo na Biologia, na Psicologia e na Economia ................................................................. 11
1.4 A dialética e seu ideal de uma integração futura ................................. 12
1.5 A visão estruturalista e a busca dos invariantes ................................... 14
1.6 A visão sistêmica ............................................................................... 14
1.7 A visão fenomenológica ..................................................................... 15
1.8 Retomando a questão: qual ponto de partida utilizar? ......................... 16
1.9 Pontos de reflexão para melhoria das teorias e ações .......................... 17
1.10 Sugestões e exercício ......................................................................... 25
1.11 Comentários finais sobre os pontos de partida .................................... 26

**Capítulo 2  As bases de noção de ser humano e as teorias do comportamento do consumidor que elas geram** ........................................... 33
2.1 As teorias racionais sobre o comportamento do consumidor ............... 33
    2.1.1 Teorias econômicas ................................................................. 34
    2.1.2 Teorias de avaliação de risco e decisão ..................................... 34
    2.1.3 As teorias racionais aplicadas ao consumidor organizacional ..... 36
    2.1.4 Críticas às teorias econômicas .................................................. 37
2.2 As teorias da motivação do comportamento do consumidor ............... 38
    2.2.1 A teoria de Freud e a questão do inconsciente no consumo ....... 38
    2.2.2 A teoria de Maslow e o consumo .............................................. 41
    2.2.3 Vantagens e limites das teorias da motivação ............................ 43
    2.2.4 Sugestão de exercícios ............................................................. 44
2.3 As teorias comportamentais sobre o consumo .................................... 45
    2.3.1 Os fundamentos da teoria de Skinner ....................................... 45
    2.3.2 As relações do behaviorismo com o Marketing ......................... 46
    2.3.3 Um exemplo de condicionamento operante .............................. 47

2.3.4 Vantagens e limites da teoria behaviorista............................................... 48
2.3.5 Comentários e sugestões de ações de Marketing................................... 49
2.4 As bases das teorias sociais sobre o comportamento do consumidor ................ 51
2.4.1 Abordagens e autores em teorias sociais sobre o consumo ................... 51
2.5 As bases das teorias existenciais sobre o comportamento do consumidor ........ 53
2.5.1 O princípio básico do Existencialismo.................................................. 54
2.5.2 Os horizontes básicos do Existencialismo ............................................ 56
2.5.3 Ações de Marketing e exercícios que surgem dessas leis básicas.......... 60
2.5.4 Caso comentado: o caso da juventude feminina.................................... 61
2.5.5 Aproximações e distanciamentos entre os princípios
teóricos sobre o comportamento do consumidor................................... 62

**Parte II A razão, a emoção, as atitudes e o social: os modelos positivistas racionais, os modelos de tipologias e os modelos de influência social no comportamento do consumidor ................................... 69**

**Capítulo 3 O modelo econômico............................................................................ 71**
3.1 Os princípios da Psicologia Econômica ............................................................. 71
3.2 Teorias da melhor escolha focadas no resultado financeiro ............................... 72
3.3 Teorias do processo de diminuição de incertezas............................................... 73
3.4 Teorias psicoeconômicas que admitem influências emocionais e sociais.......... 74
3.5 Comentários finais sobre as teorias econômicas do consumo............................ 75

**Capítulo 4 O modelo de tipologias do consumidor............................................... 77**
4.1 Os recursos de classificação e generalização e o modelo de tipologia............... 77
4.2 Tipologia por critérios demográficos.................................................................. 78
4.3 Tipologia por características da personalidade (ou traços psicográficos) .......... 82
4.3.1 Os traços cognitivos .............................................................................. 82
4.3.2 Os traços emocionais ............................................................................ 84
4.3.3 As atitudes ............................................................................................ 85
4.4 Tipologia por estilos de vida .............................................................................. 86
4.5 Tipologia pelo ciclo de vida do produto ............................................................. 88
4.6 Tipologia pelo modo de compra......................................................................... 88
4.7 Algumas reflexões e críticas sobre o embasamento teórico do
modelo de tipologias........................................................................................... 89
4.8 Alternativas de tipologias ................................................................................... 91
4.9 As tipologias no Marketing Global .................................................................... 92
4.10 Comentários sobre o modelo das tipologias....................................................... 94

**Capítulo 5 O comportamento do consumidor inserido em um grupo social...... 97**
5.1 Conceitos de grupo............................................................................................. 97
5.2 Formação de grupos ........................................................................................... 98
5.3 A identidade grupal e a relação com o consumo ............................................. 100
5.4 Papéis e grupos especiais: a família.................................................................. 101
5.5 Muda o papel da mulher, muda a organização da família ................................ 103
5.6 Muda o poder da criança e o do adolescente, muda a
organização da família...................................................................................... 104
5.7 Sugestão de algumas linhas de ação dos profissionais..................................... 105
5.8 A análise de filmes como exercício interessante .............................................. 107
5.8.1 Sinopse do filme.................................................................................. 107
5.8.2 Análise conforme o modelo social...................................................... 107
5.9 Sobre a técnica da mesa-redonda ..................................................................... 108

**Parte III  O consumo entendido como um processo em etapas** ............................ 111

**Capítulo 6  As etapas anteriores à compra: as experiências, as expectativas, o levantamento de alternativas e o julgamento do consumo** .............................. 115
6.1  A primeira etapa: tudo começa com as experiências
    por que passamos .................................................................................. 115
    6.1.1  As experiências relativas ao corpo ............................................. 116
    6.1.2  As experiências relativas ao nosso psiquismo ........................... 116
    6.1.3  As experiências relativas aos objetos e à natureza .................... 117
    6.1.4  As experiências relativas às pessoas e regras sociais ................ 117
    6.1.5  Comentários finais sobre esta etapa ........................................... 118
6.2  As expectativas como a segunda etapa do consumo ............................ 119
    6.2.1  Os conceitos de desejos e expectativas ...................................... 119
    6.2.2  As componentes das expectativas .............................................. 120
    6.2.3  Expectativas em relação aos quatro níveis básicos .................... 121
    6.2.4  Comentários finais sobre a etapa das expectativas .................... 122
6.3  A etapa da construção de alternativas para escolha do produto ........... 123
    6.3.1  Sobre o leque na busca de alternativas ...................................... 124
    6.3.2  Alguns pontos básicos sobre aprendizagem ............................... 124
    6.3.3  Memória como criação ............................................................... 125
    6.3.4  A razão e o processo de consumo .............................................. 126
    6.3.5  Sobre o relacionamento .............................................................. 127
6.4  A etapa das representações sociais e o julgamento do consumo .......... 128
    6.4.1  O conceito de representação social ............................................ 128
    6.4.2  As representações sociais e o comportamento de consumo ...... 129
    6.4.3  As representações sociais e o Marketing ................................... 130
    6.4.4  Um caso de representação social e uma ação
           de Marketing correta – a megaigreja ......................................... 132
6.5  Instrumentos de pesquisa de representações sociais
    relacionadas ao consumo ....................................................................... 135
    6.5.1  A capacidade de mensuração das representações sociais ......... 135
    6.5.2  A equação da intenção comportamental de Fishbein ................. 136
         6.5.2.1  Exemplo do uso da equação e ação resultante ............. 137
    6.5.3  O mapa perceptual ..................................................................... 138
    6.5.4  Análises quantitativas e qualitativas de entrevistas
           buscando as representações sociais ........................................... 139

**Capítulo 7  As etapas da compra e pós-compra** ................................................... 143
7.1  A etapa da compra – os princípios ........................................................ 143
    7.1.1  Modelos de compra .................................................................... 145
7.2  O pós-compra: o uso dos produtos e a dissonância cognitiva .............. 148
    7.2.1  Questões relativas ao uso do produto ........................................ 148
    7.2.2  O conceito de dissonância cognitiva .......................................... 149
    7.2.3  As soluções quando experimentamos a dissonância
           e as relações com o consumo ..................................................... 150
    7.2.4  As ações para anular ou diminuir a dissonância cognitiva ........ 152
7.3  O caso de uma fábrica muito honesta ................................................... 155
    7.3.1  Sugestão de exercício para professores e gerentes .................... 157

**Capítulo 8  Um caso que integra os conteúdos: a indústria do
cigarro e o caso do cigarro sem fumaça** ................................................................ 159
8.1  História do caso ..................................................................................... 159

8.2 Nossa interpretação utilizando o modelo em etapas............................................. 161
8.3 A busca de um cigarro mais saudável ................................................................. 165

**Parte IV Atualidades, pesquisas, aplicações e revitalização das teorias sobre o comportamento do consumidor............................................. 167**

**Capítulo 9 O consumismo, o consumerismo e o Marketing Social................... 169**
9.1 O consumismo no modelo econômico ................................................................. 169
9.2 O consumismo no modelo de tipologia............................................................... 170
9.3 O consumismo no modelo de processo em etapas............................................. 171
9.4 O consumismo no modelo de influência social .................................................. 173
9.5 Definição de consumerismo................................................................................. 175
9.6 O consumerismo conforme os modelos básicos de comportamento do consumidor ........................................................................ 175
9.7 O Marketing Social e a satisfação total do consumidor.................................... 177
    9.7.1 Os três vetores do Marketing Social .......................................................... 180
    9.7.2 Algumas reflexões sobre os usos do Marketing Social .......................... 181

**Capítulo 10 O comportamento do consumidor na internet................................ 185**
10.1 O conceito de internet como informação imediata, a qualquer hora, em qualquer lugar .............................................................. 185
10.2 O consumidor virtual conforme o modelo econômico .................................... 186
10.3 O consumidor virtual conforme o modelo de tipologia .................................. 187
10.4 O consumidor virtual conforme o modelo de processo em etapas................. 188
10.5 O consumidor virtual conforme o modelo social ............................................ 191
10.6 O exemplo do ensino a distância........................................................................ 192
10.7 Comentários finais sobre o consumidor na internet........................................ 193

**Capítulo 11 A aplicação dos modelos explicativos quando o consumidor é uma empresa ......................................................................... 197**
11.1 O ponto de partida............................................................................................... 197
11.2 A aplicação do modelo econômico para o consumidor-empresa .................... 198
11.3 A aplicação do modelo de tipologia ao consumidor-empresa........................ 199
    11.3.1 As variáveis da demografia dos consumidores-empresa ..................... 199
    11.3.2 As variáveis dos traços culturais da empresa........................................200
11.4 A aplicação do modelo de etapas ao consumidor-empresa............................. 203
11.5 A aplicação do modelo de influência social ao consumidor-empresa............. 207

**Capítulo 12 Tópicos atuais de pesquisa sobre o comportamento do consumidor e a defesa de renovação de teorias ......................................... 211**
12.1 Nosso conceito de teoria do momento e algumas defesas sobre a necessidade de renovação de teorias............................................................... 211
12.2 A valorização do futuro ...................................................................................... 213
12.3 Uma resposta alternativa na teoria do caos...................................................... 214
12.4 Conceitos e pesquisas sobre a compra por impulso......................................... 215
12.5 Estratégias de valor para o consumidor ............................................................ 221
    12.5.1 Um exemplo resumido do uso do modelo de estratégia de valor proposto ................................................................................. 223
12.6 Linhas de pesquisas sobre o comportamento do consumidor ....................... 228

**Comentários finais .........................................................................................................233**
**Bibliografia .......................................................................................................................237**
**Anexo 1 – Páginas na internet sobre consumerismo..............................................245**

# Introdução

*"O homem se define de imediato como proprietário privado, quer dizer, como possuidor exclusivo que afirma sua personalidade, se distingue do outro e se relaciona com o outro por meio dessa posse exclusiva: a propriedade privada é seu modo de existência pessoal, distintivo e, em consequência, sua vida essencial."*

Karl Marx, em 1844

O interesse pelo estudo do consumidor não é novo. As relações de troca, desde que se tem registro, já criavam hipóteses e explicações sobre o comportamento dos compradores. Há 160 anos, Marx já teorizava sobre a essência da posse, o que hoje gera estudos sobre a sociedade de consumo.

De outro lado, temos percebido certa estagnação no desenvolvimento e na renovação de teorias explicativas mais amplas. Unindo nossas atividades profissionais às nossas observações e ao auxílio de colegas, estudantes e gerentes, temos buscado, a cada edição, criar novos campos de pesquisas e reflexões, para o desenvolvimento de teorias mais contemporâneas. A característica básica desta quarta edição é ser um manual para estudantes, professores e profissionais que necessitam de teorias e práticas sobre o comportamento do consumidor. Nela, o leitor poderá encontrar um panorama bastante atualizado sobre as teorias dominantes no estudo do comportamento humano ligado ao consumo, as metodologias de pesquisa resultantes de tais quadros teóricos e algumas indicações das práticas que as acompanham.

Optamos por um texto mais denso, com poucas ilustrações. O objetivo é levar à reflexão sobre o conteúdo, que sugere o debate de inúmeras linhas de raciocínio e pesquisa. Ao mesmo tempo em que apresentamos as teorias sobre o tema, apontamos alguns caminhos críticos e damos algumas sugestões de novos desenvolvimentos, já que, em nossa opinião, a área necessita de revitalização. Na medida do possível, referenciamos autores e casos brasileiros, pois acreditamos, dessa forma, facilitar a compreensão dos conceitos, além de indicar vias acessíveis para pesquisas bibliográficas nacionais.

Nesta edição, mantivemos alguns conceitos e posições que têm gerado reflexões e debates:

- O conceito de *expectativa* (termo mais apropriado que a palavra *desejo*) é colocado como uma representação da idéia e do caminho da ação para se chegar a uma situação futura. Ao apresentar o conceito relacionado ao futuro e não ao passado, este traz vantagens explicativas e facilita a realização de pesquisas.

- Utilizamos o conceito de *representação social*, em vez do tradicional conceito de *atitude*, pelo fato de aquele eliminar os problemas metodológicos da separação entre sujeito e grupo. Na Psicologia Social, essa troca já foi realizada há alguns anos.

- Nos comentários sobre representações sociais, apresentamos um texto sobre os instrumentos de medição desse conceito nos consumidores, o que pode gerar vários campos de pesquisas.

- A Parte I, que consta de dois capítulos, discute os pressupostos dos modelos sobre o comportamento do consumidor. As informações contidas nessa parte possibilitam um primeiro vislumbre em qualquer teoria sobre consumo com que o leitor possa deparar no futuro. O conteúdo aborda desde o positivismo clássico até os modelos de relatividade (Feyrebend, 1991) e de complexidade (Morin, 1991). Com esses últimos modelos de raciocínio, ganha-se em termos de profundidade de explicação, mas se originam outros desafios para as pesquisas.

- No capítulo sobre consumidor-empresa continuamos com a hipótese de se iniciar o estudo pela matriz das regras e valores da empresa, e não pela tipologia da empresa e dos compradores, como é o usual.

Como novidades desta edição, temos:

- Inserimos um capítulo sobre o modelo econômico, embasado na Psicologia Econômica, um campo antigo, mas esquecido de teorias de decisão sobre poupança e consumo;

- Expandimos o capítulo sobre tipologias;

- Colocamos um capítulo especial sobre o consumo na internet;

- Abrimos um espaço para os comentários sobre a criança consumidora, esperando que isso gere um campo de pesquisas no Brasil.

O livro está dividido em cinco partes básicas:

- Na Parte I desenvolvemos os fundamentos teóricos e metodológicos que dão suporte ao estudo do fenômeno do comportamento de consumo e apresentamos várias teorias sobre o consumidor.

- O Capítulo 1 discute os grandes pensamentos a respeito do ser humano e suas metodologias decorrentes. Para os leitores que já estão familiarizados com os sistemas explicativos, tais como o positivismo, a dialética, o sistemismo e a complexidade, a leitura pode ser superficial, mas para aqueles que ainda não dominam o assunto consideramos ser uma leitura importante, que apresenta a base de todas as teorias posteriormente desenvolvidas. O Capítulo 2 discute a aplicação das bases do capítulo anterior na construção das teorias sobre o comportamento do consumidor. São discutidos os princípios das teorias racionais, teorias da motivação, teorias do condicionamento, teorias sociais e existenciais. É um leque que abrange os princípios de praticamente todas as teorias atuais sobre o consumidor. Ao final deste capítulo, discutimos brevemente a abrangência do leque, com as aproximações e os distanciamentos dos princípios teóricos.

- Na Parte II desenvolvemos as teorias que se apoiam em processos lógicos e traços de personalidade, tais como a razão, a emoção, as atitudes e os estilos de vida, e contrapomos esse raciocínio ao modelo de influência social, que parte das regras de grupo para compreender o consumo. O Capítulo 3 apresenta a teoria econômica do comportamento de consumo, que era apenas indicada na edição anterior. Com a relativa estabilidade da economia brasileira e as mudanças econômicas globais, julgamos interessante discutir como as pessoas lidam com o dinheiro. O Capítulo 4 apresenta uma das abordagens mais tradicionais na compreensão do consumidor, que é o modelo de tipologias, muito fundamentado nas repetições e na ordenação que o ser humano realiza. Fechando esta parte, o Capítulo 5 apresenta o modelo social, buscando os fundamentos de formação de grupos, a formação da identidade da pessoa conforme o grupo ao qual ela pertence e a relação dessa rede social com os comportamentos de consumo. Temas como a participação da mulher e o consumo dos adolescentes são lançados como áreas de pesquisas.

- Na Parte III desenvolvemos o raciocínio do comportamento de consumo, entendido como um processo em etapas, possíveis de serem separadas e analisadas uma a uma. É um modelo que temos pesquisado e aplicado em nossa atividade acadêmica e de consultoria e para o qual temos feito algumas sugestões de mudanças. Para facilitar o raciocínio, apresentamos no Capítulo 6 todas as etapas anteriores à compra, ou seja, a primeira etapa, das experiências iniciais; a segunda etapa, que seria o nascimento das expectativas; a terceira etapa, sobre o processo de levantamento de alternativas e a escolha de uma delas; e a quarta etapa, sobre o julgamento do consumo. No Capítulo 7 apresentamos a quinta etapa, a compra propriamente dita, com suas variáveis de negociação; a sexta etapa, ou a etapa do uso no pós-compra; e a sétima etapa, que é a avaliação do produto, do atendimento e dos resultados. No Capítulo 8 apresentamos o caso do cigarro sem fumaça, o qual, apesar de ser uma compra rotineira, esclarece os pontos sobre como a falta de compreensão das etapas pode determinar o fracasso de um produto. O item 6.5 do Capítulo 6 é uma parte especial sobre ferramentas e medidas das representações sociais, que ainda não é desenvolvida no Marketing.

- Finalmente, na Parte IV, abordamos alguns temas que têm gerado pesquisas e polêmicas, sobre as quais apresentamos algumas considerações. No Capítulo 9 abrimos espaço para discutir o consumismo, o consumerismo e o Marketing Social. O consumismo é definido classicamente como a compra sem necessidade, mas há outras abordagens. O consumerismo é definido como o movimento de consciência sobre o consumismo. O conceito de Marketing Social apresentado baseia-se na ideia de públicos consumidores, ou seja, o foco da análise não deve se resumir aos que buscam, compram e usam os produtos, mas também inclui os que sofrem a ação do consumo (os fumantes passivos, por exemplo). No Capítulo 10 discutimos o consumidor na internet. Os artigos sobre o assunto são vários, mas o grau de conhecimento científico ainda é incipiente. No Capítulo 11 desenvolvemos o raciocínio sobre o comportamento do consumidor-empresa, o qual vem adquirindo importância, na medida em que é cada vez maior o número de empresas que estão desenvolvendo o consumidor empresarial, além do seu consumidor pessoa física. Tal como ocorre no estudo de pessoas, também existem muitas visões de empresa, brilhantemente exploradas por Morgan (1996), das quais apresentamos alguns exemplos. Nossa hipótese básica neste capítulo é que o estudo do consumidor-empresa deve partir das regras e valores da empresa, e não do perfil dos decisores, como tem sido classicamente realizado.

- No Capítulo 12 apresentamos tópicos atuais de pesquisa e a defesa de nossa teoria do momento. Autores que têm realizado resenhas sobre as linhas de pesquisa em comportamento do consumidor advertem que é necessário arejar as ciências utilizadas nas pesquisas e práticas administrativas, utilizando novas ciências, tais como a Neurolinguística e a Semiótica. Essa postura de renovação e crítica, aliada aos conceitos explanados nos capítulos anteriores, fundamenta o modelo de novas teorias contemporâneas, ou teorias do momento, conforme foram denominadas no primeiro livro.[1]

Ao final, fazemos alguns comentários que recuperam pontos básicos de hipóteses e desafios lançados.

---

[1] Embora seja um termo técnico com definição clara, uma análise de senso comum talvez identifique o termo com algo descartável, sem importância, o que não é nosso foco. Na falta de um termo mais adequado, continuamos com este.

# O leque de teorias sobre o comportamento do consumidor

Certa vez, lemos em um artigo de jornal que a cegueira mental é uma doença atribuída a todas as pessoas que não questionam seus pressupostos, seus sistemas de crenças, ficando, portanto, impossibilitadas de assimilar novas observações e conhecimentos.[1] Essa afirmativa coloca um fio de meada sobre o propósito desta parte: compreender a diversidade das explicações sobre o comportamento de consumo e estar aberto para novas ideias.

Nos Capítulos 1 e 2, desenvolvemos os fundamentos teóricos e metodológicos que dão suporte ao estudo do fenômeno do comportamento de consumo. O ponto central da discussão refere-se aos princípios e limites de teorias e metodologias positivistas, estruturalistas, sistêmicas e fenomenológicas do comportamento. Uma das conclusões ao final desta parte é que teorias compreensivas e descritivas do comportamento do consumidor podem ser tão adequadas quanto teorias positivistas do comportamento humano, porém, ainda lhes falta o instrumental de ação e pesquisas de fundamentação.

Tendo apresentado alguns pontos de partida sobre o comportamento do consumidor, passamos a apresentar o leque de teorias sobre o assunto, com suas respectivas metodologias de pesquisa e algumas consequências práticas

---

[1] O artigo comentava algumas ideias de Weiss sobre o amor (1996).

decorrentes. Não pretendemos esgotar o assunto, mas comentar as abordagens mais usuais que se têm discutido e utilizado nas escolas e empresas. Alguns temas que geram reflexões são: partimos do pressuposto de que o consumidor é positivo e racional ou é basicamente emocional? Damos como certo que o comportamento de consumo pode ser previsto e modificado? Aceitamos que o comportamento de consumo é um processo de escolha individual, ou ele é basicamente uma ação social?

Nos itens do Capítulo 2, discutimos as teorias racionais do comportamento do consumidor, tais como as teorias econômicas, de avaliação de risco e as aplicações ao consumidor organizacional, seguidas das teorias de motivação, uma área muito comentada em Marketing. Comentamos brevemente as teorias de Freud e Maslow, considerando seus limites e usos, sabendo quão difícil é elaborar ações embasadas em conceitos como o de *inconsciente* (teoria de Freud) ou *necessidade de atualização* (teoria de Maslow). O próximo item trata das teorias comportamentais sobre o consumo, com as consagradas leis de condicionamento de Skinner. Os conceitos são amplamente utilizados em varejo. Algumas pesquisas informais parecem revelar certa confusão de alguns profissionais sobre a diferença entre estímulos operantes e estímulos condicionantes, bem como sobre condicionamento e formação de hábito. Apresentamos, também, o caso das máquinas de condicionamento e comentamos os limites e usos desse modelo na compreensão do comportamento do consumidor.

O item seguinte trata das teorias sociais sobre o comportamento do consumidor: autores têm defendido que o ato de consumo é basicamente social, e não da esfera de escolhas individuais. Depois, discutimos os princípios existencialistas aplicados às teorias sobre o consumidor. Essa abordagem é um desenvolvimento nosso, um modelo ainda em gestação. Nela são consideradas as vantagens sobre os outros modelos, com seus pressupostos de horizontes ou bases de relações dos seres humanos, bem como nosso conceito de que o desejo deve ser entendido como um futuro a ser alcançado, e não como um passado de privação. Apresentamos, também, os limites atuais de aplicabilidade e ilustramos com o caso do consumo de cosméticos pelas jovens.

Ao final deste capítulo, discutimos algumas questões sobre aproximações e distanciamentos das teorias vistas.

## Capítulo 1

# Os pontos de partida dos modelos científicos e a noção de ser humano

Neste capítulo, discutiremos brevemente as grandes correntes de pensamento que fundamentam as ciências e dão suporte ao estudo do consumidor. Para aqueles que já têm conhecimentos sobre as correntes do positivismo, estruturalismo, sistemismo e fenomenologia, a leitura pode ser superficial ou até dispensável, mas, para aqueles que não dominam o assunto, estes breves comentários auxiliarão a compreender os pressupostos das teorias sobre o comportamento do consumidor, principalmente a questão básica de como se define o ser humano.

###  Os pressupostos das ciências de apoio ao comportamento do consumidor

O conjunto de temas que constituem a Administração, especialmente no que se refere ao comportamento humano, parte de alguns pressupostos sobre como se define o ser humano. Alguns dos mais conhecidos são:

- O ser humano é racional e seu comportamento é ditado pela razão.
- O ser humano é emocional e movido por afetos conscientes e/ou inconscientes.
- O ser humano é social e movido pelas regras do grupo.

Alguns menos conhecidos são:

- O ser humano é dialético e movido por oposições.
- O ser humano é complexo e movido por determinações e indeterminações de vários níveis, tendo como resultado um comportamento circunstancial.

Conforme o ponto de partida adotado, chega-se a algumas consequências sobre a explicação do comportamento do consumidor. Se adotarmos o princípio da Psicologia Cognitiva, por exemplo, definindo o comportamento como resultado de ações da lógica, da razão e da solução de problemas, teremos teorias do consumidor que se interessam pelo problema da escolha e dos processos comparativos entre riscos e benefícios. A teoria do risco percebido, muito utilizada no ramo de investimentos, seria um exemplo. Já se adotarmos o ponto de partida social, chegaremos à teoria do consumo ditado pela pressão de grupo, utilizada em ramos como moda e brinquedos.

Neste momento, pode surgir o seguinte questionamento: Qual ponto de partida adotar? Em princípio, podem-se dar duas respostas:

- Adotar o ponto de partida que se mostra mais próximo da realidade observada. Por exemplo, se uma pessoa declara ter comprado um objeto sem ter planejado, seria um contrassenso utilizar a teoria racional.

- Adotar o ponto de partida que tem mais sustentação lógica. Por exemplo, se a teoria que você está utilizando afirma ser possível prever o comportamento humano e também ser ele, em parte, imprevisível, essa teoria não tem lógica interna.

Esses dois critérios (Popper, 1975) implicam que qualquer profissional do Comportamento do Consumo deve conhecer profundamente o fenômeno que está estudando e a teoria utilizada. Não há prática sem teoria, nem teoria sem prática.

As teorias sobre o consumidor, portanto, têm as tarefas de construir conhecimentos científicos cada vez mais avançados e de diminuir a influência do empirismo (fazendo é que se aprende). Conforme Demo (1995, p. 20), para considerarmos a construção de uma teoria científica, devemos seguir estes princípios gerais:

A. Criar explicações e relações entre os fatos, de maneira coerente, significando a propriedade lógica das relações. Bacon dizia que conhecer verdadeiramente é conhecer pelas causas.

B. Criar relações consistentes, isto é, que resistam às argumentações, inclusive aos fatos e à atualidade.

C. Criar conjuntos que não são pacotes completos e acabados, mas que devem ser analisados e criticados para se verificarem possíveis faltas.

D. Criar explicações que tenham alguma originalidade, embasadas em pesquisa criativa, e não apenas repetitiva.

E. Seguir as normas internacionais de pesquisa, possibilitando debates.

F. Ter como ideal a objetivação, ou seja, procurar descobrir a realidade tal como ela é, embora se saiba que essa tarefa é sempre incompleta.

G. Possibilitar algum acúmulo de conhecimento sobre o último ponto alcançado naquela área.

H. Quando surgem muitas evidências contrárias a uma explicação (isto é, fatos que ela não consegue explicar satisfatoriamente), deve-se criar uma nova teoria, de modo que o acúmulo de conhecimento se reinicie. Insistir em uma teoria de pouco poder explicativo significa recair no conhecimento ético/autoritário. Também se deve estar aberto a revitalizações de teorias clássicas.

I. Que a teoria tenha um conjunto de pressupostos aceitos pela comunidade científica no tocante ao que se chama intersubjetividade.

De outro lado, para não dar a impressão de que só o conhecimento científico é válido, podemos comentar que, segundo Demo (1995, p. 36):

A. Em ciência, trabalhamos com um objeto construído, muitas vezes inventado.

B. O pensamento não esgota a realidade; esta é sempre mais rica.

C. A ciência é uma criação humana, portanto, falha; é artificial, pois envolve modismo.

D. A ciência não gera certezas cabais, pois a realidade lhe escapa.

E. A suposta superioridade da atividade científica não tem base científica, porque serve a apelos políticos.

Esses itens não deixam dúvida de que toda teoria é uma construção passível de erro que necessita de revisão constante. Com essa conclusão em mente, podemos discutir as grandes teorias sobre o comportamento humano, suas capacidades de explicação e seus limites.

##  1.2 O método positivista e seus ideais de controle e previsão

Não poderíamos deixar de iniciar as correntes teóricas com a visão positivista do ser humano. Segundo a escola inglesa de Bacon, Locke, Mill e Hume, só é científico o que é empírico, isto é, aquilo que obedece aos critérios de observação, mensuração, previsão e repetição. Tudo o que é científico tem de ser controlado e experimentado. Se o objeto de investigação é o comportamento de consumo, a explicação só pode recair sobre fenômenos observáveis. Por que as mulheres compram certa pasta de dente? Porque ela está ao alcance de sua mão, a uma distância máxima de 15 cm, na saída do caixa. Podemos experimentar colocar o produto em outro local, para verificar a queda ou elevação das vendas – tudo observável e mensurável.

O positivismo tem implícitos dois modos de raciocínio, amplamente utilizados em Comportamento do Consumidor. Um deles é a *indução*. A partir de alguns exemplos particulares, pode-se criar uma lei geral do fenômeno. Verificando-se que algumas senhoras consumidoras compram a tal pasta de dente por ela estar próxima ao caixa do supermercado, pode-se criar uma regra de que mulheres entre 30 e 40 anos (entre os casos observados) compram pasta de dente no caixa, e não nas prateleiras. A maioria das pesquisas de mercado que utilizam amostras segue esse raciocínio.

A indução, ou generalização, foi criticada por Hume, um de seus criadores, pois nunca se pode pesquisar toda a quantidade de ocorrências do fenômeno, restando sempre uma margem de dúvida. Como os propósitos científicos do positivismo são o controle e previsibilidade, estes ficam sob suspeita. Por exemplo, como poderíamos ter certeza sobre uma previsão de vendas de um produto, quando ela está embasada em uma pesquisa que selecionou uma amostra de possíveis consumidores? Esse problema é apresentado diariamente nas reuniões de vendas das empresas.

Existe uma abordagem do comportamento do consumidor que consiste em criar tipos predominantes de consumidores (alguns textos utilizam a expressão *heavy users*). O pressuposto dessa abordagem está em uma base positivista de generalização (*existe um consumidor típico com as características...*) e de previsão (*se a pessoa faz parte do grupo desse tipo, irá se comportar assim...*).

Outro modo implícito de raciocínio do positivismo é o dedutivo. A partir de uma lei geral – por exemplo, mulheres costumam fazer compras quando estão mal-humoradas, como uma forma de compensação – faz-se previsões sobre fenômenos isolados, por exemplo, ao se conhecer uma mulher que mostra sinais de mau humor, pode-se concluir que ela vai fazer compras.

Um autor mais contemporâneo, Popper (1975), defendeu a solução do problema de Hume e propôs o método hipotético-dedutivo como capaz de gerar conhecimento. Segundo Popper, o cientista (diríamos o gerente) pode iniciar sua teoria com qualquer proposição e depois, com o uso de um esquema de experimentação e erro, *a teoria vai sendo reformulada*. Se atentarmos para alguns trabalhos de gerentes de marketing direto, veremos que, intuitivamente, eles estão construindo novas teorias sobre seus consumidores, por meio de bancos de dados. O problema é saber se essas teorias vêm sendo testadas e reformuladas.

O positivismo, com sua vertente empírica, que traz grandes progressos para as ciências físico-químicas, é um modelo que tem algumas limitações quando aplicado nas ciências humanas. Como os fenômenos humanos são mutáveis (esse é um fato irrefutável), as teorias positivistas sobre o comportamento humano acabam criando explicações rígidas, ou estanques, que não acompanham essas mudanças. Isso, porém, não tem impedido que o modelo seja amplamente utilizado em Comportamento do Consumidor, acadêmica ou profissionalmente, porque apresenta soluções de controle e previsão do comportamento. Um dos campos mais férteis é o de pesquisas quantitativas, que geram tipologias, fundamentam previsões de vendas e decidem investimentos.

Boa parte da literatura norte-americana sobre o Marketing e o Comportamento do Consumidor que chega até nós tem uma forte base positivista, calcada no ideal de controle humano. A questão de reflexão que se coloca é: podemos criar previsões sobre o comportamento humano, quando a observação do cotidiano mostra que nossos próprios planos (por exemplo, *o que vou fazer hoje de manhã*) frequentemente não se realizam?

##  Teorias do consumidor que utilizam o positivismo na Biologia, na Psicologia e na Economia

As áreas da Biologia, Psicologia e Economia são bons exemplos de explicação do comportamento do consumidor, a partir de pressupostos positivistas.

A área biológica tem definido o ser humano como o conjunto de processos fisiológicos mais desenvolvido na escala animal e extremamente adaptado ao meio. Um dos grandes problemas da Biologia, sem dúvida, consiste em explicar a origem da vida. Outro grande desafio está em explicar a morte; por que morremos? Por que as células se modificam e morrem?

Questionando esse ponto, Freud (1975) coloca como hipótese o fato de os seres humanos terem instintos de vida ligados ao prazer, mas também instintos de morte ligados a uma tendência do organismo de voltar ao estado inanimado.

O conceito de busca do prazer é amplamente utilizado pelos profissionais de Marketing em quase todos os ramos de negócios, mas dificilmente se leva em consideração o oposto inevitável, que é o instinto de morte. Sem considerar esse conflito insolúvel, não é possível explicar o consumo de produtos nocivos.

Na verdade, o conceito de busca de morte também é utilizado por alguns profissionais para explicar o consumo de drogas, os esportes perigosos e outros ataques à vida, mas a teoria de Freud afirma que o instinto de morte não aparece necessariamente voltado contra a própria pessoa. Tendências agressivas e ciúmes exagerados, por exemplo, também são indícios da atuação dos instintos de morte.

Os métodos da Biologia são os de análise e síntese, divisão e classificação. Os manuais de Psiquiatria, por exemplo, separam as pessoas normais das neuróticas e psicóticas, conforme a repetição de certos comportamentos (ações e ideias). Dessa prática surgem algumas tipologias de consumo, embasadas em traços psiquiátricos. Assim, a compra por impulso pode ser explicada como uma compulsão, um traço psiquiátrico (portanto, orgânico + psíquico) de desajustamento. O motivo do comportamento está dentro do sujeito. Aceita-se como verdadeiro, por exemplo, que certos estados melancólicos podem levar a compras por impulso. Com isso, fica fácil explicar por que uma mulher deprimida vai ao *shopping*.

O consumo de drogas e álcool também é explicado como disposição orgânica, desencadeado por fatores sociais e psicológicos (Betta, 1976).

A área da Biologia conhecida como Ecologia tem estudado o ser humano na sua relação com o ambiente. Nesse caso, a explicação do consumo leva em consideração tanto variáveis internas, quanto externas, tais como pressões de adaptação. Desse modo, um executivo, para sobreviver em um mundo competitivo, obriga-se a comprar equipamentos de última geração e passar por constantes treinamentos.

Na Economia, o ser humano é colocado como agente e paciente de processos de produção e troca. O homem tem necessidades e desejos infinitos que se contrapõem às suas possibilidades finitas e limitadas de satisfazê-los. Não podemos adquirir tudo que desejamos, por isso, temos de escolher. Nessa situação, o consumidor busca a maximização do prazer, em um processo racional de solução de problemas (Gade, 1980).

Algumas explicações sobre o comportamento de consumo exagerado acabam utilizando os conceitos da Economia. Por exemplo, em situações de desabastecimento, as pessoas podem procurar estocar produtos. O "motivo" do comportamento está fora do sujeito. Teorias que utilizam a expressão "risco percebido" também partem de pressupostos positivistas, racionais e econômicos.

Biologia, Psicologia e Economia, portanto, podem criar teorias do comportamento do consumidor a partir do pressuposto da razão, da previsão e da repetição, que é o ideal do positivismo.

##  A dialética e seu ideal de uma integração futura

No mesmo momento histórico em que o positivismo infiltrava-se nas ciências humanas, surgia outra corrente nos estudos dos sociólogos Marx, Engels e Hegel, conhecida como *dialética*. O método dialético tem como pressuposto que o comportamento humano é ditado por condições objetivas e subjetivas, em um processo constante de tese e antítese. Essas condições se entrelaçam na história do fenômeno, por isso, a dialética é basicamente historicista. Seu objeto de investigação não é o ser humano isolado, mas a formação social, que encerra na sua história uma contradição ou dualidade insuperável. Assim, a *fase capitalista* de um país encerra seu oposto, que seria uma *fase comunista*, a qual quando se desenvolve, também encerra seu oposto, que seria a *fase capitalista*.

Hirschman (1983), em uma análise sociológica da infelicidade humana e dos ciclos renovados da busca da felicidade, comenta os ciclos de consumo e de cidadania que uma pessoa organiza em sua vida. Embora sua teoria sociológica dos ciclos esteja ultrapassada, é interessante refletir sobre como ele entende o comportamento humano de consumo nos ciclos em que o sujeito está voltado para outros (sem consumo egoísta) e naquele em que esse sujeito se decepciona com a sociedade e passa a dirigir esforços para seu próprio bem (aparece o consumo egoísta).

O método dialético parece cair como uma luva no estudo do comportamento humano, já que sua condição básica é a historicidade e seu principal pressuposto é o conflito, a oposição, no movimento eterno da tese-antítese-síntese. A síntese é, na verdade, uma nova tese que realimenta o processo; a antítese é a alma da dialética, pois nela se encontram as condições de mudança.

Com menos fama que o positivismo, a postura dialética tem originado raciocínios na área de consumo, principalmente na época atual, em que se torna evidente uma degradação ambiental causada pela produção e pelo consumo dos recursos naturais. Quanto mais o ser humano busca felicidade e qualidade de vida, menos parece obtê-la. A emergência do Marketing Social, dos estudos sobre consumismo e dos movimentos de consciência chamados consumerismo apontam para essa direção. Produtos como cigarros, automóveis, armas e *fast food* geram cada vez mais estudos sobre seus malefícios, criando as condições de mudança e até a extinção de alguns desses produtos.

Um ponto muito importante para o comportamento do consumo é que, para a dialética, a realidade social é condicionada, isto é, formada pelas condições que o homem cria, portanto, pode ser modificada e, em certa medida, controlada e prevista. De um lado temos as condições objetivas sobre as quais o homem não tem controle (seu sexo, sua idade, a desigualdade social, seu ambiente físico, os recursos naturais e humanos de seu grupo, as pressões sociais); de outro, temos as condições subjetivas, sob seu controle. São as escolhas que cada um realiza, conforme sua consciência, podendo, inclusive, modificar algumas das condições objetivas, tais como a desigualdade social.

Algumas propagandas utilizam explicitamente a mensagem de que seu produto tem a capacidade de criar uma diferença entre o sujeito e outras pessoas. Essa comunicação está jogando com as condições objetivas e subjetivas em que cada um está inserido e busca, às vezes sem intenção propositada, tornar maiores as distâncias entre diferentes grupos sociais. Carros, cigarros, planos de seguros especiais, casas em determinados bairros são alguns exemplos constantes na mídia.

Ao contrário do positivismo, a dialética tem fama nos meios acadêmicos, principalmente em países do Terceiro Mundo, mas carece de uma prática mais forte. Um dos motivos pode ser a grande variedade de subteorias que a dialética cria, dando a impressão de subjetividade de seu corpo explicativo e, portanto, perdendo parte de sua capacidade de generalizar práticas pelo mundo todo. Em termos de validade, porém, a visão dialética do comportamento de consumo parece mais próxima dos fatos humanos que a visão positivista, já que inclui o meio social e diminui a importância do controle e da predição.

Em Demo (1995, p. 105) encontramos a interpretação de que o capitalismo tem em seu cerne o socialismo, pois *"o socialismo amanhece já no desenvolvimento tecnológico com vistas a gerar condições econômicas novas, para que se possam satisfazer todas as necessidades humanas materiais, bem como no processo cada vez mais socializado de produção, porque produto capitalista típico não pode ser artesanal, individual"*.[1] A frase relativa à total satisfação das necessidades das pessoas está inscrita nas mesas de muitos diretores de empresas e é o princípio de diversos projetos de Marketing. O que talvez não se tenha pensado profundamente é que a adoção do ponto de vista dialético implica, necessariamente, se considerar que os meios de produção *determinam* a consciência do sujeito, mas não a esgotam, já que o conflito é necessário e permanente. O cotidiano do meio de vida material determina o cotidiano da consciência do sujeito. É esse tipo de controle da consciência do sujeito que é negado nas teorias positivistas sobre o homem.

Um dos problemas do desenvolvimento de teorias do comportamento de consumo embasadas na visão dialética está justamente na tendência de teorizar demais e praticar de menos. Em outras áreas da Administração, como a de Talentos Humanos, já existem algumas ferramentas com uma base dialética de compreensão,[2] mas na área de Comportamento do consumidor elas são raras.

---

[1] A citação de Demo recupera um texto de Engels, em que se discute o ideal do capitalismo de satisfazer a todas as necessidades materiais, propiciando maior liberdade às pessoas.

[2] Ver, por exemplo, LOURENÇO, S. A dialectical analysis of organizational conflict, *Administrative Science Quarterly*, v. 20, dez., 1995, p. 489-558.

## 1.5 A visão estruturalista e a busca dos invariantes

A visão estruturalista, que tem em Lévi-Strauss (1976) um de seus fundadores, está embasada no pressuposto de que os fenômenos, embora variáveis, têm uma invariante, ou essência, supratemporal, supraespacial, suprassocial, que é a base das variações. A busca da essência dos fenômenos é um dos ideais mais antigos da sociedade e dá alento a muitas teorias sobre o comportamento geral (Merleau-Ponty, 1975) e do consumo.

O estruturalismo, tal como a dialética, tem muitas vertentes, mas uma das que mais nos interessa diz respeito ao estruturalismo-funcional, defendido por Malinovski, Radcliffe-Brown e outros. Segundo essa visão, existem certas funções básicas invariantes na sociedade, independentemente do grupo no qual aparecem. Adiantando um pouco certos assuntos, diríamos que todo o fundamento da globalização, no tocante ao consumidor, tem o pressuposto da estrutura funcional invariante, ou seja, os desejos e as expectativas são praticamente os mesmos no mundo todo – muda só sua forma de expressão em cada sociedade.

O estruturalismo advoga o método do reducionismo até chegar ao cerne da questão, eliminando-se o variável e o superficial. Para sustentar esse caminho, os estruturalistas são obrigados a utilizar o recurso do conceito de inconsciente.[3] Os índios não têm consciência de que seus rituais têm elementos invariantes; o sujeito que dirige não tem (nem poderia ter, senão, correria perigo) consciência de seus repetidos atos motores, pois presta atenção nas variações do trânsito; o sujeito que fala não pode ter consciência de sua estrutura linguística, sob pena de não conseguir mais dar continuidade a seu discurso.

Em uma análise estruturalista, com matizes dialéticas, Oyakawa (1994) afirma que por trás da variedade de consumo, da busca da moda, das viagens, do novo, do inusitado, do prazer do corpo, encontra-se a velha luta pela diferenciação que caracterizava as sociedades guerreiras medievais e caracteriza as sociedades econômicas modernas. Essa estrutura dá sentido ao consumo, pois, segundo o autor, estamos diante do velho desejo de distinção heroica, que é o pano de fundo por onde as mercadorias são desejadas e arrancadas ao seu universo simbólico específico.

Na propaganda, tem surgido uma valorização da teoria do inconsciente coletivo de Jung, que tem matizes estruturalistas claras. Temos visto exemplos do uso de símbolos universais, tais como super-homens e o círculo perfeito.[4]

## 1.6 A visão sistêmica

Nesse modelo explicativo, encontramos o princípio de que a modificação de um elemento em um conjunto altera todos os outros elementos, e as relações causais

---

[3] Não é o inconsciente de Freud, embora existam semelhanças conceituais.

[4] Especialmente uma empresa multinacional de calçados, na linha tênis, tem utilizado este recurso das imagens universais.

são bidirecionais, isto é, de a ⇒ b e de b ⇒ a. O modo de organização dos elementos é o ponto crucial. O modelo cibernético do *input*-conversão-*output-feedback* é um dos mais referenciados nessa visão. Para o utilizarmos na explicação do comportamento de consumo, devemos descobrir qual a finalidade última do sistema (ou seja, o *para quê* de todo o processo de consumo), o modo de organização dos elementos participantes (o comprador, o usuário e o vendedor) e as regras do sistema (prazos de entrega, de pagamento etc.).

Parsons (apud Demo, 1995, p. 222) coloca a existência de quatro sistemas básicos: o sistema social, o sistema de valores, o organismo humano e a personalidade individual. Os sistemas sociais e de personalidade são os de ação, enquanto o de valores e o organismo humano são apenas referenciais.

Outro pressuposto do modelo é que o funcionamento do sistema tenderia mais para a resistência do que para o dinamismo. Nesse sentido, negócios que podem trazer benefícios de ordem (os remédios para o corpo; os serviços *disk* para a economia do tempo, entre outros) poderiam se aproveitar da explicação da busca do equilíbrio pelo sujeito.

São raras as teorias sobre comportamento de consumo que desenvolvem a visão sistêmica. Parte da explicação do fato talvez resida na complexidade da tarefa, levando os pesquisadores a campos específicos de um dos quatro sistemas. Maslow, com sua teoria das necessidades, toca no sistema *personalidade* ao abordar a necessidade de segurança emocional e a busca de relacionamento. Também toca no sistema de valores quando afirma as necessidades secundárias de *ética* e *estética*. Como outro exemplo de redução podemos citar as explicações de consumo que utilizam a teoria dos desejos (portanto, no sistema personalidade) e a oposição criada pelos valores (o sistema de valores), tal como encontramos na teoria de Fischbein (apud Tuck, 1978). Segundo essa visão, um consumidor pode desejar algo, mas considerar que não deve consumir.

##  A visão fenomenológica

Uma dura crítica ao positivismo, ao historicismo e ao estruturalismo foi realizada por Husserl (1975) em seu livro *A filosofia como ciência do rigor*. De seus escritos surgiram um método (o fenomenológico) e uma teoria (existencialista) sobre o comportamento humano. Segundo tal teoria, o comportamento é imprevisível, embora seja compreendido e descrito dentro de alguns parâmetros mais amplos. Segundo Keen (1979), o comportamento humano deriva basicamente dos horizontes do corpo, das ideias, das relações com os outros, com os objetos e a natureza, com o tempo e com o simbólico.

O existencialismo ainda não gerou teorias sobre o comportamento do consumidor, por isso, temos tentado criar algumas reflexões, que serão apresentadas ao longo do livro. Uma delas refere-se à possibilidade de construir teorias do momento sobre o consumidor mais adaptadas e mais flexíveis.

## 1.8 Retomando a questão: qual ponto de partida utilizar?

Cada teoria sobre o consumidor utiliza alguns princípios que a sustentam. Abordagens positivistas, como o modelo de condicionamento, utilizam os princípios da Psicologia, com seus fatos da consciência (Cuvillier, 1968). A Psicologia Comportamental (de base positivista) tem dado grande suporte para a explicação do comportamento do consumidor. A teoria do condicionamento consegue explicar muitos comportamentos de consumo atuais tais como a repetição de roteiros de viagem, a escolha constante de um mesmo supermercado e de itens dentro dele, a repetição de locomoção e dos itens a adquirir.

Já os princípios dialéticos da Sociologia podem ser utilizados como suporte para a explicação do consumo de artigos de moda e de artigos de identificação social, pois, aparentemente, a decisão de compra e de uso não é individual, mas influenciada por regras de grupos. As novelas brasileiras também fornecem um rico material de análise para explicar o aumento das vendas de certos artigos que aparecem na cenas.

A Sociologia define o ser humano como um ser social imerso nas regras de seu grupo. Seu comportamento é resultado da ação das regras sobre si e, ao mesmo tempo, pode alterar as regras. Para explicarmos o comportamento de consumo pela Sociologia, precisamos conhecer as regras e a história das regras do grupo ao qual o sujeito pertence.

Em termos de linhas de pesquisa e proposições de trabalho, a Sociologia mais critica as ações de Marketing do que propriamente auxilia nas operações. Livros como o de Baudrillard (1995), sobre a sociedade de consumo, são um exemplo disso.

Como se percebe, estamos diante de vários sistemas de raciocínio (positivismo, sistemismo etc.), que fornecem as bases para diferentes teorias gerais (Psicologia, Sociologia), as quais geram diferentes teorias sobre o comportamento do consumidor (teoria da tipologia, teoria do risco, teoria da busca do prazer). Diante de tantos sistemas, surge a pergunta: qual deles utilizar?

Cientificamente, pode-se utilizar qualquer abordagem para explicar um comportamento de consumo. Como dissemos, conforme os preceitos de Popper (1975), o uso de explicações deve ser sustentado pelas relações com os fatos e pela lógica da explicação. Assim, podemos explicar o consumo cotidiano de cigarros utilizando o modelo econômico de produção e troca, mas, sem dúvida, haveria maior credibilidade no modelo psicológico, porque este tem mais consistência e resiste mais às críticas, quando se trata de explicar esse tipo de consumo.

Assim, o estudante e o profissional de Marketing estão livres para adotar o modelo que quiserem, mas devem lembrar que modelos são provisórios e que o comportamento humano não pode ser reduzido a um modelo. Entre os fatos e a teoria deve haver um diálogo constante, sem a ditadura de um dos lados. Fatos não se explicam por si, e explicações sem o apoio dos fatos não se sustentam.

O uso do modelo de Maslow é um bom exemplo. Colocado em todos os cursos de Administração, o modelo aborda o tema das necessidades básicas. A confrontação com os fatos, porém, pode apontar que ele poderia estar ultrapassado, pois nasceu num momento em que era necessária uma revitalização da importância da vida (no pós-guerra), em que todos se encontravam em um estado pessimista. Talvez fosse mais interessante comentar sobre as necessidades secundárias do modelo de Maslow, tais como ética e estética, ainda atuais.

Assim, ao escolher uma abordagem teórica, devemos conhecer alguns dos princípios que sustentam essa abordagem e refletir se eles continuam sendo válidos para a situação sobre a qual se pretende estudar e agir. Alguns dos sistemas apresentados valorizam o passado como explicação do presente (as experiências passadas influenciam o modo de consumo no presente). Suponhamos, porém, que estamos lidando com um consumo que não tem fundamento em experiências anteriores, tal como a compra de um imóvel ou de um seguro de vida. Nesses casos, modelos que valorizam o futuro (como a corrente existencialista) têm mais poder explicativo e consequências práticas para compreender o comportamento de consumo do que os modelos tradicionais que buscam as explicações no passado.

Com esses breves comentários sobre o leque de pontos de partida dos modelos sobre o comportamento do consumidor, mostramos a flexibilidade e a mutabilidade das explicações. Construir teorias atualizadas e contemporâneas torna-se uma tarefa importante diante das dificuldades de alguns sistemas clássicos. Nos capítulos seguintes, aprofundaremos alguns desses modelos, mostrando sua validade e seus limites.

##  Pontos de reflexão para melhoria das teorias e ações

Não é fácil construir novas hipóteses e teorias, mas também não é tão difícil quanto possa parecer, como se fosse algo restrito às salas de doutores de universidades. Para iniciar esse empreendimento, propomos uma sequência reflexiva e prática de construção de novas teorias, embasada em dez pontos:

### A. Criticar as teorias existentes

Toda teoria é um ato de criação do ser humano e seu objetivo consiste em explicar os fatos. As teorias surgem de um pensador, que estabelece relações entre variáveis antes independentes. O pensamento criativo dos teóricos, quase que na sua totalidade, utiliza certo número de fatos observados e se dedica à tarefa de descobrir relações entre eles. Outros teóricos, mais raramente, não utilizam dados, mas conjecturas (é o caso de algumas teorias sobre o comportamento subatômico, que foram criadas antes que qualquer fenômeno nessa direção tivesse sido observado).

No nosso campo de interesse, contamos com a possibilidade sempre presente de observarmos os fatos (o consumo) e seu sujeito (o consumidor) para criar as teorias.

Se as teorias são criações do ser humano e baseiam-se em algumas observações, podem ocorrer erros ou transformações que invalidem a própria teoria. A mais cotidiana fonte de enfraquecimento de uma teoria é a mudança da situação que existia na época das primeiras observações.

Na verdade, a ideia de renovação científica é tão antiga quanto a própria ciência. Segundo dados históricos, a ciência teria surgido no momento em que os mestres orientaram seus alunos para questionar os ensinamentos. A ciência, portanto, é basicamente o questionamento, com o objetivo de derrubar as explicações que não se sustentam (Demo, 1995, p. 13). O recurso da dúvida é um dos mais antigos em Filosofia das Ciências, remontando a Sócrates, que buscava a essência última das causas.[5]

A crítica de uma teoria pode ser feita de dois modos básicos: confrontando as explicações com os fatos ou questionando a lógica interna da explicação.

Vejamos o primeiro caso. Suponhamos que uma teoria afirme que, a partir dos 50 anos, as mulheres não se interessam mais por moda nem compram roupas da moda porque mudaram a forma de encarar seu corpo. Para testar essa teoria, devemos levar em conta dois conjuntos de fatos: de um lado, podemos verificar se ocorre que as mulheres de mais de 50 anos não compram mais roupas e pesquisar se é fato que houve uma mudança no seu modo de encarar o corpo. Se em qualquer desses casos encontrarmos um número significativo de ocorrências contrárias (por exemplo, mais de 50% dos casos), poderemos afirmar que a teoria não se sustenta e deve ser reformulada. Se pudermos melhorar a afirmação anterior, estaremos criando teorias mais atualizadas, mais referentes ao momento.

Analisemos o segundo caso de crítica ou sustentação de uma teoria. Suponhamos que uma teoria afirme que mulheres de todas as idades e em todos os tempos sempre usaram e compraram bijuterias, porque existe uma parte do psiquismo que é coletiva e que a leva a querer adornar seu corpo com brilhos, sons e aromas. Em vez de ficar testando as mulheres do mundo todo, o que seria impossível, pode-se argumentar sobre a lógica da teoria. O que é esse psiquismo coletivo? Qual sua origem? Como ele se transmite? Pode se modificar? As respostas podem acabar se contradizendo, mostrando uma falha lógica.[6]

O primeiro passo, portanto, quando necessitamos pesquisar nossos consumidores ou planejar ações, utilizando técnicas e instrumentos de Marketing, consiste em perguntar o por quê dos procedimentos, até perceber se é adequado ou não à situação atual.

A ferramenta da mala direta pode ser um exemplo de ação sem reflexão. A ação consiste em selecionar a listagem, realizar o contrato com o correio e enviar. Se for uma promoção, é só aguardar um retorno rápido; se for uma divulgação, basta acompanhar o processo ao longo de algumas semanas. Parece tudo muito simples. Existem pressupostos nessa ação, porém, tais como:

- *O que se quer transmitir é importante para o consumidor.* Será verdade? Por que é importante?

---

[5] De vez em quando, o recurso da dúvida aparece com outra roupagem, como em alguns programas de qualidade, que treinam os gerentes a fazerem três vezes a pergunta "por quê", não se detendo no primeiro nível de explicação.

[6] A teoria do inconsciente coletivo de Jung, que tanta fascinação exerce sobre administradores e profissionais do Comportamento, tem esse problema de lógica interna, que ele tentou resolver durante boa parte de sua obra.

- *A mensagem está decodificável, isto é, os leitores vão entender exatamente o que se quis dizer.* Uma mensagem sobre uma superpromoção, mesmo que o consumidor se interesse por ela, pode desencadear outros conteúdos, tais como *"estão querendo me empurrar produtos encalhados"*, o que pode não ter sido o objetivo inicial do remetente.

- *A mensagem chegará à pessoa certa.* Na verdade, estamos supondo aqui que toda empresa é organizada e que cada pessoa sabe exatamente quem deve ler o quê.

- *A pessoa interessada vai entrar em contato com a empresa* naquele prazo que julga interessante. Supõe-se, aqui, que a necessidade de compra do leitor ocorrerá no mesmo tempo que a necessidade de venda da empresa.

- *Quando precisar do produto/serviço, a pessoa vai se lembrar da empresa.*

Resultado final: As estatísticas mostram que uma mala direta, sem nenhum apelo especial (sorteio, brinde), sem nenhum apoio por outro canal (por exemplo, anunciar no rádio que ela está sendo mandada), tem de 0% a 1,0% de resposta de consulta. Se a mala direta é tão ruim, como nasceu e se firmou?

Acontece que, em um mercado de crescente competição e gastos com propaganda, algumas empresas pretendem vender com nível zero de canal, isto é, diretamente do fabricante ao consumidor. Com um nicho específico, sabendo exatamente para quem mandar, era (e é) um bom instrumento. Para mandar uma mensagem a qualquer lugar, a qualquer pessoa, é um instrumento com nível zero de eficiência. Aí está a diferença entre a situação que originou o instrumento e o uso rotineiro sem reflexão.

### B. Modificar as teorias que não se sustentam

Se conseguirmos não enquadrar de antemão os consumidores em alguma teoria conhecida, poderemos estar abertos para aprender a colher sinais que permitam processar explicações na atualidade e criar teorias contemporâneas. Isso significa atentar para os fatos que acompanham o consumo, questionando-se sobre que variáveis estão sendo colocadas como as mais importantes naquele momento.

Na verdade, modificar hipóteses, conceitos e teorias antigas enquanto nos relacionamos com as pessoas e os objetos faz parte de nosso cotidiano mental. Um bom motorista está reavaliando o trânsito a todo instante; um bom professor avalia o efeito de seu discurso no exato momento em que o está proferindo; dois namorados reavaliam os sinais de carinho no instante em que são transmitidos. Isso quer dizer que criamos e abandonamos dezenas de teorias momentâneas a cada dia.

Se assim o fazemos em nosso cotidiano, qual seria a dificuldade em fazê-lo em uma relação com o consumidor? O que necessitamos é saber "em que sinais prestar atenção". Selecionando os sinais adequados, é possível criar *teorias do momento*, modelos básicos e flexíveis, adaptáveis às mudanças e coerentes com a imprevisibilidade.

## C. Escutar as pessoas

Uma das tarefas mais difíceis é escutar alguém sem colocar nossas próprias opiniões. Essa dificuldade, segundo nossas observações, radica em dois motivos: por um lado, cada um de nós procura uma ordem e coerência nos fatos, de maneira que não desorganizem nosso mundo. O discurso do outro, com suas incongruências e diferenças em relação ao nosso modo, incomoda-nos a tal ponto que precisamos mudar a história ou interpretá-la de modo que fique coerente para nós. Emitimos, então, opiniões sobre o que é certo e errado no tema em pauta.

O outro motivo, mais histórico e global, radica no fato de que dialogamos cada vez menos e monologamos cada vez mais. O que isso significa? Que estamos perdendo a capacidade de empatia, isto é, de nos colocar na situação do outro, *suspendendo temporariamente o nosso modo de ser*. Existem vários sinais desse distanciamento: falta de solidariedade, desconhecimento de vizinhos, competição, ensino individualizado. A psicoterapia, nascida no início do século, reflete a disposição das pessoas em pagar para serem ouvidas.

Para conhecer o comportamento das pessoas que estão no seu mercado, seria interessante apenas estar diante delas e deixá-las falar. Enquanto elas falam, vamos tentando compreendê-las, questionando, pedindo detalhes. Cada um poderá perceber, com algum treino, que é possível livrar-se de certos condicionamentos explicativos e estar mais aberto à vivência do consumidor.

A esse respeito, em discussões sobre Fenomenologia,[7] costuma-se contar uma história elucidativa. Diz-se que um professor pediu a um aluno para descrever um peixe que se encontrava em um aquário da sala. Em uma rápida olhada no bichinho, o aluno identificou sua espécie e, em consulta à biblioteca, elaborou um excelente relatório sobre ela. Ao apresentar o trabalho para o professor, este lançou um olhar para o aluno e disse apenas: "Descreva-me aquele peixe". Perplexo, o aluno mergulhou em mais livros e escreveu quase um tratado sobre a espécie. Novamente surpreendeu-se quando o professor lhe disse: "Jogue tudo fora, vá até o aquário e descreva *aquele peixe*, e não o que está nos livros".

O que o professor queria era a descrição concreta do peixe, com suas particularidades físicas e comportamentais, as quais, evidentemente, não estavam em livro algum.

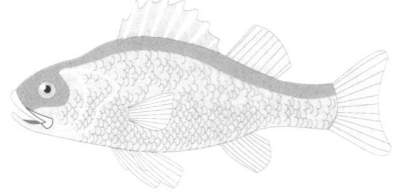

*Figura 1.1* – Que peixe é este?

---

[7] A Fenomenologia é um campo da Filosofia que propõe uma reaproximação com os fatos, suspendendo as teorias que distanciam o observador do fenômeno. Uma abordagem histórica do nascimento da Fenomenologia pode ser encontrada em Husserl (1975).

Pois essa é exatamente a postura que estamos recomendando aos estudantes e profissionais. Em primeiro lugar, fique diante dos consumidores e procure conhecê-los nos seus detalhes diários. Com certeza, uma descrição detalhada será mais útil do que os modelos teóricos, simplesmente porque *nenhum dos seus consumidores está descrito nos livros.*

### D. Utilizar uma metodologia apropriada

Dissemos anteriormente que o método positivista pode não ser o mais adequado para a compreensão do comportamento humano. Morin (1991) propõe uma forma de entendermos os fenômenos humanos adotando o ponto de vista da complexidade. Não é o caso, aqui, de desenvolvermos todo o seu raciocínio, mas vamos apontar o essencial.

Conforme o autor, há um elo indestrutível entre a objetividade dos fenômenos e a intersubjetividade, aqui no sentido de espírito humano, na criação de antagonismos e concepções. Em outras palavras, deve-se abandonar o ideal da ciência objetiva, com observadores neutros e objetos determinados física e metricamente. Não se pode excluir o espírito humano, nem o antagonismo entre concepções e teorias (Guareshi e Jovchelovitch, 1994, p. 143).

A complexidade significa, em essência, a consciência da multidimensionalidade dos fenômenos, levando à postura de que os métodos reducionistas e classificatórios seriam pobres (Morin, 1991, p. 83). De outro lado, a complexidade postula a incerteza, impossibilitando um saber total. "*Estamos condenados ao pensamento inseguro,* [...] *mas somos capazes de pensar nestas condições drásticas*" (Morin, 1991, p. 83).

Morin coloca três princípios que orientam o pensamento na complexidade:

| O princípio | A aplicação |
| --- | --- |
| **O Diálogo da Ordem/Desordem**<br>Apesar de opostos, colocá-los juntos permite manter a dualidade da unidade (Morin, 1991, p. 89). | Trazendo para a nossa realidade, não devemos tentar ver apenas ordem no comportamento do consumidor. A desordem também está lá. |
| **A Recursão Organizacional**<br>Cada momento é simultaneamente produzido e produtor, o que permite certa independência dos esquemas causais (Morin, 1991, p. 90). | O Marketing de Relacionamento (McKeena, 1993) coloca essa inter-relação no processo de venda e compra de forma muito clara, já que entre vendedor e comprador existem influências recíprocas. |
| **O Princípio Hologramático**<br>Não apenas a parte está no todo, como o todo está na parte, o que permite certa independência dos esquemas de análise e síntese (Morin, 1991, p. 91). | Relativo ao comportamento do consumidor, o princípio nos autoriza a afirmar que o estudo de comportamentos fora do âmbito do consumo (por exemplo, como a pessoa se relaciona com os outros) pode mostrar um padrão que seria repetido nos comportamentos de consumo (por exemplo, como se relaciona com atendentes, assistentes, técnicos, vendedores). O raciocínio inverso também seria válido, permitindo generalizações a partir dos comportamentos de consumo. |

O método da complexidade, diferentemente do positivismo, aceita o indeterminismo, o inesperado, e não pretende ser uma receita para dominar o comportamento. *"O pensamento complexo não recusa de modo algum a clareza, a ordem, o determinismo. Acha-os insuficientes, sabe que não poderá programar a descoberta, o conhecimento"* (Morin, 1991, p. 100).

É claro que sabemos como é difícil entender a dimensão desses pressupostos e aplicá-los ao nosso campo de estudo com um texto tão resumido. O que queremos ressaltar, no entanto, não é complicado: ao utilizarmos esses pressupostos, aceitamos que os estudos e as ações sobre o consumidor não colhem resultados definitivos e que teoria e prática constituem um só bloco de abordagem aos fenômenos. Nesse sentido, perde força a crítica de gerentes "operacionais", que têm resistência à leitura de livros sobre o comportamento do consumidor e afirmam que a prática é mais importante que a teoria. Nenhum livro consegue ser absolutamente teórico, assim como nenhuma prática está isenta de pressupostos teóricos.

### E. Cada pessoa é única em sua existência, mas também pode apresentar padrões grupais

Ao estudarmos um consumidor, devemos ter claro que cada pessoa é única em sua existência concreta, nas mínimas emoções e sonhos diários. De outro lado, por ser humana, cada pessoa demonstra e recria alguns padrões universais de comportamento, que fornecem o pano de fundo da sua particularidade. Por exemplo, imaginar o futuro é um padrão universal de comportamento, mas o conteúdo do que será imaginado é absolutamente particular.

Um exercício que costumamos fazer em grupo fornece um bom exemplo disso. Pedimos a todos que escrevam em um papel o que pretendem realizar no futuro (o tempo pode ser delimitado ou não). Às vezes, surgem respostas semelhantes, tais como viajar ao redor do mundo ou ter uma casa na praia. Essas respostas mostram uma expectativa das pessoas de sair de suas rotinas. São suficientes duas ou mais perguntas de esclarecimento, porém, para mostrar histórias e planos diferentes para aquelas respostas semelhantes. Fica evidente que são situações diferentes, com expectativas diferentes, que levariam a processos de consumo e compra também distintos. Podemos generalizar a expectativa de quebra de rotina, mas não os modos de alcançá-la. Seria ao mesmo tempo um erro metodológico e mercadológico.

### F. As experiências ou fatos a serem observados reúnem-se em torno de um conjunto de variáveis: corpo, psiquismo (englobando ideias, emoções e valores), meio físico e meio social

Essa afirmativa é uma adaptação dos princípios do existencialismo aplicados ao consumo. Independentemente de qual seja a opção teórica para analisar o consumidor e criar ações e do ramo de negócios, colocamos que existem quatro fontes básicas de informação sobre as pessoas.

| As quatro fontes básicas da origem do consumo | Os comportamentos relativos às quatro fontes básicas |
|---|---|
| A. A relação do consumidor com seu corpo | A maneira como o trata, como o utiliza, se aceita, se reprime e se maltrata são indicativos de bases do consumo. |
| B. A relação do consumidor com suas ideias, emoções e valores | Qual o conjunto de ideias, valores, crenças e emoções da pessoa? É mais analítico ou mais sintético? Como aborda um problema? Tem valores conservadores? Como analisa o mundo atual? Considera-se liberal? Criativo? Libera emoções? É introvertido? Valoriza mais o passado ou o futuro? |
| C. A relação do consumidor com os objetos e o mundo físico | Como se organiza o espaço ao seu redor? Como é a decoração de sua casa? O quarto? O que faz com seus objetos? Guarda tudo ou usa? Explora objetos desconhecidos? Tem resistência a novidades? |
| D. A relação do consumidor com outras pessoas e as regras de grupos | Que papéis assume nos grupos? De líder? De rebelde? Passivo? Aceita o seu grupo? Rebela-se? Quebra regras? Interfere, apenas segue ou é ditador? |

Realizando dois ou três encontros com os consumidores, o profissional pode procurar semelhanças e diferenças nas quatro fontes. Essa já é uma maneira de construir uma "teoria do momento", pois estará agrupando e diferenciando dados. Observe que, desde o início, podem-se deixar de lado as teorias clássicas, reunir fatos e construir novas teorias, mesmo que sejam decorrentes das antigas. Repetimos nossa assertiva: se, ao iniciarmos o contato com nossos consumidores, colocarmos seus dados em modelos preestabelecidos, poderemos incorrer no mesmo erro do aluno que descrevia o peixe dos livros.

### G. Criar teorias: o exemplo do tempo de espera na fila

Tendo coletado os dados, da maneira mais isenta possível, está na hora de exercitar a criação de hipóteses ou teorias atuais. Você pode tentar encontrar as convergências (método indutivo), buscar as divergências (método descritivo), uma base escondida que sustente as aparências (método estruturalista) ou tentar ver a essência que se repete nas variações, mas nunca aparece (método fenomenológico). Existem vários caminhos. Você só tem de saber exatamente o que está fazendo.

Vamos supor que estamos diante de várias respostas de consumidores sobre os serviços bancários e que grande parte deles coloca o tempo de espera como o item mais importante na avaliação da qualidade. Pode-se acreditar ter encontrado aí um ponto de convergência, uma essência do serviço focado. É um processo indutivo válido, mas não nos diz muita coisa sobre a experiência do consumidor. A noção de tempo é subjetiva e concreta, isto é, varia para cada pessoa e situação.

Podemos ir adiante, além da palavra, e obter uma medida. Se conseguíssemos uma medida (por exemplo, observando a média de tempo de algumas pessoas em uma fila), poderíamos pensar em ações e resultados sobre ela. Seria um avanço em relação à teoria anterior, que só abordava a variável de maneira absoluta. Ainda assim, não estaríamos compreendendo a experiência do consumidor.

Um caminho de busca do significado da experiência seria mais completo. Ainda nesse exemplo do tempo de atendimento em um banco, deveríamos refletir sobre o que é comum na experiência de cada um. Perguntas mais abertas, que permitem maior campo de expressão, podem dar indícios dessa experiência. Apenas para exemplificar, vamos imaginar que a maioria dos respondentes afirme que estar na fila de um banco causa *uma sensação de perda de tempo, de inutilidade*. Inquiridos a detalhar suas experiências, essas pessoas afirmam que se irritam por *estar em uma fila na qual nada ganharão*, por estarem pagando contas. O fato de não ganhar nada e de poder estar fazendo outra tarefa é que coloca o tempo como a dimensão da qualidade. Com essas informações, é possível criar uma teoria mais adequada de que a questão do tempo na fila refere-se a uma sensação de perda de tempo, e não ao tempo real medido.

Nessa linha de reflexão (da busca da essência), não estamos tentando encontrar um número médio que reduza o tempo na fila, mas sim entender os aspectos desagradáveis da experiência, que fazem com que a sensação do tempo decorrido seja de uma longa espera. Para melhor entendimento, podemos comparar com outra situação de espera. Por que não temos a mesma irritação após um tempo de espera tecnicamente igual em um restaurante? É porque, no restaurante, nossa vivência está cercada de aspectos positivos, que não nos deixam perceber a passagem do tempo.

No nosso exemplo da fila de banco, os gerentes que utilizam as teorias tradicionais de pesquisa, tabulação e ação sobre os serviços esperados dirigem esforços para diminuir o tempo do consumidor na fila. Caso esses gerentes realizassem essa análise da experiência considerando que sua empresa já está trabalhando no limite aceitável de velocidade e erro, suas ações seriam dirigidas para *tornar a experiência na fila mais agradável*, imaginando maneiras para que isso se tornasse possível. Difícil? Sim. Impossível? Não.

Nesse pequeno exemplo, construímos uma hipótese, um princípio de teoria sobre o atendimento bancário: a *qualidade dos serviços depende de a qualidade da experiência que cada um tem ao longo de minutos de espera ser agradável ou não*. Acreditamos que essa hipótese leve a conclusões e a ações bem diferentes em relação a um modelo tradicional de qualidade de atendimento nos serviços, orientado para a métrica. De fato, os bancos que atendem um grande público têm se esforçado para reduzir o tempo de espera nas agências sem jamais apresentar propostas de mudança da experiência. Temos a impressão de que, mesmo que o tempo se reduza a segundos, a irritação continuará presente. Os bancos de pessoa jurídica já compreendem melhor o sentido da experiência, considerando o tempo um fator secundário.

### H. *Experimentar ⇒ errar ⇒ melhorar ⇒ experimentar*

Quando chegamos a elaborar alguns conceitos e a criar uma teoria atualizada sobre um tema, necessitamos colocá-la à prova, em um processo de refinamento constante. O que significa esse passo? Que colheremos fatos os quais sustentem ou desafiem nossa teoria e precisaremos decidir o momento de modificá-la. As teorias não precisam durar para sempre, pois elas surgem das condições dinâmicas da existência.

Dito de uma maneira mais simples: se conseguirmos criar teorias novas, sem utilizar os modelos já existentes, deveremos utilizar nossa atitude crítica para duvidar das nossas próprias teorias. Temos de praticar constantemente a coerência lógica e o teste de hipótese. Na coerência lógica, como diz o nome, precisamos verificar se nossas hipóteses contêm absurdos ou erros lógicos, tais como a *tautologia* (o consumidor compra porque é barato, então é barato porque o consumidor compra). No teste de hipótese, precisamos verificar se os dados de outras observações confirmam as observações iniciais que a originaram. A observação pode ter se dado em um momento especial (próximo ao Natal, por exemplo) e não ser confirmada em observações posteriores.[8]

## 1.10 Sugestões e exercício

Além de alguns cuidados reflexivos sobre as teorias a serem utilizadas, gostaríamos de comentar brevemente alguns detalhes da prática do estudo e da ação sobre o consumidor que nos tem chamado a atenção.

A. Para tornar uma coleta de dados menos vulnerável à influência das teorias existentes, sugerimos que cada profissional prefira a entrevista pessoal aberta antes de utilizar outras ferramentas. Essa entrevista consiste em um encontro entre o profissional e a pessoa – de preferência com horário marcado, com duração média de 30 a 40 minutos –, sem questionário prévio, apenas o tema de diálogo. Depois de deixar claro que o objetivo da entrevista é conhecer a pessoa para melhorar cada vez mais os produtos e serviços, deve-se colocar o tema e deixá-la falar à vontade, interferindo apenas nos momentos em que se perder o fio da meada ou algo não for compreendido.

B. Construir um conjunto de hipóteses é uma tarefa que envolve reflexão e tempo; por isso, se você não tem experiência em conversar com pessoas e compreender seus motivos, não é necessário esforçar-se para fazê-lo durante a entrevista, muito menos para tentar colocar todos os dados em uma lógica e coerência. Devemos apenas escutar (o que já é muito difícil) e, se possível, gravar a fala do entrevistado, porque em outro momento, sozinhos, é que iremos exercitar a criação da teoria.

C. O uso de questionários prontos deve ser antecedido de um levantamento cuidadoso da situação em que eles foram criados, a qual originou as palavras, os conteúdos, a sequência e os objetivos que têm relação com ele. Se a situação modificou-se ou simplesmente não existe em um outro lugar e momento, o questionário será de pouca valia.

---

[8] Sobre este ponto, Popper desenvolveu o método hipotético dedutivo, que permite o aprimoramento constante de teorias.

### D. Exercício sobre criação de teorias

Este exercício pode ser feito individualmente ou um coordenador poderá realizá-lo para um grupo. O texto foi extraído e adaptado de um livro de Boss (1979, p. 53).

A instrução é: Leia o sonho abaixo e tente lhe dar um sentido (por escrito ou oralmente).

*"Eu comprei uma moto nova, essa fantástica CB 500. Quando a trouxe para casa, minha mãe disse para eu e a moto irmos para o inferno. Ela estava fervendo de raiva porque eu tinha gasto tanto dinheiro na moto. Então saí rodando pelo mundo e, em algum lugar, encontrei uma garota. Eu me apaixonei por ela imediatamente. Ela estava louca pela minha máquina. Depois de um tempo eu a levei de volta comigo para casa, na moto. Minha mãe correu para mim e pôs os braços em volta de mim. Quando me virei, de repente a minha velha DT estava ali em lugar da CB e a garota tinha desaparecido. Foi um sonho engraçado."*

Como você ou seu grupo interpreta esse sonho?

Alguns dos leitores provavelmente terão feito associações entre os elementos do sonho e a sexualidade do sonhador. Perguntamos, porém: será que temos o direito e o poder de "ver" significados simbólicos, associando motos, mulheres, potência e sexualidade? O que, no sonho, nos garante essas associações? Creio que só podemos fazer isso com grande risco de erro. O que podemos pontuar no sonho são as evidentes relações do sonhador com a mãe e com uma mulher e a sua busca de um prazer na resposta potente de uma máquina. Será que toda pessoa que compra uma moto mais potente está, invariavelmente, associando-a a alguma sexualidade? Boa parte de anunciantes continua acreditando que sim.

O exercício, portanto, pode mostrar o uso de pressupostos na construção de teorias, quando o ponto de partida tem de envolver os fatos.

## 1.11 Comentários finais sobre os pontos de partida

O leque de teorias do comportamento do consumidor é decorrência direta da visão de ser humano que se utiliza e dos pressupostos científicos que a acompanham. Se entendermos o ser humano como ser biológico, com processos fisiológicos, criaremos uma teoria do consumo embasada nesses processos. A neurologia, por exemplo, tem explicações interessantes sobre a formação de caminhos neurológicos que se criam com a repetição de ideias e comportamentos, influenciando a formação de comportamentos repetidos, entre os quais o de consumo.

Resumidamente, os pontos de partida são:

A. O ser humano é positivo, racional

Esse pressuposto afirma que o ser humano é definido como alguém dotado de raciocínio, lógica, análise, antecipação, daí decorrendo as práticas de Marketing calcadas na razão, no intelecto, na comparação de lucros e perdas, nos processos de aprendizagem e generalização.

Teorias do comportamento do consumidor que se originam de relações econômicas podem utilizar tais argumentos. O homem tem necessidades e desejos infinitos que se contrapõem às suas possibilidades finitas e limitadas de satisfazê-los. Não podemos adquirir tudo o que desejamos, por isso, temos de escolher. Nas palavras de Gade (1980): *"o consumidor busca obter o máximo de benefícios e prazer dentro dos seus recursos"*.

As teorias que exploram o binômio custo-benefício estão utilizando o conceito racional da análise e comparação que o sujeito realiza antes, ao longo e depois da compra de produtos e serviços. Na mesma linha situam-se as teorias do risco percebido.

Teorias que se ocupam do consumidor-empresa utilizam esses modelos de racionalidade. A suposição é que "a empresa" pensa.

### B. O comportamento de consumo pode ser medido, previsto e modelado

Como decorrência do item anterior, sobre racionalidade e previsão, temos áreas da Psicologia e da Sociologia que apresentam modelos de controle e previsão do comportamento muito utilizados em Marketing, principalmente no varejo.

A Psicologia debateu-se, desde sua criação, com a questão do seu objeto de estudo. O conceito de psique como inconsciente recebe críticas dos positivistas por não apresentar um objeto observável, mensurável e, em certa medida, previsível. Para resolver essa questão utilizando conceitos da Biologia e da Neurologia, autores como B. F. Skinner e Dollard (apud Hall e Lindzey, 1973) desenvolveram a teoria comportamental, ou behaviorismo, que coloca o comportamento observável como seu objeto de estudo.

Por sua simplicidade de corpo teórico e suas aplicações imediatas, o behaviorismo e todas as variações das teorias estímulo-resposta ganharam terreno no Marketing, sendo largamente utilizadas no varejo, com toda sorte de presentes e vantagens que os fornecedores conseguem imaginar.

### C. O ser humano é emocional

Herança das teorias da personalidade, com autores conhecidos como Freud (1976) e Maslow (1970), o pressuposto dessa linha é que a base do comportamento está nas emoções, e não na razão; esta seria como a ponta de um *iceberg*.

Teorias do comportamento do consumidor embasadas em emoções podem ser divididas conforme o uso do conceito de inconsciente. A teoria de Maslow, muito comentada nos cursos de graduação, admite a noção da consciência do sujeito sobre seu comportamento e seus motivos. Já a teoria de Freud coloca as emoções e seus conteúdos ideativos no nível do inconsciente.

Práticas de Marketing decorrentes dessa visão, no tocante à comunicação, recorrem a estimulações (imagens, sons, palavras) que mantêm pouca relação lógica ou funcional com o produto. Erotizar os anúncios de carros, motos e toalhas é um recurso bastante utilizado, ressaltando-se os argumentos da potência e da beleza simbolizada nos produtos. Nesse caso, o consumidor até percebe uma relação lógica entre a potência do carro e a potência masculina. Já quando se erotizam cigarros, sandálias, canetas e detergentes, procura-se uma via inconsciente de associação. Em outros casos, parece que o objetivo principal é estimular para obter atenção.

D. O comportamento do consumidor é basicamente um fenômeno social
O pressuposto dessa corrente apoia-se na Sociologia, especificamente na parte que concebe o ser humano como ser social, inserido em um conjunto de regras preexistentes, porém, mutáveis, e o objetivo principal do sujeito é ser aceito e participar do grupo.

Parte da Sociologia que se ocupa do fenômeno do consumo tem uma visão otimista, utilizando pressupostos de necessidades biológicas, psicológicas e econômicas para a realização da vida social e criando o consumo. Alguns produtos e serviços, tais como cervejas, escolas e viagens, são fundamentalmente mostrados beneficiando a integração social. Outra parte da Sociologia considera que o consumo é o resultado de operações de alienação do sujeito, que se afasta de sua consciência produtiva e adota a posse como formadora de identidade (Baudrillard, 1995).

É claro que o desenvolvimento dessa última posição teórica implica crítica às técnicas de Marketing e uma proposta de redução das técnicas de persuasão. Nas universidades brasileiras, encontram-se vários trabalhos de pós-graduação nessa linha crítica, mas são poucos aqueles que propõem metodologias e caminhos alternativos, embasados na prática. O consumerismo, como veremos mais adiante, é um movimento de conscientização do consumismo geralmente propalado por um grupo de voluntários que buscam criar uma espécie de compromisso de grupo (novamente, trata-se da regra do *fazer parte*).

E. A tipologia dos grupos de consumidores como método de prever o comportamento de consumo
Abrangendo pressupostos do behaviorismo, das teorias fatoriais de traços de personalidade e da Sociologia, há uma literatura extensa sobre a tipologia dos consumidores. Seu pressuposto básico é que podemos agrupar pessoas diferentes em categorias semelhantes e, a partir daí, construir hipóteses probabilísticas de comportamento de consumo e compra.

Os profissionais de Marketing utilizam a tipologia para construir previsões de vendas, as quais nem sempre se realizam; como veremos posteriormente, as tipologias têm algumas limitações teóricas e práticas. De outro lado, as facilidades de coleta e manuseio de bancos de dados, amostras gigantescas de consumidores (dezenas de milhares de consumidores de cartões de crédito, por exemplo) estão dando novo impulso às tipologias.

F. O comportamento do consumidor é um dos fenômenos que mostram a estrutura do ser humano
Com o fenômeno da globalização, os pressupostos estruturalistas estão em alta. Sua assertiva principal é que, por trás da variedade, encontra-se o básico imutável. Em outras palavras, apesar da enorme variedade do comportamento humano, parece existir uma base comum e finita de objetivos e necessidades, que transparecem em uma infinidade de modos de satisfazê-las. Conforme já comentamos, o artigo de Oyakawa (1994) afirma que, por trás da variedade de consumo, da busca da moda, das viagens, do novo, do inusitado, do prazer do corpo, encontra-se a mesma luta pela diferenciação que caracterizava as sociedades guerreiras medievais e que caracteriza as sociedades econômicas modernas.

Com a padronização e a massificação da comunicação, os modos de satisfação das necessidades, que eram infinitos, começam a tornar-se menos numerosos (no chamado processo de *aculturação*). Segundo Levitt (1995), pessoas do mundo todo estão apresentando comportamentos cada vez mais semelhantes.

G. O consumo pode ser entendido em uma visão sistêmica

O sistemismo, na sua versão mais simples, que é o funcionalismo (Demo, 1995), coloca que há uma interatividade no comportamento humano, em quatro níveis de análise – biológico, psicológico, social, econômico –, que operam na base do *feedback* ou retroalimentação. Conforme vimos no item 1.6., são raras as teorias sobre comportamento do consumidor que desenvolvem a visão sistêmica, embora esse modelo tenha alguma fama na Administração. As dificuldades podem estar na complexidade da tarefa, o que leva os pesquisadores a escolher campos específicos de um dos quatro sistemas.

A interatividade pressuposta no modelo sistêmico leva, como consequência lógica, ao estudo das *relações* de compra e venda, persuasão e negociação, atendimento e satisfação. Em outras palavras, não basta estudar o processo de persuasão do vendedor para o comprador; deve-se estudar também o processo de resistência e persuasão do comprador para o vendedor. O campo de estudo da qualidade de atendimento já percebeu esse foco, mas as teorias sobre o consumidor não. Para criar teorias nesse foco, é necessário estudar os dois lados ao mesmo tempo.

Recuperando nosso aprendizado até aqui, afirmamos que existem três eixos ou níveis nos quais as teorias se apoiam para serem construídas. O primeiro nível refere-se às orientações básicas do comportamento, ou seja, à busca da ordenação, da superação e do prazer. O segundo nível é o das experiências, os fatos da vida, que originam os comportamentos de consumo. O terceiro nível é a decisão do princípio teórico explicativo. Como temos sete níveis de experiências (corpo, emoções etc.), três princípios orientadores (ordenação etc.) e cinco princípios teóricos (racional, emocional etc.), há possibilidades de se criar minimamente $7 \times 3 \times 5 = 105$ modelos de teorias diferentes. No capítulo seguinte, discutiremos as bases dos princípios teóricos de noção do ser humano, para, mais tarde, entrarmos na composição de alguns modelos de comportamento do consumidor.

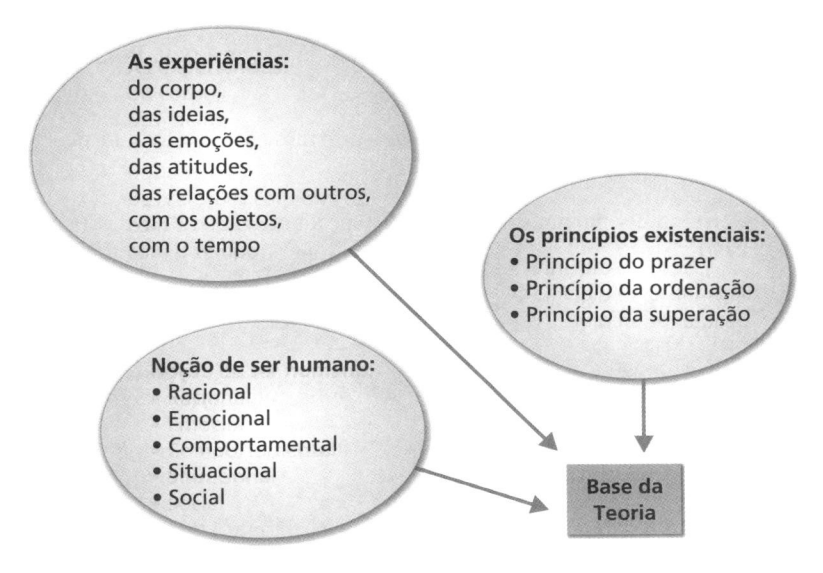

*Figura 1.2* – Os pressupostos e os fatos que compõem a base de uma teoria sobre o consumidor.

## Referências Bibliográficas

BAUDRILLARD, J. *A sociedade de consumo*. Tradução de Artur Morão. Rio de Janeiro: Elfos, 1995.

BETTA. J. *Manual de psiquiatria*. 6. ed. Buenos Aires: Albatroz, 1976.

BOSS, M. *Na noite passada eu sonhei*. 2. ed. Tradução de George Shlesinger. São Paulo: Summus, 1979.

CUVILLIER, A. *ABC da psicologia*. 11. ed. Tradução de J. Penna. São Paulo: Nacional, 1968. (Iniciação Científica, v. 8).

DEMO, P. *Metodologia científica em ciências sociais*. 3. ed. São Paulo: Atlas, 1995.

FREUD, S. *Além do princípio do prazer*. Tradução de Christiano M. Oiticica. Rio de Janeiro: Imago, 1975. (Pequena Coleção das Obras de Freud, Livro 13).

_____. Novas conferências introdutórias sobre psicanálise. Tradução de Jayme Salomão. *Obras completas*. Rio de Janeiro: Imago, 1976. v. XXII, p. 90-2.

GADE, C. *Psicologia do consumidor*. São Paulo: EPU, 1980.

GUARESHI, P.; JOVCHELOVITCH, S. (org.) *Textos em representações sociais*. Rio de Janeiro: Vozes, 1994.

HALL, C.; LINDZEY, G. *Teorias da personalidade*. Tradução de Lauro Bretones. São Paulo: EPU, 1973.

HIRSCHMAN, A. *De consumidor a cidadão*. Tradução de Marcelo M. Levy. São Paulo: Brasiliense, 1983.

HUSSERL, E. *A filosofia como ciência do rigor*. Tradução de Albin Beau. Coimbra: Atlântida, 1975.

JUNG, C. *O homem e seus símbolos*. 5. ed. Tradução de Maria Lucia Pinho. Rio de Janeiro: Nova Fronteira, 1964.

KEEN, E. *Introdução à psicologia fenomenológica*. Tradução de Heliana de Barros Conde Rodrigues. Rio de Janeiro: Interamericana, 1979.

KELLEY, S. et al. Customer participation in service production and delivery. *Journal of Retailing*, v. 66, n. 3, 1990.

LÉVI-STRAUSS, C. *As estruturas elementares do parentesco*. Tradução de Mariano Ferreira. São Paulo: Edusp, 1976.

LEVITT, T. *A imaginação de marketing*. 2. ed. São Paulo: Atlas, 1995.

LOURENÇO, S. A dialectical analysis of organizational conflict. *Administrative Science Quarterly*, v. 20, p. 489-558, dez. 1995.

MASLOW, A. *Motivation and personality*. 2. ed. New York: Harper, 1970.

McKEENA, R. *Marketing de relacionamento*. Tradução de Outras Palavras. Rio de Janeiro: Campus, 1993.

MERLEAU-PONTY, M. *A estrutura do comportamento*. Tradução de José de Anchieta Corrêa. Belo Horizonte: Interlivros, 1975.

MORIN, E. *Introdução ao pensamento complexo*. Tradução de Dulce Matos. Lisboa: Instituto Piaget, 1991.

OYAKAWA, E. As bases sociais para o surgimento do homem consumidor. *Revista da ESPM*, ano I, n. 1, p. 29-36, jun. 1994.

POPPER, K. *A sociedade aberta e seus inimigos*. Tradução de Milton Amado. São Paulo: Edusp, 1974.

_____. *Conhecimento objetivo*: uma abordagem evolucionária. Tradução de Milton Amado. Belo Horizonte: Itatiaia, 1975.

SKINNER, B. F. *Walden II*: uma sociedade do futuro. 2. ed. Tradução de Rachel Moreno. São Paulo: EPU, 1978.

TUCK, M. *Como escolhemos*: psicologia do consumidor. Tradução de Álvaro Cabral. Rio de Janeiro: Zahar, 1978.

WEISS, B. *Só o amor é real*. 5. ed. Tradução de Roberto Raposo. Rio de Janeiro: Salamandra, 1996.

# Capítulo 2

## As bases de noção de ser humano e as teorias do comportamento do consumidor que elas geram

No capítulo anterior, vimos os vários pontos de partida filosóficos e científicos sobre os fenômenos humanos e as experiências, que são o pano de fundo do comportamento do consumidor. Neste capítulo, utilizaremos os conhecimentos adquiridos para delinear os princípios de teorias de comportamento de consumidor que deles decorrem.

### 2.1 As teorias racionais sobre o comportamento do consumidor

As teorias que utilizam pressupostos racionais são amplamente aplicadas no estudo de consumidores empresas. Suas origens remontam à teoria da consciência do final do século XIX, segundo a qual o traço distintivo do ser humano é sua capacidade de consciência e raciocínio.[1] O pressuposto mais forte consiste no conceito de que o ser humano distingue-se por sua capacidade de raciocínio, de solução lógica de problemas e de flexibilidade na busca de opções de soluções.

As teorias racionais consideram os afetos humanos secundários, os quais só controlariam pessoas com problemas. Assim, a grande massa dos consumidores teria consciência de seu comportamento e o controlaria. Segundo os racionalistas, colocar a emoção como explicação do comportamento é colocar o maior dom humano em lugar secundário.

---

[1] O termo consciência suscita discussões profundas e proveitosas, tais como as realizadas por Skinner, Foucault e Merleau-Ponty, mas não cabe no âmbito do nosso texto. Iremos nos ocupar daqueles estímulos de que o sujeito tem consciência e que escolhe, dando-lhes significados particulares. Por esse caminho, interessantes pesquisas de Psicologia Social têm sugerido que a falta de estimulação de crianças carentes parece conduzir a sérios problemas posteriormente, entre os quais a dificuldade de analisar alternativas e escolher. Como hipótese, sugerimos que essa pode ser uma explicação para um maior grau de persuasão das peças publicitárias quando dirigidas para as pessoas mais simples, isto é, aquelas que tiveram baixa estimulação na sua vida.

## 2.1.1 Teorias econômicas

Uma das teorias racionais mais conhecidas sobre o comportamento de consumo vem da Economia. Segundo essa visão, o consumo é ditado por escolhas racionais sobre a disponibilidade dos produtos e dos recursos necessários para obtê-los.

O homem tem infinitos desejos, mas limitadas possibilidades de satisfazê-los. Por isso, tem de escolher produtos e serviços que lhe dêem o máximo de satisfação. Segundo alguns teóricos, a capacidade de tirar satisfação de um bem diminui à medida que o homem o consome (Gade, 1980, p. 5). Essa é a premissa da utilidade marginal. Desejar intensamente um produto fará que ele seja valorizado ao obtê-lo. Em uma segunda compra, porém, seu valor e sua utilidade poderão diminuir. Quando o consumidor perceber que está gastando o mesmo valor por uma utilidade menor, poderá migrar para outro produto.

O fator *renda* é um dos mais importantes para esta teoria. Pesquisas demonstram uma relação direta entre a renda das famílias e o consumo de certas categorias de produtos. Assim, conforme a renda da família aumenta, inicia-se o consumo dos chamados supérfluos.

Quando há indícios de falta de algum produto, aqueles que têm recursos iniciam um processo de estocagem. Quando tais indícios não existem, o consumo é apenas de reposição. Existiria uma hierarquia sobre quais produtos consumir (as listas de supermercado seriam um exemplo disso) que pode se modificar por alterações no poder de compra.

Apesar de ser um modelo reducionista, a teoria encontra apoio nos relatos dos consumidores sobre seus processos de decisão. Mesmo a compra de itens mais caros, como imóveis, pode ser abordada por teorias de critérios de escolha (Oliveira e Freitas, 1977; Psillakis, 1975). Em nossa atividade acadêmica, recebemos sempre muitos relatórios de alunos mostrando que as explicações racionais e econômicas estão presentes no discurso dos consumidores.

## 2.1.2 Teorias de avaliação de risco e decisão

Um subgrupo de teorias econômicas utiliza o conceito de risco para explicar o comportamento de consumo. Segundo essa abordagem, o fundamento da decisão da compra estaria na análise de risco realizada pelo sujeito. O risco nada mais é do que a possibilidade de o resultado ser alcançado ou não, considerando os esforços financeiros e psíquicos. Em um trabalho nosso (Giglio, 1998), pesquisamos os motivos de compra de imóveis na planta e verificamos que vários sujeitos faziam uma análise de risco no que se referia ao montante que iriam desembolsar e ao que iriam obter dali a três anos, quando o imóvel fosse entregue, ao mesmo tempo em que avaliavam a possibilidade de tudo dar errado. Esse é um exemplo de consumo em que a teoria de risco é uma explicação adequada. Settle (1989) é um dos autores que apresentam com mais detalhes a teoria de risco.

Existe um campo de estudo da Administração denominado Análise de Decisão. Algumas de suas ferramentas, tais como a árvore de decisão e o diagrama de influência, são excelentes para organizar e até mesmo para decidir um problema de opção em que se conhecem os números e as probabilidades.²

Um exemplo de árvore de decisão para um lançamento imobiliário, dirigido à decisão do empresário, conforme o tipo de apartamento, a existência ou não de financiamento e a porcentagem mínima aceitável de vendas, apareceria como o seguinte:

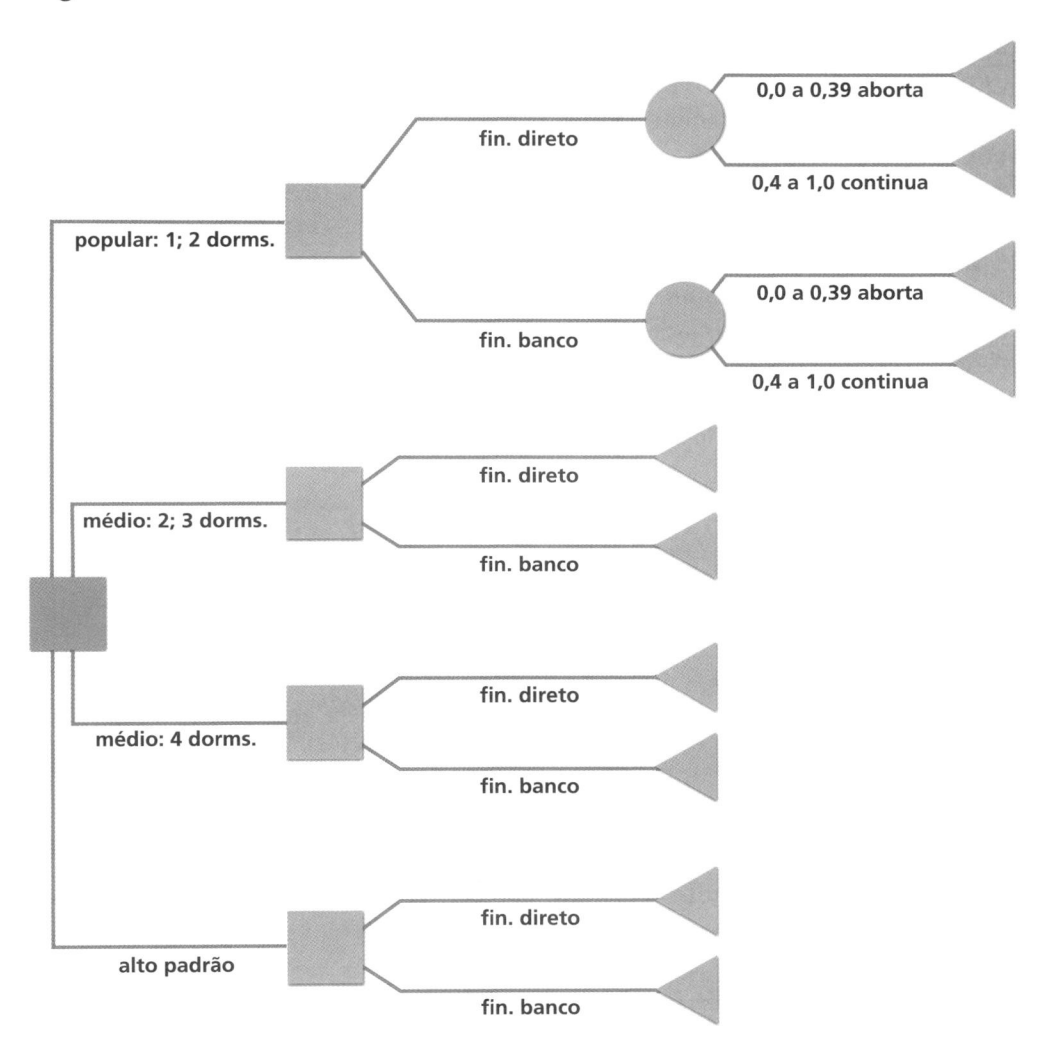

*Figura 2.1* – Exemplo de árvore de decisão.

As áreas de Marketing e do Comportamento do Consumidor ainda não utilizam esses conhecimentos em seus modelos. Como isso poderia ser feito? Um dos caminhos de pesquisa estaria em um tema enfocando o que se entende por uma boa decisão de compra para o consumidor. Considerando um intervalo de tempo que

---
² O leitor interessado pode consultar Clemen (1996).

abarque os resultados da decisão, os critérios seriam adequação dos processos e resultados obtidos. Na área do Comportamento do Consumidor, definimos uma boa decisão (de compra e uso) quando o sujeito obtém os resultados esperados.

Quando um profissional decide sobre um produto, porém, ainda não conhece os resultados, portanto, é necessário a indicação de uma boa decisão por meio de instrumentos e modelos anteriores a eles. Por princípio, uma boa decisão é aquela que garante o processo ou, dito de outra maneira, diminui as incertezas. A boa decisão é logicamente consistente com as informações, as alternativas e os valores trazidos ao problema. Se um construtor decide por um produto como um apartamento de dois dormitórios com uma garagem porque os custos são mais baixos, pode estar em desacordo com as informações sobre a demanda e necessidade dos consumidores, que buscam, por exemplo, três dormitórios e duas garagens, mesmo com o preço mais alto. Não foi uma boa decisão, portanto, mesmo antes de saber se vai vender ou não. Da mesma forma, quando um consumidor escolhe um médico pela proximidade de sua casa, está deixando de considerar itens mais relevantes, tais como a experiência do profissional, a especialidade a que se dedica e os preços que cobra.

Os profissionais que trabalham diretamente com os consumidores poderiam criar modelos de uma boa decisão de compra, posse e consumo de produtos e serviços. Um modelo já pronto da Análise de Decisão mostra que todo processo passa pelas etapas:

| | |
|---|---|
| 1 | Definição apropriada do problema |
| 2 | Construção de alternativas criativas e viáveis |
| 3 | Obtenção de informação relevante e confiável |
| 4 | Esclarecimento dos valores e *tradeoff* |
| 5 | Desenvolvimento do raciocínio lógico |
| 6 | Compromisso para a ação |

Esse modelo tem semelhanças com o modelo de processo em etapas do consumo, que está em outra parte deste livro, mas trata-se de modelos com desenvolvimentos independentes.

O grande problema das explicações embasadas na teoria de risco é exatamente o seu ponto central. O risco tem componentes objetivos (números, probabilidades), definidos exteriormente ao indivíduo, e componentes subjetivos (disposição ao risco, ao novo, por exemplo). O mesmo produto pode ser avaliado com diferentes níveis de risco, por diferentes pessoas, ou diferentemente pela mesma pessoa, em momentos distintos. Sua base objetiva pode, portanto, ser criticada.

### 2.1.3 As teorias racionais aplicadas ao consumidor organizacional

O grande uso das teorias racionais está voltado ao *business-to-business*, isto é, ao comportamento de compra e consumo de empresas.

Morgan (1996) mostra que uma das metáforas da empresa seria vê-la como máquina, funcionando como um relógio. Nessa visão, bem aceita no meio empresarial, a compra é um processo que envolve passos e funções perfeitamente delimitadas. Uma das regras que compõem o processo é comprar o estritamente necessário pelo menor preço, pela melhor qualidade, pela melhor condição. Esses são argumentos racionais.

Se pensarmos no consumo como um processo em etapas (capítulo posterior), a compra de empresas seria explicada da seguinte forma:

> 1. identificação do problema ⇒ 2. descrição da necessidade ⇒ 3. especificação do produto ⇒ 4. busca de fornecedores ⇒ 5. solicitação de proposta ⇒ 6. seleção de fornecedor ⇒ 7. especificação de rotina de pedido ⇒ 8. revisão do desempenho.[3]

É, como se percebe, um processo formal, racional.

## 2.1.4 Críticas às teorias econômicas

As teorias racionais e econômicas sobre o comportamento do consumidor têm uma ampla aceitação em função de sua simplicidade teórica, de suas facilidades metodológicas, de seu apoio nos relatos dos consumidores e de suas consequências práticas, criando medidas e previsões do comportamento. Por exigir um objeto mensurável do comportamento de consumo (por exemplo, uma lista de compras), ocupar-se do presente mais do que do passado e do futuro e ter uma sustentação de muitos anos de pesquisa positivista, é o modelo que mais gera pesquisas e avanços em novas formas de ações de Marketing e Qualidade de Serviços.

Uma revista como a *Journal of Marketing* exige que qualquer artigo sobre o consumidor tenha modelos positivistas e teste hipóteses com métodos estatísticos, o que leva a escolhas de modelos como os racionais. As críticas, porém, não são poucas. Uma delas refere-se ao seu caráter normativo e à sua crença em previsão. A teoria está mais voltada à explicitação do que *deve ser* e tem pouco interesse pelo foco descritivo. Como já vimos nos fundamentos, teorias positivistas utilizam amostras que permitem generalização, e as descrições detalhadas quase inexistem. Outro ponto, decorrente de sua necessidade de mensuração, é que a teoria acaba privilegiando características do produto (que são objetivas) em detrimento das características do consumidor (principalmente as ditas subjetivas, como disposição ao risco).

Sobre a crítica a respeito de não abordar o lado subjetivo, as teorias racionais afirmam a possibilidade de quantificação da satisfação e utilidade, gerando pesquisas com escalas cardinais. Pesquisas que pretendem validar metodologias têm mostrado, porém, que tais escalas com mesmo valor numérico de resposta podem ter significados diferentes. Vamos supor que perguntemos a pessoas sobre a satisfação com seus carros e que duas delas, com carros absolutamente diferentes no valor, no ano e no estado de conservação, dêem a nota 5. Podemos dizer que a resposta tem o mesmo significado?

---

[3] Retirado do livro de Kotler (1998), reproduzindo um modelo apresentado por Robinson (1967).

Um último comentário refere-se à crítica de que não há sustentação lógica e factível para o pressuposto de que o ser humano é racional, consciente de suas necessidades e dos caminhos para satisfazê-las. A teoria de motivação de Freud, do inconsciente de Jung, do poder de Adler e outros autores do início do século XX foi uma saudável contracorrente à dominância da teoria da consciência. Será que sabemos o que queremos? Quando compramos e consumimos, temos consciência do ato, das influências a que estamos submetidos e da veracidade de nossas necessidades?

Para discutir essa questão de ter ou não consciência, entraremos no uso que se faz, em Comportamento do Consumidor, das teorias do inconsciente e das teorias de necessidades básicas.

## 2.2 As teorias da motivação do comportamento do consumidor

Neste item, abordamos as teorias da psicologia da motivação sobre o consumo, principalmente as chamadas teorias psicodinâmicas, como a de Freud, e as teorias do *self* e de realização, como a de Rogers e Maslow.

Paralelamente às teorias racionais e positivistas, exploradas no item anterior, desenvolveram-se algumas teorias da motivação sobre o comportamento humano, cujo fundamento é a afirmação de que o comportamento pode ser entendido no jogo das emoções e dos afetos que fluem nos sujeitos, deixando o racional em segundo plano.

Uma das teorias de motivação mais comentada e utilizada em Marketing é a teoria psicodinâmica de Freud. Alguns testes com alunos e profissionais, no entanto, têm mostrado certo desconhecimento a respeito dos fundamentos dessa teoria e, portanto, uma inconsistência do uso de seus pressupostos. É claro que qualquer tentativa de resumir a obra de Freud está fadada ao fracasso, por isso, apontaremos apenas a questão do uso do conceito em teorias sobre o consumidor.

### 2.2.1 A teoria de Freud e a questão do inconsciente no consumo

A teoria de Freud,[4] que tem resultados espetaculares na Psicologia Clínica, afirma que as pessoas não conhecem seus verdadeiros desejos, pois existe uma espécie de mecanismo de avaliação que determina quais deles poderão tornar-se conscientes e quais não. Depois dos escritos de Freud (mas não só por causa deles), a fé na consciência e na razão foi seriamente abalada, pois a consciência passou a ser vista como prisioneira do inconsciente, este sim a verdadeira fonte dos desejos e o motor do comportamento. O grande volume de artigos, filmes e obras de arte sobre o inconsciente acabou enfatizando esse paradigma da importância secundária da consciência e da razão, colocando em xeque as teorias racionais sobre o consumo.

Profissionais de Marketing têm utilizado o conceito de inconsciente para criar as mais diversas explicações sobre os motivos de consumo. Deve-se, porém, ter cui-

---

[4] Para uma visão introdutória dos pressupostos de Freud, sugerimos os textos "Cinco lições de psicanálise", encontrado no v. XI das *Obras Completas*, e "Esboço de psicanálise", encontrado no v. XXIII das *Obras Completas*.

dado no uso de teorias que abordem tal conceito, pois elas não oferecem instrumentos de avaliação,[5] já que seu conceito fundamental não é operacional (não excluímos seu valor explicativo). Podemos ler vários textos de Freud e perceber que não temos um modelo de questionário de pesquisa, por exemplo. As teorias racionais, como vimos, são ricas nessa parte.

Outra consequência das teorias da motivação que utilizam o conceito de inconsciente na forma de conflito dinâmico é que não há outra alternativa senão valorizar o passado do sujeito em detrimento do presente (que é apenas consequência do passado) e do futuro (também dependente do passado). Esse ponto traz certa complexidade para os pesquisadores, que precisam retratar o presente e buscar no passado as variáveis que o explicam.

De outro lado, escrevendo sobre a prática da psicoterapia, Freud sugeriu que, ao entrevistar pessoas, os profissionais mantivessem uma atenção flutuante, isto é, não dessem importância especial a nenhuma informação nem pretendessem de antemão explicar tudo. A pessoa vai acabar dizendo o que for necessário e o profissional poderá construir a explicação que melhor se adapta a ela. Conforme nossa compreensão do termo percepção, entendemos que Freud sugeria ao profissional esforçar-se por subtrair ou suspender temporariamente sua maneira de selecionar estímulos e seus prejulgamentos para receber mais abertamente os estímulos que vinham da pessoa entrevistada. Essa postura coincide com a que estamos propondo ao longo do texto, ou seja, que possamos suspender temporariamente nossos modelos explicativos enquanto estivermos conversando com os consumidores para estarmos mais abertos aos estímulos que nos chegam.

A teoria de Freud nasce das observações de seus pacientes. Pela técnica de associação livre,[6] Freud criou seu conceito mais importante: o inconsciente e o mecanismo de repressão. Certas ideias seriam tão prejudiciais à segurança e à saúde do sujeito que seriam reprimidas da consciência, tornando-se inconscientes. Como, porém, tinham uma carga energética, continuavam fazendo pressão para surgir na consciência, obtendo seu acesso por meio de sonhos, atos falhos e outros caminhos tortuosos. O consumo seria explicado (aqui já é uma interpretação nossa, pois Freud não escreveu sobre o consumo) como o comportamento resultante desses conteúdos inconscientes, isto é, o comportamento de consumo é uma das formas de satisfação dos desejos inconscientes.

*Figura 2.2* – Associação frequente entre a aquisição de um carro e o sucesso afetivo.

---

[5] A teoria do inconsciente é extremamente sedutora, mas metodologicamente indefensável, segundo alguns críticos, principalmente os que defendem os princípios positivistas. Para os interessados em aprofundar a reflexão, sugerimos a obra de Sartre, *Esboço de uma teoria das emoções*, referendado ao final.

[6] A técnica consiste em pedir ao paciente que fale absolutamente tudo o que lhe vier à cabeça, sem nenhuma censura ou preocupação com a lógica. Freud acreditava que mesmo frases desconexas tinham alguma conexão inconsciente.

São abundantes os exemplos de produtos anunciados como propiciadores de satisfação de desejos não objetivamente relacionados ao seu funcionamento ou utilidade lógica. Se um carro tem como propósito transportar o sujeito de maneira mais rápida, não é esse o argumento de venda. Mostrar um homem com um carro apresentado como bonito, conseguindo uma bela companhia é transmitir a mensagem de que o carro torna o sujeito mais atraente. É óbvio que não há nada em carro algum que possa tornar uma pessoa mais atraente, então, onde está o segredo? O processo todo inclui uma triangulação entre a pessoa, com seu desejo de ser atraente (talvez até por considerar-se feio, sem sabê-lo), o objeto sobre o qual se projeta a atração (o carro é que passa a ser atraente) e, finalmente, o resultado, que é a evidência de alguém considerar o sujeito atraente, já que inconscientemente a atração desloca-se do objeto em que foi colocada a atração (o carro) e volta novamente para o sujeito de origem. Complicado, não? Freud nunca disse que era simples, e os gerentes também não podem dizê-lo.

Nosso exemplo não é casual. O carro tem sido, nessas últimas décadas, um exemplo ímpar de toda sorte de idealizações, como conquista amorosa, sucesso profissional, liberdade e independência. Para um modelo da motivação, todas essas paixões e a busca de suas soluções movem-se em planos inconscientes.

Para inúmeras operações mentais inconscientes (mostramos apenas uma, um simples deslocamento), Freud construiu três estruturas: o *id*, fonte primitiva da energia propulsora que opera pelo princípio do prazer; o *ego*, estrutura que opera pelo princípio da realidade, e o *superego*, estrutura que opera pelo princípio das obrigações e proibições. Gade (1980) dá um exemplo simples e esclarecedor da relação entre as três estruturas: o indivíduo que desenvolve um superego rigoroso, punitivo, que proíbe o sujeito de comer um doce – aquele mesmo doce apetitoso que o *id* pede, a ponto de fazê-lo parar diante de uma vitrine –, utilizará o princípio da realidade do ego para racionalizar que o doce o deixará obeso e irá embora satisfeito, talvez deslocando sua vontade para a fantasia de uma fruta como objeto substitutivo.

Nessa linha de teoria psicodinâmica, surgiram muitas outras teorias nas décadas subsequentes às da formulação de Freud, mas quase todas se reduzem ao conflito energético entre duas ou mais instâncias.

Em nossas exposições e consultorias, utilizamos o termo inconsciente de outra forma. Afirmamos que as pessoas podem ter *níveis* de consciência sobre as experiências relativas ao seu corpo, às suas ideias, aos seus objetos e com outras pessoas. Para qualquer produto ou serviço considerado, podemos obter dos entrevistados dados sobre essa graduação de consciência, relacionando-a com o modo de consumo. Por exemplo: de alguns anos para cá, com o crescimento da criminalidade nos grandes centros urbanos, elevou-se o nível de consciência de muitas pessoas sobre a necessidade de segurança, demandando a venda de aparelhos específicos (como carros blindados), residências em condomínios fortificados, animais de guarda e tudo o que se relaciona com o medo. Será que as pessoas não tinham consciência das suas inseguranças? É claro que tinham, mas antes isso não era tão importante, pois a possibilidade de uma experiência parecia remota.

Essa noção de inconsciente como nível da consciência tem aproximação com as teorias positivistas e com as teorias sociais sobre o consumo.

### 2.2.2 A teoria de Maslow e o consumo

A teoria das necessidades básicas de Maslow (1954) tem sido discutida em todas as salas de aula como um pilar explicativo do consumo. Tal como Freud, porém, Maslow não estava interessado em comportamento do consumo, mas em criar uma teoria geral da motivação. Sua tese principal é de que as pessoas criam cinco planos básicos na vida: satisfazer necessidades fisiológicas, de segurança, de afeto, de relacionamento e de autorrealização.

Um engano comum de compreensão da teoria é pensar que os níveis constituem uma escada que o sujeito sobe conforme sua vida passa. Os níveis são independentes uns dos outros, e a predominância de um ou outro é dada por uma valoração da pessoa. É claro que a atenção a alguns níveis, como o de relacionamento, torna-se mais provável quando outros níveis, como o fisiológico, estão razoavelmente satisfeitos. Seria difícil (mas não impossível, pois acontece nas escolas de bairros pobres do interior do Brasil) alguém se concentrar em atividades lúdicas ou artísticas sem ter onde morar e o que comer.

As necessidades fisiológicas são aquelas básicas para a sobrevivência, como fome, sede e sono, e constituem a base dos desejos. A teoria desse nível tem pouco a contribuir para o comportamento de consumo, já que a compra é necessária e os desejos apenas refletem essa necessidade.

A necessidade de segurança física, como ter roupa e casa, obviamente tem prevalência sobre aspectos éticos, como a qualidade do bairro ou a marca da roupa. Também nesse nível aparece a necessidade de segurança psíquica, que é a base da busca da ordenação das experiências, já que existem evidências de que as pessoas procuram evitar o novo e sentem-se seguras com os comportamentos repetitivos.[7] Produtos que têm a segurança psíquica como benefício, como o seguro de vida ou a poupança, podem ser apresentados como benefícios de segurança física.

A necessidade de afeto exige que o sujeito seja amado e reconhecido como importante para outras pessoas. Incluem-se aqui as necessidades eróticas e sexuais e os comportamentos de pertencer a grupos, a família, ao clube etc. Inúmeras peças publicitárias exploram a satisfação dessa necessidade, como propagandas de cerveja, carros, títulos de clube e escolas.

A necessidade de *status* e estima relaciona-se com o reconhecimento por outros e até com o próprio reconhecimento de valor. O indivíduo fará esforços para ser visto como inteligente, forte, independente e detentor de outras qualidades valorizadas pelo grupo no qual está inserido. A palavra *status* é uma espécie de ícone em Marketing. Produtos de nichos de mercado, tais como carros especiais, bebidas e joias, são apresentados como propiciando benefícios de *status*, estima e reconhe-

---

[7] Comentamos em item anterior sobre a busca de ordenação das pessoas como uma das bases explicativas do comportamento. Em texto posterior, sobre a teoria existencial, voltaremos ao assunto.

cimento ("Você merece um carro assim" era o *slogan* de uma comunicação de um carro específico).

A necessidade de realização é o nível mais elevado, em que o indivíduo procura desenvolver suas potencialidades e seu autoconhecimento.

Por vezes, a teoria de Maslow não é adequadamente apresentada. Primeiro por não explicarem aos participantes os pressupostos que fizeram nascer a teoria, isto é, o movimento humanitário do pós-guerra. Em um mundo devastado, onde reinava o pessimismo quanto à vida, tornou-se importante que grupos de cientistas sociais europeus e norte-americanos criassem teorias que valorizassem o ser humano. Maslow foi um desses humanistas que acreditavam na bondade do ser humano e no desacerto dos sistemas sociais. Sua obra segue na esteira de muitos profissionais que querem resgatar a dignidade humana. Essa explicação dos determinantes sociais do nascimento de teorias é fundamental para que se possa avaliar a adequação do sistema ao momento atual. Será que vivemos uma situação de pessimismo quanto à vida?

Um segundo ponto que consideramos importante na apresentação da teoria de Maslow refere-se à omissão da parte mais diretamente relacionada ao Marketing e ao consumo, isto é, a teoria das metanecessidades ou necessidades secundárias (a justiça, a beleza, o ordem, o conforto). É nesse ponto das observações de Maslow que defendemos uma ligação com nossa exposição sobre os planos, as expectativas e o tipo de vida que as pessoas almejam. Conhecer as necessidades básicas não basta.[8]

Apesar de muito difundida, a teoria de Maslow, tal como a de Freud, é fraca em criar instrumentos de avaliação e ação sobre os consumidores. Um dos motivos é que a teoria mostra o óbvio, com o grupamento das necessidades. É consequência lógica que o consumo de aparelhos de alarme se relacione com a necessidade de segurança (ou, utilizando outros termos, com a expectativa de sentir-se mais seguro). Para nós, existem duas questões mais importantes nesse exemplo, as quais a teoria de Maslow não abrange:

1. Quais estímulos do mundo desse consumidor estão sendo selecionados como propiciadores de segurança e quais como propiciadores de insegurança?

2. Como uma pessoa chega a eleger um aparelho de alarme como o objeto (nas suas relações com os objetos) que lhe trará segurança, em vez de se trancar em casa, adquirir um cão ou mudar de cidade? Dessa maneira, teríamos dados de Marketing, pois estaríamos lidando diretamente com os processos de estimulação e escolha.

Diferentemente da teoria de Freud, a teoria de Maslow é um sistema voltado para o presente do sujeito, em relação imediata entre o que lhe acontece e o seu comportamento de consumo. Passado e futuro são secundários. Contudo, o problema das teorias que valorizam o presente, como já vimos nas teorias racionais, é que as pessoas podem mudar seus planos, suas expectativas e, em consequência, seus

---

[8] Na realidade, o texto original de Maslow, no livro *Motivation and personality*, pouco desenvolve as necessidades secundárias, até porque não era o foco do autor. Isso, porém, não justifica seu esquecimento na apresentação da teoria em seminários de Marketing.

comportamentos de consumo. Em outras palavras, a hierarquia do que é importante muda. Captar as mudanças mais profundas e compartilhadas por um grupo e antecipar-se a elas é o objetivo de um bom sistema de informações em Marketing, o que a teoria de Maslow não proporciona. O planejamento empresarial não precisa estar fundamentado só em necessidades do presente, mas nas expectativas (o futuro) que movem o sujeito por meses e anos.

Por fim, algumas das discussões da teoria de Maslow sobre a importância de variáveis biológicas e de motivação e as questões sobre a bondade ou a maldade das pessoas, em contraposição aos desajustes sociais, precisam ser refletidas levando em consideração a situação atual, diferente da época de sua criação (década de 1950). Não temos mais uma guerra mundial, mas guerras civis (entre polícia e bandidos, por exemplo), guerras econômicas (entre blocos econômicos) e guerras de poder (nas derrubadas de sistemas políticos). Podemos olhar as pessoas com os mesmos paradigmas da década de 1950? Talvez não.

### 2.2.3 Vantagens e limites das teorias da motivação

As teorias da motivação têm o grande mérito de penetrar mais a fundo na personalidade das pessoas, aceitando que a consciência é um fluxo inconstante e apenas sinaliza o que ocorre mais profundamente. No âmago das emoções, as teorias da motivação buscam um princípio orientador, uma organização que explique o comportamento. Freud colocava o *id*, o *ego* e o *superego* como a estrutura que suportava o processo de repressão. Jung colocava o inconsciente coletivo como a estrutura que suportava os processos anímicos do inconsciente para o consciente. Maslow e muitos outros conceituam um *self*, uma estrutura organizadora das experiências que suporta a diversidade da vida, eliminando as distorções e mantendo na consciência apenas o que confirma a unidade do ser. Penetrar no âmago dessas estruturas e dinâmicas significa compreender o comportamento, inclusive o de consumo.

As teorias da motivação desenvolveram um campo de trabalho fértil, destacando-se as chamadas pesquisas em profundidade, em que se procuravam os verdadeiros motivos do consumo. O objetivo dessas pesquisas também era detectar os movimentos dos grupos, no sentido de desejos e valores, que já se colocavam em níveis mais próximos da consciência, detectados nas pesquisas, mas ainda inconscientes aos sujeitos. O livro *O Relatório Popcorn* (Popcorn, 1993) é um exemplo desse raciocínio de buscar o que ainda está latente. Nesse livro, a autora comenta a detecção de um movimento de clausura (as pessoas estavam saindo cada vez menos de casa para se divertir), e toda uma gama de produtos e serviços orientados nessa direção que teve altos desempenhos de venda (videocassetes, *disk*-serviços, *teleshopping* e computadores domésticos, por exemplo). As empresas que detectaram esse movimento antes das outras saíram na frente e ganharam uma vantagem competitiva.

Outra consequência interessante da adoção das teorias da motivação está na comunicação. Agências deixaram de dar tanta importância ao estilo de texto racional para mostrar (basicamente com imagens) os motivos do consumo. O que vemos nas propagandas brasileiras é uma escalada de estímulos visuais, como, por exemplo, propaganda de roupa mostrando pessoas sem roupa; folhetos sobre motos mostrando mulheres bonitas; propaganda de tênis mostrando super-homens e de bebidas mostrando uma conquista. Por trás desses trabalhos, existem profissionais que acreditam estar o consumo calcado nos motivos e nas emoções, que necessitam ser estimulados por imagens e palavras.

Os teóricos da motivação estão certos e os racionais, errados? É a pergunta que está errada. Não existe certo ou errado em teorias. Existem as teorias mais e as menos organizadas e resistentes. O que defendemos neste texto é que cada teoria tem sua validade como ponto de reflexão sobre como era o mundo quando ela foi criada, mas não deve ser utilizada como sistema fechado de explicação e previsão do comportamento do consumidor. O importante, repetimos, é utilizar sistemas tradicionais de explicação, mas também procurar construir novos sistemas a partir dos dados coletados.

### 2.2.4 Sugestão de exercícios

Para compreender melhor o que significa utilizar ou não teorias prontas, procure desenvolver os exercícios a seguir.

1. Escolhe-se uma entrevista transcrita em trabalhos de pesquisa e pede-se a um grupo (de alunos ou gerentes) para criar teorias sobre o conteúdo das falas. O grupo deve tentar descrever quem é o sujeito, o que ele quer, o que compra, seus motivos etc.

   Para cada afirmativa dos analistas, procura-se localizar qual parte do texto levou a essa interpretação. No exercício, fica claro que os analistas selecionam trechos de entrevistas que confirmam seus pontos de vista (de racionalidade, emoção ou influência social, por exemplo). Como referência, no nosso trabalho de mestrado (Giglio, 1998), temos a transcrição completa de uma entrevista e vários trechos de outras 14.

2. Um pequeno grupo (três a quatro pessoas) entrevista alguém sobre um assunto de consumo e traz o relato da entrevista e a interpretação do texto.

3. É bom lembrar que, na análise de entrevistas, alguns sinais, tais como a pausa na fala, a dificuldade em encontrar as palavras, a alusão a ideias e sensações vagamente definidas, são indicativos de conteúdos que ainda estão se formando. Esses indicadores em entrevistas gravadas constituem um bom material de análise.

Nesses exercícios, verifica-se que há uma tendência, em nossas interpretações, de darmos significados simbólicos às falas dos consumidores. Vimos, no exemplo do Capítulo 1, como essas interpretações carecem de sustentação. Se, em um sonho, um gato atravessa na nossa frente, não há nada que nos faça pensar que o animal simboliza o azar ou a feminilidade. Quando sugerimos iniciar a fase de interpretação, isso significa *ordenar* o discurso do consumidor, pois ele brota daquela mesma consciência que é bombardeada por estímulos, portanto, há algo de caótico no relato. Deve-se discutir a validade de se criar significados ou procurar entender o sentido que o próprio sujeito tenta dar ao seu discurso.

## 2.3 As teorias comportamentais sobre o consumo

Denominam-se teorias comportamentais ou do condicionamento aquelas abordagens que buscam experimentalmente modelar o comportamento humano.

### 2.3.1 Os fundamentos da teoria de Skinner

Seguindo uma linha positivista, a Psicologia Comportamental colocava como objeto de estudo apenas os fenômenos observáveis, eliminando, portanto, as emoções, os afetos e, evidentemente, qualquer noção de inconsciente.

Utilizando algumas ciências biológicas de apoio, tais como a Neurologia e a Fisiologia, os psicólogos comportamentais ou behavioristas criaram em laboratório uma série de pesquisas que muito contribuiu para a compreensão do comportamento.

Entre os autores mais importantes e estudados em Marketing, encontramos Skinner, com sua teoria do condicionamento.[9] Em um de seus primeiros artigos (Skinner, 1950), o autor questionou o uso de teorias que colocavam conceitos não observáveis, como o de inteligência. Era uma crítica a inúmeros modelos em Psicologia que partiam de pontos indefensáveis nos paradigmas das ciências positivas.

Uma confusão muito frequente sobre o uso do conceito de condicionamento está na diferença entre os estímulos que são apresentados *antes* da compra e os que são apresentados *depois* dela. Os primeiros são estímulos eliciadores do comportamento, isto é, pretendem levar a pessoa a comprar (nem que seja uma vez só), enquanto os segundos são os condicionantes do comportamento, isto é, estímulos que pretendem fazer com que as pessoas continuem a comprar após a primeira vez ou aumentem sua frequência de compra.

Queremos dizer (e aqui nos apoiamos nos experimentos do próprio Skinner) que um comportamento poderá ser incrementado (isto é, sua frequência poderá ser aumentada) *se for sucedido de uma recompensa importante para o sujeito*. É o caso clássico da mãe que dá um doce ao filho por ele ter comido todo o prato salgado. O trato feito antes do almoço (a promessa da mãe) é o estímulo eliciador, que pretende fazer que o comportamento (comer o prato salgado) ocorra. Já o doce é o estímulo condicionante (ou reforçador, como também é conhecido) que vem imediatamente após o comportamento, reforçando-o. Dizer que o estímulo é reforçador significa que existe a probabilidade de ocorrer o mesmo comportamento ou aumentar sua frequência se for provado que esse mesmo estímulo estará presente e é importante para a pessoa. Se ela de fato gosta de doce, então, o contrato pode ser renovado ou mesmo modificado, em troca de um pouco mais do comportamento (por exemplo, aumentando a quantidade de comida salgada).

Todas as promessas de prêmios, presentes e brindes seguem essa mesma estrutura do estímulo eliciador e do estímulo reforçador.

---

[9] Deixamos de lado os comentários sobre a teoria de Pavlov e seus cães, por serem conhecidos e pela sua pouca importância para o Marketing, bem como outras abordagens da teoria estímulo-resposta, como a de Dollard e Miller, por terem estruturas semelhantes à de Skinner.

## 2.3.2 As relações do behaviorismo com o Marketing

Toda a gama de serviços e brindes pós-venda, que nos últimos anos ganhou notoriedade, pode ser entendida sob essa óptica de fornecer "presentes" após a compra objetivando sua repetição ou a realização de propaganda boca a boca. Em épocas festivas, como no Natal, os *shoppings* prometem muitos presentes, a maioria na forma de sorteios, o que incrementa o número de visitas e os valores gastos em cada visita. É uma forma clássica de condicionamento. É claro que o objetivo mais importante é que as pessoas se tornem frequentadoras, mesmo quando não forem ofertados presentes.

Temos aqui dois pontos a serem comentados.

Em primeiro lugar, entendemos que as propagandas funcionam como estímulos eliciadores, buscando um lugar na consciência das pessoas, naquele fluxo constante de estímulos e experiências, enquanto os presentes posteriores (brindes, por exemplo) seriam os verdadeiros responsáveis pelo condicionamento. Esses presentes buscam estabelecer uma ligação com os produtos comprados, passando a fazer parte das expectativas. Em alguns casos excepcionais, como o ocorrido nas lanchonetes McDonald's, os presentes podem se tornar o principal argumento de compra e consumo.

Skinner defendeu que, em muitas áreas, tais como leis do governo, leis da economia e da educação, nosso comportamento é condicionado pelos estímulos reforçadores. Com a repetição do circuito *comportamento-presente* criamos hábitos e não pensamos mais no assunto (Skinner, 1967).

Uma vez estabelecido um hábito, quebrá-lo não é tarefa fácil. Em momentos de crise e de mudança, porém, como em casamentos, nascimentos, separação, pós-cirurgias, as pessoas reavaliam seus hábitos e ficam mais propensas a modificá-los. Nesses instantes, o sujeito traz à consciência seus condicionamentos que estavam em segundo plano.

Nos negócios, principalmente em situações de desabastecimento ou necessidade de mudança de fornecedor, pode ser mais fácil para o profissional de Marketing tentar introduzir um novo produto, atacando o concorrente que havia criado um hábito no consumidor. O que importa é fazer com que as pessoas voltem a pensar no processo de consumo.

O segundo ponto que queremos abordar refere-se aos limites do uso do conceito de condicionamento. Quando Skinner escreveu seu livro *Walden II* (Skinner, 1978), acreditava que o uso científico dos estímulos reforçadores poderia criar uma sociedade mais justa e feliz. Nas últimas obras, porém, premido pelo relato de experiências, Skinner admitia que havia algo entre o comportamento e o reforço, que nós, em uma licença metodológica, vamos chamar de "liberdade de escolha".

O que queremos dizer é que as pesquisas têm demonstrado que o estímulo reforçador muda não só em questão de tempo, como de categoria e de importância. Em última análise, assim que um profissional de Marketing descobre um estímulo reforçador, deve acompanhar e pesquisar a liberdade das pessoas em alterar a importância dada ao presente. A maioria dos *shoppings* brasileiros tem utilizado reforçadores na época de Natal, só que o mesmo reforçador não pode ser utilizado dois anos seguidos.

Se em um ano, foi um carro nacional, no outro tem de ser um importado, no seguinte tem de ser uma Ferrari, no outro um helicóptero, e assim por diante.

### 2.3.3 Um exemplo de condicionamento operante

Em seu livro *Walden II*, Skinner mostra como as regras da sociedade são, no fundo, um conjunto de estímulos operantes positivos ou negativos e que o ser humano repete os mesmos comportamentos dos animais de laboratório. Dê-lhe um presente e ele incrementa um comportamento; dê-lhe um castigo e o comportamento será extinto. É tudo muito simples, mas ao mesmo tempo complexo, pois os estímulos condicionantes mudam para os seres humanos.

Skinner verificou que todo comportamento tem uma frequência de repetição que se mantém razoavelmente constante. Por exemplo, ao estudar um alcoólatra, verificou que ele consumia em média quatro copos de uísque por dia.[10] Conversando com ele, puderam obter sua aceitação de um novo tratamento. Pesquisadores construíram uma máquina que, tendo uma alavanca acionada, liberava uma dose de uísque em um copo. Por alguns dias, deixaram que o sujeito bebesse o quanto quisesse, até obter seu consumo médio. Essa é a chamada linha de base.

Obtida a linha de base iniciou-se o tratamento. Na fase de linha de base, o sujeito baixava a alavanca e obtinha a dose. Em um segundo momento, foi-lhe dito que a frequência mudaria: ele teria de baixar a alavanca mais vezes. A quantidade de vezes foi aumentando até que chegou um ponto em que o sujeito passava muito mais tempo baixando a alavanca do que bebendo. Apertar a barra era um comportamento tão irritante, associado ao consumo de uísque, que se esperava que a frequência deste diminuísse, isto é, que o "presente" diminuísse de importância quando o esforço para obtê-lo aumentasse demais.

Em seguida, foi-lhe dito que seria dado um choque elétrico cada vez que ele acionasse a alavanca. Esse era o estímulo operante, nesse caso, um castigo.[11] Aliado ao esquema anterior, pretendia-se que o uísque (presente) fosse associado com algo irritante (acionar a alavanca inúmeras vezes) e negativo (o choque como castigo), deixasse de ser um presente desejado de ser consumido. Algum tempo depois, o sujeito estava bebendo bem menos que sua média. Introduziu-se, então, um estímulo operante positivo, altamente gratificante para o sujeito (definido por ele mesmo). Cada vez que ele ficasse um certo tempo sem beber, alguém viria conversar alguns minutos com ele, e o tempo aumentaria gradativamente. O esquema estava completo: estímulos negativos anteriores ao comportamento e estímulos positivos posteriores ao comportamento.

Aos poucos, os estímulos operantes negativos (os castigos) foram sendo retirados, os estímulos elícitos de baixar a alavanca foram diminuindo e os positivos,

---

[10] Skinner estimulou uma série de pesquisas para tratamento de doenças psiquiátricas e psicológicas, entre as quais o alcoolismo. Em um artigo intitulado "O Bar de Coral Gables", explicou como se aplicava a teoria do condicionamento.

[11] Apesar da força de tradições humanistas, as pesquisas mostram que o castigo é mais eficiente que a recompensa na modelagem dos comportamentos.

incrementados, até chegar-se a um ponto em que a linha de base do sujeito estava no nível zero ou muito próximo disso. A diminuição da linha de base era anotada e o tratamento, encerrado.[12]

### 2.3.4 Vantagens e limites da teoria behaviorista

Todo o consumo, nessa teoria, pode ser explicado como resultado de estímulos operantes que funcionaram, isto é, uma cadeia de estímulos eliciadores que levaram ao consumo e uma cadeia de estímulos operantes que mantiveram o comportamento. Os presentes ou castigos podem estar inseridos nos quatro campos de relacionamento que já comentamos: *com o corpo* (por exemplo, a visão de ter emagrecido alguns quilos é um estímulo operante para continuar a consumir produtos dietéticos); *com as ideias e emoções* (por exemplo, o fato de ter coragem de falar o que se pensa pode ser um estímulo para se continuar uma terapia); *com os objetos* (por exemplo, o estímulo de se preencher uma página de um álbum de figurinhas é suficiente para fazer o consumidor comprar as restantes); *com as pessoas* (receber elogios do marido pode ser um estímulo para uma mulher continuar a comprar e a cozinhar determinados pratos).

Assim, os psicólogos behavioristas conseguiram reduzir a um modelo simples os complexos agrupamentos humanos e suas regras e comportamentos.

Apesar de seu caráter reducionista, as teorias comportamentais têm apoio nos fatos e no embasamento lógico, o que falta às teorias da motivação. Os inúmeros casos de sucesso no condicionamento de pessoas têm um peso importante.

A teoria behaviorista encontrou um campo fértil no Marketing em virtude de todos aqueles ramos de negócios que necessitam de uma alta frequência de recompra, como é o caso de produtos de higiene, limpeza e alimentos. Não é por acaso que inúmeras empresas adotam estratégias de presentes (as promoções) para tentar atrair o consumidor e levá-lo a criar um hábito de compra. Os presentes também são extensivos aos vendedores das empresas e revendedores.

Pode haver alguma confusão entre condicionamento e hábito. O hábito não é, obrigatoriamente, o resultado de um condicionamento, já que a palavra se refere a um conjunto maior de comportamentos. O condicionamento pode ser realizado para um comportamento simples, como apertar uma barra, mas o hábito de compra em um supermercado, por exemplo, inclui um grande número de comportamentos, tais como a escolha do dia da semana, o modo de locomoção, o horário, o local e o roteiro dentro da loja. A cadeia toda acaba formando uma sequência conforme as vontades do sujeito. O que a teoria do condicionamento pode fazer é provocar estímulos elícitos e operantes no roteiro de hábitos das pessoas, objetivando que determinado comportamento (por exemplo, ir sempre ao mesmo local) incorpore-se ao conjunto de comportamentos do hábito.

---

[12] Apenas como curiosidade, voltar a beber após terminado o tratamento é explicado nesse modelo pelo fato de os estímulos que levaram ao comportamento de beber continuarem presentes na vida do sujeito, tais como amigos que bebem. Esses estímulos voltam a agir assim que ele volta à sua rotina. Pessoas que tentam parar de fumar apontam os amigos como sendo culpados de seu retorno ao hábito.

O hábito está relacionado à fidelidade, isto é, à opção do consumidor por comprar o mesmo produto e a mesma marca. Algumas pesquisas parecem demonstrar que o consumidor vem se tornando menos fiel a algumas linhas de produtos, tais como de higiene e limpeza. Nesse caso, pode-se criar a hipótese de que estímulos antes inexistentes ou não percebidos estão criando novos comportamentos.

O condicionamento e o hábito tocam na questão da abertura ou rotina do ser humano. Observando o comportamento das pessoas nas várias descrições dos campos científicos, somos levados a refletir que o ser humano pouco tem de aberto e flexível no seu dia a dia. A liberdade, por vezes, é mais um ideal, uma busca, justamente porque nosso cotidiano é outro: a rotina que começa no organismo desde o nascimento e aparece na escola, no trabalho, nas diversões, nos costumes, nas regras sociais e no consumo.

Por que criamos rotinas? Qual seria a função dos nossos hábitos e condicionamentos?

Quando conversamos com as pessoas sobre sua rotina, verificamos que o ponto central dos relatos gira ao redor da função de hierarquia das ações. As ações que não têm importância para os planos imediatos e conscientes da pessoa, mas que devem ser realizadas com alguma frequência (dirigir, banhar-se, vestir-se, alimentar-se), são colocadas em segundo plano no dia a dia. Não se dá mais atenção a elas. Utilizando uma imagem energética, diríamos que gastamos menos energia não pensando em certos detalhes diariamente.

Construímos esses comportamentos repetitivos conforme nossa própria experiência (isto é, as relações com o corpo, com as ideias, com os objetos) ou as influências do meio ambiente (relações sociais). Nesse último caso, deixamos que a televisão ou os amigos não só nos dêem sugestões de desejos, como também sobre como satisfazê-los. Na participação em grupo, por exemplo, repetimos o comportamento alheio, ao mesmo tempo em que diminuímos nossa crítica sobre a validade desse mesmo comportamento.

O condicionamento tem sido bastante utilizado pelos profissionais de propaganda que acreditam no seu poder. Ao lançar um novo produto, a estratégia de promoção é provocar a experimentação e criar o hábito. São mais raros, porém, os estudos anteriores aos lançamentos, que relatam os planos e as rotinas das pessoas, para verificar a eficácia dos estímulos que serão apresentados. Mesmo pessoas com hábitos absolutamente semelhantes podem diferir quanto ao modo de selecionar estímulos.

Além da descrição de um perfil dos planos e das rotinas das pessoas, é importante detalhar como os consumidores encaram a liberdade e como pretendem alcançá-la na sua vida. Como dissemos, o condicionamento e os hábitos são condições de liberação da consciência para que possa se ocupar de assuntos (estímulos) considerados mais importantes.

### 2.3.5 Comentários e sugestões de ações de Marketing

A. Caso um administrador esteja organizando os dados obtidos em entrevistas com consumidores, será interessante iniciar uma análise mais detalhada dos seus hábitos de consumo. O objetivo consiste em verificar em que situações o hábito pode ser quebrado ou reforçado (conforme o objetivo). Seja qual for o interesse e o ramo de negócio desse profissional e seu objetivo com o consumidor (tornar-se conhecido, construir um condicionamento, manter um condicionamento), ele deve levar em consideração que seu produto/serviço precisa facilitar o leque de escolhas desse sujeito. Por exemplo, oferecer um telefone celular na compra de um carro é um presente? Para quem? Essa ação possibilita algum condicionamento? Dificilmente. É uma ação promocional isolada, que dificilmente exercerá influência dali a dois anos, quando a pessoa for trocar seu carro. De outro lado, realizar revisões gratuitas, além de dar garantia e estabelecer um contrato de recompra do automóvel, pode levar ao condicionamento de recompra da mesma marca.

B. Caso haja interesse em condicionar um comportamento, um profissional deve, em primeiro lugar, conhecer os estímulos reforçadores que têm mais condições de atrair o consumidor. Quem vai indicar quais são esses estímulos é o próprio consumidor. Um *shopping* de São Paulo ofereceu um helicóptero no Natal e foi motivo de piada.

O segundo passo consiste em construir uma linha de base, que nada mais é do que mensurar a sequência e a frequência de compra dos seus consumidores. Essa linha serve de parâmetro para se determinar a eficácia do condicionamento.

Definido(s) o(s) estímulo(s) reforçador(es), deve-se planejar e operacionalizar o modo de esses presentes serem oferecidos. Se eles vierem muito tempo depois da compra, não terão efeito. Deve-se, também, ter bem claro a diferença entre experimentar e repetir. Para condicionar, é necessário repetir.

C. As máquinas de *videogame* oferecem um exemplo claro de condicionamento. Todos nós já vimos adolescentes ficarem muito tempo e gastarem muito dinheiro em uma máquina de *videogame*, tentando superar seus próprios limites. Cada vez que o jogador avança um pouco mais que no jogo anterior, sente-se recompensado para seguir adiante e tentar chegar ao fim do jogo.

As máquinas caça-níqueis funcionam no esquema de condicionamento. Sabe-se que, em alguma jogada, todas as moedas irão cair, mas não se sabe em qual. A possibilidade do presente ocasional é estímulo eliciador suficiente para que dezenas de pessoas fiquem gastando alguns trocados até que o automatismo da máquina libere outro presente aleatoriamente.

Os livros que abordam o condicionamento operante também dão exemplos de máquinas que ajudam as pessoas a se livrarem de alguns problemas. Uma dessas máquinas, que causou muita polêmica na década de 1960, era utilizada para tratamento de alcoólatras, conforme vimos em um item anterior. A máquina tinha o porte de um *videogame*, com um assento para a pessoa, uma alavanca e um local com um copo, para a saída de líquido. Mecanismos elétricos e mecânicos permitiam seu funcionamento e, ao longo do tratamento, o sujeito era colocado em contato com estímulos aversivos (punições) e estímulos reforçadores (presentes).

O tratamento dava certo? Sem dúvida. Os efeitos eram permanentes? Em muitos casos, sim, pois havia substituição de um hábito por outro (existem muitas outras combinações que não serão possíveis apresentar aqui). Era eticamente correto? Sim, pois as pessoas eram voluntárias no tratamento, podendo deixá-lo quando quisessem. Era uma novidade? Apenas a máquina, pois, com um pouco de reflexão, veremos que estamos cercados de recompensas e punições que modelam o nosso comportamento, embora sejamos livres para aceitá-las ou não.

Podemos concluir, com relação ao comportamento do consumidor na linha do condicionamento, que não necessitamos da generalização extremada de Skinner (tudo é condicionamento), mas não podemos esquecer de que ele nos alertou para o perigo de ignorar a força das recompensas e das punições, principalmente as sociais e materiais da sociedade ocidental.

## 2.4 As bases das teorias sociais sobre o comportamento do consumidor

*"Diga-me com quem andas e te direi o que consomes."* (adaptação nossa)

A frase, inventada por nós, retrata a ideia de que o fundamento do comportamento de consumo não está na pessoa, mas fora dela, nas regras dos grupos aos quais ela pertence ou ao qual gostaria de pertencer.

Desde que nascemos, estamos imersos em um turbilhão de estímulos que se originam de muitas fontes, algumas externas ao sujeito. Ao estudar o consumo, portanto, não podemos perder de vista o todo, incluindo o social. O processo de escolha e uso dos produtos tem aspectos individuais que se interpenetram com a história social e cultural das pessoas, as quais exercem influência no comportamento de consumo e no ato de compra. Sobre as influências sociais existem várias teorias e, neste capítulo, estaremos selecionando alguns autores que têm discutido mais especificamente a questão do consumo. Uma das primeiras questões de reflexão refere-se ao poder do grupo de criar ou modificar comportamentos de consumo das pessoas. Como ocorre essa influência?

Para responder essa questão, precisamos compreender *como* os níveis de relações familiares, sociais e culturais são vivenciados pelos consumidores e *como* influenciam seu processo de compra e uso. *Como* isso ocorre? Como a opinião de uma mãe sobre um leite em pó acaba sendo aceita pela filha, que vai passar o mesmo conceito para sua própria filha? *Como* é que um grupo de colegas consegue extrair de um integrante ações que ele, sozinho, jamais faria? *Como* é que um gerente pode entrar nesses circuitos para conseguir as ações desejadas dos consumidores?

### 2.4.1 Abordagens e autores em teorias sociais sobre o consumo

A Sociologia tem como objeto de estudo o comportamento de grupos e também o comportamento individual, mantido o foco de unidade no grupo. É claro que o comportamento de consumo acaba chamando a atenção dos sociólogos, pois alguns dos comportamentos, como o consumo de moda e o consumo de esportes parecem tão intimamente ligados à influência de grupos que fica difícil utilizar outra argumentação.

Marx, em escritos de 1844 (apud Baudrillard, 1995), já abordava a questão da posse como forma de diferenciação entre as pessoas. A propriedade privada aparece como o modo de existência pessoal, distinguindo pessoas e grupos e tornando-se, portanto, a essência da vida. *Viver para ter e ter para ser* seriam valores básicos das pessoas nas sociedades capitalistas.

Em uma linha que segue algumas idéias de Marx, Erich Fromm (1987) ocupou-se da questão do *ter ou ser* estudando o comportamento de consumo dos norte-americanos no pós-guerra. Segundo o autor, duas consciências básicas determinam os modos de escolha de vida. Por um lado, todos sabemos que vamos morrer, e essa consciência abre a perspectiva de aproveitarmos a vida conforme o que consideramos ser mais importante. Por outro, temos consciência de uma liberdade de escolha, já que nosso aparato instintivo é tão fraco que não temos outro caminho senão aprender tudo. O ser humano não tem conhecimento instintivo do que comer (uma criança leva tudo à boca), não tem conhecimento do perigo (uma criança de 2 anos salta em uma piscina, inconsciente do perigo); não tem mecanismos de defesa naturais (nem pele, nem dentes, nem garras, nem força); é fraco nos seus órgãos de sentidos (se comparado a outros animais) e não sabe instintivamente como se reproduzir (por isso tantos hábitos sexuais diferentes nos grupos). Com tantas fraquezas, parece que a natureza compensou o homem dando a ele a consciência da liberdade e um corpo capaz de acompanhar as ideias.

Embora sem construir uma teoria largamente fundamentada, Erich Fromm repete alguns conceitos da Antropologia de que o nascimento do homem está ligado ao nascimento de regras, cuja função básica (e aqui é o conceito de Fromm, diferente dos antropólogos) é diminuir as consequências das fraquezas instintivas do homem.

Ter liberdade implica compromisso, e não é raro as pessoas abdicarem de sua liberdade, inclusive da necessidade de escolha, acompanhando a maioria ou as regras externas. A grande diferença está na falta de compromisso. A questão também é explorada em outro livro do autor, *O medo à liberdade* (Fromm, 1980).

A liberdade é um tema atual. Nunca o ser humano teve tanta fartura, tantas opções, tanto tempo livre e tanta pressa, portanto, nunca esteve tão premido pela circunstância da escolha. Uma pessoa pode nascer já com os olhos abertos, andar aos seis meses, ler aos 4 anos, menstruar aos 10, ter relações sexuais aos 12, sair de casa aos 18, perder os cabelos aos 25... A medicina nos dá cada vez mais tempo de vida. O que fazer com ele? Como escolher?

Não é por acaso que a terceira idade vem se constituindo, junto com a primeira, em um filão de consumo crescente. Chegamos aos 50 com algum dinheiro no bolso, com boa saúde e o dia inteiro livre. O que fazer?

Existe uma diferença na interpretação antropológica e na sociológica, embora ambas estudem os grupos. Em uma linha antropológica, buscando as causas invariantes do comportamento, têm-se analisado os rituais e os hábitos de moradia, dança, namoro, alimentação, uso do corpo, vestimentas, entre outros, considerando vários grupos. Em uma linha mais sociológica, analisa-se um grupo especial, valorizando a noção de cultura como um conjunto de regras e valores que orientam os pensamentos e as ações de seus integrantes. Dessa forma, embora se afirme que a explicação do consumo está no grupo (Schiffman, 1997), em uma visão estruturalista há uma repetição de padrões, enquanto em uma visão sociológica há mudança constante.

Uma área polêmica da qual comentaremos apenas a parte que nos interessa, refere-se à possibilidade ou não de culturas dominantes modificarem e/ou extinguirem culturas dominadas. Na área de nosso interesse, o consumo, só parece possível a globalização das expectativas, dos valores e dos comportamentos se houver a dominação de uma cultura sobre outra. Os pais de origem europeia que desejam manter a tradição de ter a família unida no jantar podem ter sérias dificuldades em obter sucesso se seus filhos forem adolescentes e estiverem rodeados pela cultura do *fast food*, que coloca o ritual da alimentação como algo rápido, solitário e sem importância.

Devemos separar conceitualmente grupos culturais e grupos sociais. Os grupos sociais são mais restritos que os grupos culturais. Os moradores de um condomínio podem constituir um grupo social, com regras próprias e papéis definidos. Os grupos sociais mais influentes são a família, o grupo da escola, da rua ou do prédio, do trabalho, do clube. Aceita-se o princípio de que, para fazer parte de um grupo, cada pessoa sujeita-se às normas de conduta, incluindo as regras sobre o que consumir. O conceito de grupo cultural é mais amplo, designando origens pátrias, étnicas ou religiosas.

Mais contemporaneamente, Baudrillard (1995) tem explorado a questão da chamada sociedade de consumo. Seu ponto principal repousa na hipótese de que, ao perder-se a identidade dada pelo sobrenome, que era comum há algumas décadas, e ao perder-se aquela dada pela profissão, que ainda tem algum eco, parece restar a identidade dada pelos bens que se possui e, mais ainda, pelos bens que se possui em excesso. Como diz o autor, o sujeito se definiria como: *"Eu sou o que tenho e o que jogo no lixo"*.

O leque de teorias sociais é grande, e nossa intenção, neste curto capítulo, é chamar a atenção para o fator básico, isto é, que o comportamento de consumo de uma pessoa pode ser explicado por variáveis externas, pela cultura, pelo meio social. O modelo tem força explicativa quando dirigido ao consumo de certos produtos e serviços, como cigarros, esportes, cervejas, carros, *shoppings*, que são repetidamente anunciados como propiciadores de diferenciação sobre outras pessoas ou de facilitadores de inclusão em grupos.

Colocar que as variáveis são externas pode dar a impressão de que facilita as pesquisas, mas não é o caso. As teorias sobre o que é cultura e grupo social são tão abrangentes e de operacionalização tão difícil que podem ser comparadas às teorias sobre inconsciente ou motivação. Fundamentar que um comportamento foi causado pela cultura do indivíduo pode ser tão difícil quanto argumentar que foi causado por um processo inconsciente.

## 2.5 As bases das teorias existenciais sobre o comportamento do consumidor

Neste item, apresentaremos algumas formulações que temos construído ao longo dos anos, com base em uma corrente filosófica chamada Fenomenologia e em uma corrente psicológica chamada Existencialismo.

## 2.5.1 O princípio básico do Existencialismo

Nas duas últimas décadas, surgiram muitos artigos sobre técnicas de pesquisa e satisfação do cliente, mas poucos trabalhos sobre análises teóricas. Essa escassez nos fez procurar um posicionamento teórico e prático que fosse capaz de acompanhar as mudanças em curso e desse um arcabouço teórico. Encontramos, em obras sobre Fenomenologia de Edmund Husserl (1965), nos conceitos gestálticos e fenomenológicos de percepção de Merleau-Ponty (1971), nos ensaios de Sartre (1972) e na obra de Edgar Morin (1991), esse quadro conceitual, que nos possibilita fixar alguns pontos de partida para as teorias sobre o consumidor, que são diferentes dos expostos anteriormente.

A história da Fenomenologia e do Existencialismo é exatamente a busca de alguns fundamentos, criticando a ciência, que estava "teórica demais". O Existencialismo é um movimento filosófico científico que critica os princípios rígidos da ciência positiva, afirmando que há uma relação indissociável do ser com o mundo. Uma árvore só adquire sentido e existência quando um ser humano entra em contato com ela (visual, tátil, em sonho, não importa). Não se pode pensar em algum significado de árvore se não houver alguém que o dê. A base filosófica desses conceitos vem de Edmund Husserl, pai da Fenomenologia, e de Martin Heidegger.[13]

Temos estudado os princípios do existencialismo e criamos uma aproximação com o comportamento do consumo. Parte do que o leitor encontrará nos próximos parágrafos é, portanto, um conjunto de hipóteses em formação.

O Existencialismo aproxima-se do Estruturalismo no seu ideal de encontrar as bases do comportamento humano. Um dos princípios do Existencialismo consiste em "ir ao encontro dos fatos", e não somente em aplicar a teoria sobre o fato. Dessa maneira, podemos aprender a ver cada situação e cada ser humano como particular, concreto, com suas experiências distintas nas suas relações com seu corpo, suas ideias, seus afetos e valores, seus objetos e seu mundo físico e seu mundo social.

Um exemplo muito simples pode dar uma ideia desse princípio existencial da dualidade prática e teórica na busca da essência do fenômeno. Todos nós já passamos pela experiência de sermos apresentados a alguém e rapidamente formar uma imagem mental da pessoa, com atributos positivos e negativos, colocados por alguma associação específica, passando a nos comportar com essa pessoa conforme tal imagem. Essa imagem mental é a nossa teoria sobre aquela pessoa. Com a convivência, vamos mudando nossos pressupostos, porque fatos novos evidenciam o erro de nossa imagem. Em outros termos, é comum utilizarmos mentalmente a dualidade teoria-prática, com uma influenciando a outra. Esse processo mental está ao alcance dos profissionais, em especial no campo do comportamento de consumo. Cada vez que refinamos nosso conceito sobre uma pessoa a partir dos fatos, estamos mais próximos de sua essência (já que alguns erros foram eliminados).

Essas contribuições da Filosofia na busca da essência e da Psicologia na postura de "ver os fatos tais como eles são, antes de teorizar" ainda não foram completa-

---

[13] Para o leitor interessado, estamos oferecendo uma bibliografia ao final. A leitura exige certo conhecimento de Filosofia e não tem relações estabelecidas com o comportamento de consumo. Estas relações estão sendo construídas por nós ao longo dos anos.

mente compreendidas e absorvidas pela Administração e pelo Marketing. Como os profissionais têm à disposição muitos modelos de atuação, os quais, em sua maioria, são repetições de modelos mais antigos, não se vê necessidade dessa busca dos fatos em si. Como veremos neste item, com a teoria existencialista, é possível explorar algumas possibilidades de novas ações.

Pensemos em um exemplo: muitos hábitos de consumo são considerados irracionais ou prejudiciais às pessoas, tais como o consumo de cigarros ou músicas dissonantes, por causarem irritação no sistema nervoso, o gosto por filmes violentos ou extravagâncias sexuais. Esse julgamento negativo está fundado em uma noção de que o ser humano é bom, sabe o que é bom para si e escolhe racionalmente seus objetos de consumo. Como consequência, para livrá-lo do mal, devemos educá-lo, por exemplo, em uma campanha contra o fumo, erradicar a fonte de consumo, criando leis de proibição, ou cercar as informações.

Análises mais detalhadas das histórias concretas de consumidores desses produtos provavelmente criariam um quadro conceitual diferente. Uma evidência de que esse raciocínio é válido está nas dificuldades de campanhas do governo em eliminar certos hábitos de consumo, tais como a ingestão de álcool.

O ponto de partida do Existencialismo, portanto, consiste em observarmos os fatos para depois construir teorias adequadas, mesmo que tenhamos de repetir o processo até que o ponto central (ou a essência, como preferem alguns autores) esteja evidente. Essa metodologia de construção de teorias (voltamos a insistir em que criar teorias é um processo rotineiro) é influenciada pelas ideias de Karl Popper (1974), que explica como podemos evoluir passo a passo no esquema de *teoria* ⇒ *experimentação* ⇒ *erro* ⇒ *nova teoria melhor que a anterior* ⇒ *experimentação*...

Examinemos um fumante. Deixemos que ele fale sobre seu consumo. Ele sabe o que está fazendo? O que pensa sobre seu corpo? Como o trata? Que ideias ele tem? Que sonhos tem? Como hierarquiza seus planos, desejos? O que pensa das regras deste mundo?

Nessa atitude de questionamento possivelmente concluiríamos que alguns seres humanos não são bons e racionais, que não existem duas pessoas semelhantes e que a noção de mercado é um recurso metodológico forçado. Cada um cria e segue seu caminho. Por fim, concluiríamos que uma campanha contra o fumo talvez não entenda o fumante (será necessário e eficiente que o governo avise o cidadão de que fumar é prejudicial à saúde e mostre cenas chocantes? É isso que falta? Consciência?).

Sobre essa noção de particularidade de cada pessoa, cremos que o Marketing tem dado alguns passos para se livrar de um paradigma incômodo: a ideia de que somente a análise de grupos (no sentido de segmentos) importava e podia ser realizada; somente o mundo social importava, excluindo o mundo do corpo e o mundo das ideias. O argumento que o validava estava apoiado no fato de que produzir ou vender implicava análises de tendências de grande número de pessoas, devendo-se buscar suas características globais. Na atualidade, vemos uma série de artigos, como em Linneman (1993), mostrando que um dos caminhos do Marketing está nos nichos de mercado, cujo limite está no mercado um a um. É válido, portanto, estudar pequenos grupos ou até mesmo uma única pessoa.

Concluindo este item, o Existencialismo afirma que o ser humano é único na sua existência, mesmo que, por recursos metodológicos, possamos representá-lo dentro de tendências de grupo.

### 2.5.2 Os horizontes básicos do Existencialismo

Apesar da existência de várias correntes científicas, existem alguns pontos concordantes nos sistemas que objetivam explicar o comportamento humano. Os três pontos básicos que vamos expor nasceram de análises de convergências de textos, observações de consumidores e de outras áreas do comportamento humano. O que se verifica é que, apesar de cada pessoa ter seu modo particular de viver, algumas estruturas ou leis básicas acabam se revelando na diversidade.

Keen (1979) resumiu os horizontes básicos sobre os quais o Existencialismo explica o comportamento humano, quatro dos quais temos utilizado desde o início deste livro. Esses horizontes referem-se às relações do sujeito com o espaço, com o tempo, com o outro, com o corpo, com o simbólico e com o transcendente. O estudo dessas relações fornece uma base para a compreensão do comportamento dos consumidores, mesmo que seja adotada uma teoria específica.

### A. *O horizonte da transcendência*

Um dos fatos mais fantásticos sobre o ser humano consiste na sua capacidade de vivenciar um estado condicional, um "como se", assumindo temporariamente outras formas de existir. O ator profissional vive exatamente disso: viver outras vidas além da sua. Essa capacidade está ao alcance de todos. Todos temos planos e expectativas de alcançar uma forma de vida diferente da que experimentamos atualmente, e o devaneio (sonhar acordado) é uma experiência rotineira de um modo de vida distinto. Qualquer pessoa saudável cria planos de vida para transcender seus limites e pode se comportar de acordo com eles, ou seja, agir para realizá-los. O que é, por exemplo, o jogo do *videogame* senão um contínuo superar-se a si próprio na coordenação visomotora? O que é o consumo da idolatria (dos astros da música, por exemplo), senão um modo de superar o cotidiano de vidas anônimas?

Estamos tratando, portanto, da noção básica da consciência que temos de nossa situação e dos planos para alcançarmos outro modo de vida. Sabemos onde estamos e onde gostaríamos de estar, e esse é o ponto central deste item. Com essa base, podemos definir o ato de consumo como uma das infinitas possibilidades do comportamento humano na busca da realização dos planos de vida, isto é, de alcançar o imaginário de uma outra vida. Pode-se argumentar que, quando estamos tomando um cafezinho, não realizamos nenhum plano de vida, porém, estamos nos referindo às escolhas. Que tipo de café preferimos? Em que lugar queremos tomá-lo? Em que ocasiões o fazemos? É isso o que é transcendência, e não o consumo do cafezinho em si.

Como sabemos desde cedo (desde cerca de 4 anos) que a vida tem fim, queremos realizar nossas capacidades o máximo possível, sempre buscar uma nova situação. É aqui que surgem os planos. Eles são o motor do nosso comportamento, visando à superação do nosso estágio atual; são eles que surgem na consciência, informando-nos qual situação almejamos alcançar.

Em uma definição que preferimos, por questões metodológicas e também práticas, usaremos as palavras *planos* ou *expectativas* para estabelecer uma diferença em relação ao uso corrente da palavra *desejo*, comumente associada a situações do passado (por exemplo, desejos não satisfeitos). Como o nosso interesse está no futuro, decidimos evitá-la.

## B. *O horizonte do corpo*

A condição do "faz de conta", comentada no item anterior, inclui o plano de um outro corpo. Transcender os limites do nosso corpo aparece em inúmeros comportamentos humanos. No campo do consumo, podemos citar todos os esportes, desde os perigosos, passando pelas dietas e pelos exercícios, como alguns dos mais evidentes. O que as pessoas vão fazer em uma academia? Consumir produtos e serviços que lhe possibilitem ter outro corpo. Por que atletas consomem anos de sua vida tentando quebrar recordes? Para superar os limites de ação do corpo. Por que um adolescente só sai da frente de um *videogame* quando chega à última fase do jogo? Porque precisa superar seu atual estágio de coordenação visomotora. Por que boa parte das mulheres sofre com tantos regimes? Porque almejam outro corpo, que não o atual.

Os exemplos são inúmeros e mostram sempre o mesmo ponto: assim como desejamos um outro tipo de vida, queremos frequentemente ter, ou aparentar ter, um corpo diferente. Não se trata de uma negação do corpo, mas da vontade de melhorá-lo, de transcender seus limites, seja na força, na velocidade, na beleza ou na permanência da juventude.

## C. *O horizonte do espaço*

Os planos de ter outra vida e outro corpo associam-se aos planos de um espaço diferente do atual. Desde muito cedo, esperamos ansiosamente sair de casa para ir à rua, à casa do vizinho, à cidade ou a outras cidades e países. Conhecer novos espaços está tão intrinsecamente associado com a vida das pessoas que um dos grandes negócios da atualidade é o turismo, disponível de todas as formas e para todos os gostos, sempre indo para outros lugares que não os conhecidos.

É claro que estando em relação com um novo espaço, por exemplo, uma moça que decide morar sozinha, passa-se algum tempo explorando as possibilidades que se abriram. Essa mesma moça pode passar dois anos mobiliando e reformando sua casa, antes que surjam os primeiros sinais de inquietude em busca de novos espaços. É claro que, para certas pessoas, que preferem o encasulamento, bastam algumas poucas experiências de novos espaços, como observado por Popcorn (1997).

O espaço também inclui as relações do sujeito com os objetos, tais como a mobília de sua casa, ou a ordem desses objetos no armário. As casas tradicionalmente têm um espaço social – a sala e a cozinha – e espaços reservados, como quartos e banheiros.

Podemos comentar também a questão do descartável como um novo padrão de relação com os objetos, contrário à tendência de posse permanente. Para a nova geração de crianças, não há problema nenhum em jogar fora brinquedos, bonecas, roupas, sapatos, jogos, eletrônicos, móveis, carros e casas, desde que estes sejam substituídos por outros mais novos.

Se pudermos compreender as formas de comportamento que as pessoas estabelecem com seu espaço de convivência e os objetos inseridos neles, poderemos criar relações com as formas de consumo destes e de outros objetos.

### D. O horizonte do tempo

Intrinsecamente ligado ao espaço está a dimensão do tempo. Existem evidências de que pessoas que vivem em áreas urbanas têm a sensação de que lhes falta tempo e se comportam de maneira mais apressada que as pessoas residentes em áreas rurais. O tempo povoa as expectativas das pessoas, que estão frequentemente criando planos para o período após o expediente de trabalho ou o horário da escola, para o fim de semana, para o próximo feriado, para as próximas férias e para a aposentadoria. Ganhar tempo tem sido um grande apelo para inúmeros produtos e serviços, tais como os *fast food*, o telefone celular, as *compras on-line* e as entregas.

Quanto aos valores e às crenças que norteiam o tempo, parece-nos haver uma mudança da valorização do tempo presente em detrimento do tempo futuro. Explicando de outra forma, as pessoas parecem estar aceitando como válido o argumento de que a vida é agora, ao contrário das duas gerações anteriores (1950 e 1970), que se preparavam para o futuro mesmo com o sacrifício da vida presente.

No nosso foco relativo ao consumo, o tempo é uma das dimensões mais importantes, pois os planos estão diretamente ligados a ele. Os planos têm um conteúdo (*o que pretendo alcançar*), uma carga afetiva (*o quanto o resultado é importante para a minha vida*) e um tempo de realização (*por quanto tempo eu estou disposto a esperar que o plano se realize*).

### E. O horizonte do outro

É claro que os planos de outra vida, de outro tempo e espaço interligam-se com as relações que estabelecemos com outras pessoas, próximas ou não. Como ponto central, podemos afirmar que estamos sempre buscando renovações nas relações com os outros, embora não possamos prescindir deles. Qual, porém, é a qualidade dessas relações? As regras perduram muito tempo?

Parece haver um consenso entre pesquisadores e profissionais de que as tendências apontam para as relações marcadas por uma falta de compromisso do eterno, isto é, as pessoas ficam juntas enquanto for interessante, podendo separar-se sem dramas. O número de divórcios no Brasil aponta para essa direção, pois tem crescimento constante. O número de casais jovens que decidem morar juntos sem compromisso jurídico também não assusta tanto seus pais. Entre os adolescentes, a questão da fidelidade parece não existir, sendo comum que alguém em uma mesma festa, mude de companhia sem nenhum constrangimento, pois trata-se de um comportamento aceito.

Em uma sociedade ocidental como a nossa, em que o casal é obrigado a trabalhar, estabelece-se praticamente uma relação econômica entre os parceiros (às vezes, com muitas discussões sobre como usar o dinheiro). Por trabalharem e estudarem, é comum que, em um dia de atividade normal, pessoas estranhas ao relacionamento de casal passem mais tempo com cada um dos sujeitos e conheça mais detalhes de sua vida do que o próprio parceiro. Quando o casal tem filhos, este tem pouco tempo de relacionamento com os pais, pelos mesmos motivos.

Qual a ligação dessa situação com o comportamento do consumidor? Florescem inúmeros mercados para atender as pessoas que se separam, tais como móveis sob medida e serviços domésticos em geral (arrumadeiras, cozinheiras, babás). Surgem, também, produtos e serviços para ocupar os filhos que ficam sozinhos, tais como *videogame*, cursos de línguas e esportes. Para os adolescentes, a vida noturna dos bares, baladas, cafés e restaurantes é um atrativo para relações extemporâneas. Para um grupo crescente de pessoas adultas, a busca de um parceiro por intermédio de agências de casamento é um caminho para eliminar o cansaço da busca.

## F. O horizonte do simbólico

O ser humano é capaz de criar sinais e símbolos que comunicam mensagens, orientam as pessoas, classificam pessoas e grupos, incluem e excluem pessoas de grupos.

Os sinais de trânsito, por exemplo, podem ser inteligíveis por pessoas de várias nacionalidades. Já os símbolos nascem das experiências de grupos determinados. Pintar os ovos dos animais, na antiga Europa, era um ritual que simbolizava a esperança de fartura de alimentos. Talvez poucas pessoas pensem nisso, hoje, quando compram ovos de chocolate na Páscoa. Colocar uma aliança no dedo anular da mão esquerda era um ritual que simbolizava a ligação direta com o coração, já que havia a suposição de que existia uma veia que ligava esse dedo diretamente ao coração. Pode ser que muitas pessoas usem alianças sem saber disso.

Então, quais são os símbolos da sociedade atual e que relações eles mantêm com o consumo?

Baudrillard (1995) coloca que os símbolos atuais, que definem grupos e aspirações, estão intimamente ligados ao que o sujeito possui, mais do que às suas atividades ou ao seu sobrenome. É exatamente esse ponto, segundo o autor, que caracteriza a sociedade de consumo: *"Eu sou o que tenho e o que jogo fora"*. A marca do carro, o bairro onde se mora, o clube que se frequenta, o estilista que se veste e a marca do vinho que se ingere são símbolos do grupo a que o sujeito pertence.

A relação com o consumo é clara. Aqueles que fazem parte do grupo precisam e querem ostentar seus símbolos, que constituem sinais de sua inclusão no grupo. Os que não fazem parte do grupo, mas assim o desejam, esforçam-se por obter os mesmos símbolos. É claro que o símbolo não é necessariamente caro, nem precisa referir-se a uma elite. Roupas *jeans* rasgadas podem sinalizar um grupo de pessoas com certos ideais de vida. Camisetas de clubes de futebol podem ser adquiridas sem muito dinheiro e separam claramente os incluídos dos excluídos.

## G. A busca da ordenação das experiências

Os horizontes anteriores, principalmente o da transcendência, podem dar a impressão de que as pessoas estão sempre – e somente – buscando o novo. A busca da rotina, porém, também está presente. A ideia de organismo supõe uma lei de ordem no universo. Esse pressuposto é a base de várias teorias biológicas, psicológicas e sociais, que apontam uma estrutura sempre presente no comportamento humano: "*Percebemos que nossa existência se dirige para uma tentativa de ordem*". Comportamentos de consumo, tais como rotinas de compra em supermercado ou férias repetindo destinos conhecidos, podem ser vistos como exemplos clássicos de ordenamento de nossas experiências.

Um cientista chamado Jean Piaget (apud Ramozzi Chiarottino, 1972) explicou todo o nosso desenvolvimento, incluindo os comportamentos, como uma espiral, em cuja base há dois mecanismos: acomodação e assimilação. A acomodação seria essa vertente da ordem que estamos comentando. Sua teoria vem sendo utilizada há cinco décadas no ensino de nossos filhos, ordenando as experiências deles na escola e lançando-os a novas descobertas. Toda uma gama de jogos educativos ou de lazer (como o jogo War) apoia-se no fundamento de ordenar o caos.

Essa ordenação ou rotina não ocorre ao acaso. Ela está ligada aos nossos planos mais básicos, ou seja, como queremos viver com nosso corpo, com nosso mundo das ideias e com nossos relacionamentos interpessoais.

Esses sete pontos são colocados pelo Existencialismo como a base da explicação do comportamento. De nossa parte, fizemos algumas interpretações de como eles seriam aplicados na área do Comportamento de Consumo. Acreditamos que, se um profissional acompanhar uma pessoa e escrever algumas linhas sobre cada um dos itens, terá uma boa fotografia do modo de relações e do modo comportamental do sujeito observado. Assim, a criação de suposições sobre possíveis consumos dependeria da teoria utilizada, mas a base estaria fundamentada.

Vale a pena comentar que uma diferença em relação a outros sistemas teóricos, que utilizam o conceito de desejo, é que nessa nossa adaptação do existencialismo ao comportamento do consumidor utilizamos a palavra *plano* ou *expectativa* como a consciência do ser humano de que ele pode vir a ser outro que não aquele do presente. É a consciência de que podemos mudar nossas vidas, nossos rumos. O plano refere-se a um futuro, e não a um passado. Esse nos parece ser o ponto-chave para pesquisas de Marketing: enfocar os planos em vez da vida passada.

Para deixar bem claro, um *plano* é qualquer prospecção sobre nossa vida no futuro, mesmo que seja para o minuto seguinte. Inúmeros comportamentos de consumo, tais como comprar um carro de luxo, viajar ao redor do mundo e fazer cursos de especialização, são exemplos clássicos de planos de superação de nossa vida atual. Por meio dos produtos e serviços, imaginamos ser possível alcançar outra condição de vida. Produtos e serviços de baixo valor também podem ser entendidos nesse pano de fundo. Compramos um sapato para ir a uma festa, cortamos nosso cabelo para ficarmos mais apresentáveis em uma entrevista. Até mesmo o sujeito mais acomodado (guiado mais pela ordem do que pela superação) tem planos de vida, isto é, projeta-se no futuro.

### 2.5.3 Ações de Marketing e exercícios que surgem dessas leis básicas

Segundo a abordagem existencialista, ao elaborar um quadro das relações do sujeito com essas categorias básicas do existir, teremos um ótimo material para criar explicações sobre seu comportamento de consumo. Dessa forma, discutiremos a seguir algumas pesquisas e ações que profissionais e estudantes poderiam realizar.

A. Procure, no discurso dos consumidores, os seus planos mais básicos e mais importantes, pois eles, em teoria, são os responsáveis pelos atos, por mais simples que sejam. As frases mais indicativas são aquelas que utilizam verbos futuros ou condicionais (*quando eu puder..., eu gostaria...*).

B. Ao fazer pesquisas com pessoas, procure compreender como elas criam rotinas nos quatro níveis mais básicos de relações: com o corpo (principalmente cuidados higiênicos e alimentares), com as ideias e os afetos (em especial suas rotinas e suas ideias sobre o trabalho e o lazer), com os objetos (de uso pessoal e impessoal) e com os outros (íntimos e não íntimos). Essas rotinas mostram que hábitos propiciam um ambiente positivo para o consumo de alguns produtos e negativo para o consumo de outros.

C. Quando analisar as rotinas, procure no discurso dos consumidores os pontos nos quais ele busca uma superação, uma maneira de sair da rotina. É nessa procura que a maioria dos produtos novos encontra sua penetração. O que você deve tentar entender é o *modo como a pessoa imagina poder sair da rotina* de sua existência. Algumas palavras-chave aqui seriam: *eu desejaria..., mas para isso é preciso..., se eu pudesse.*

D. As ações de Marketing, incluindo o posicionamento de produtos que ofereçam facilidades (buscando a ordenação da vida das pessoas) ou de novos produtos (que sensibilizam pessoas na busca de superação), podem partir desses planos dos consumidores, e não dos modelos de persuasão existentes. O modelo de condicionamento, por exemplo, amplamente utilizado em promoções, só terá eficácia se as entrevistas com os consumidores mostrarem que eles criam rotinas de consumo (repetições) quando ganham presentes (estímulos) não relacionados com o produto em si, mas que são valorizados. A ideia que estaria por trás é: *Cada vez que eu compro este produto, ganho aquele adicional, que é importante.*

### 2.5.4 Caso comentado: o caso da juventude feminina

Um dos mercados mais rentáveis que existe é o de cosméticos, perfumes e cremes para a pele. Suponha que você seja contratado como gerente de Marketing de uma empresa que está iniciando nesse mercado. Sua primeira ação, obviamente, deve ser conversar com os consumidores e tentar descobrir por que tais produtos fazem tanto sucesso entre as mulheres.

É claro que nossa mente racional já tem algumas explicações antecipadas. Uma delas, que ouvimos durante alguns anos, afirma que o segredo do consumo desses produtos está no fato de a mulher sentir que não envelhece. É uma espécie de enganação sobre sua idade. Essa explicação sobre a mágica buscada não nos parece satisfatória em um mundo cheio de informações sobre o corpo.

Durante nossas atividades de consultoria e aulas, pudemos testar essa teoria conversando com pessoas das mais diversas idades. Em uma experiência muito interessante, convidamos uma representante uma empresa de cosméticos para vender seus produtos a alunas de 20 anos de idade. Será que as lindas jovens dessa turma já estavam preocupadas com a velhice? A representante vendeu alguns de seus produtos e pudemos perceber que, para aquele grupo, o que importava eram dois fatores:

a. Preparar a pele para a velhice, com absoluta consciência de sua existência.

b. Gostar mais de si mesma, por estar mais bonita.

Nenhuma delas queria mentir sobre sua idade. Será que a enganação viria mais tarde?

O diretor de Marketing de uma importante empresa brasileira do ramo acredita que a consumidora de 25 a 39 anos (mais velhas que as de nosso grupo) quer obter saúde, aparência pessoal, higiene, bem-estar, dinamismo, vitalidade, sexualidade e ação. Essa conclusão vem de um acompanhamento sistemático do seu mercado consumidor.

Como se percebe, acaba sendo um árduo trabalho recolher teorias já existentes e testá-las no mercado. Essa situação é incompatível com a necessidade de agilização das empresas. Adotar uma teoria já pronta pode ser arriscado, pois ela pode ter nascido em condições que se modificaram. O que podemos fazer, então?

Consideramos que a metodologia mais correta consiste em entrevistar pessoas que são, ou poderiam ser, consumidoras e criar sua própria teoria no presente. Os riscos que corremos são os mesmos de utilizar teorias já prontas, com a grande vantagem de conhecermos a situação na qual a nossa está emergindo.

Esse é o conteúdo básico da abordagem existencialista, adaptado por nós para uma teoria do comportamento do consumo. Essas criações de teorias a partir de entrevistas de consumidores é o que denominamos teorias do momento. A palavra *momento* não significa que tenham prazo de validade no rótulo, mas que foram criadas recentemente. Em um mercado dinâmico, não estamos vendo melhor forma de compreender o comportamento de consumo.

### 2.5.5 Aproximações e distanciamentos entre os princípios teóricos sobre o comportamento do consumidor

Neste item, teceremos algumas considerações sobre a questão do leque de teorias do comportamento do consumidor, uma proposta de fundamentação e certas aproximações e distanciamentos entre os modelos.

A explicação do porquê da existência de tantas teorias está no uso dos pressupostos. Como não existe um conjunto de conhecimentos definitivos e estáticos sobre o comportamento do consumidor, cada modelo parte de alguns pressupostos que considera aceitáveis e que levam a consequências práticas bem diversas. Se aceitarmos a racionalidade das escolhas como o fundamento de tudo, teremos previsões de compras e criaremos planos e ações profissionais bem diferentes do que se aceitarmos a influência de grupos, o que nos obrigaria a criar ações de Marketing nas regras, e não nas pessoas.

A opção que por vezes ouvimos de algumas pessoas é unir um pouco de cada teoria, mas não há nada mais perigoso em ciências que levam a ações sobre o comportamento humano. Temos aqui dois grandes problemas. Por um lado, é ingenuidade metodológica unir teorias que têm pressupostos mutuamente exclusivos (tais como as posições clássicas da Psicologia da Motivação e da Psicologia Behaviorista). De outro lado, cada teoria leva a práticas distintas e sua união leva a uma prática cega. Quando se unem teorias, não se conhecem mais os motivos de sucesso ou fracasso das ações realizadas.

Outra opção que seduz algumas pessoas é imaginar que se podem criar práticas sem teoria. *"Nada melhor do que fazer em vez de ficar pensando a vida toda sem agir."* Nesse caso, o autor do argumento não tem ideia do que seja uma teoria e de como caminha a ciência da qual o Marketing faz parte. Nenhuma ação humana é isenta de pressupostos, planos ou expectativas sobre o que ocorrerá. Essas expectativas são teorias no sentido de antecipação e controle dos eventos. Criamos teorias rotineiramente (sobre pessoas que acabamos de conhecer, por exemplo). Como nasceu o Marketing? Alguém no século passado ficou sentado olhando e anotando o comportamento das pessoas que compravam nas lojas e criou as primeiras generalizações (portanto, um primeiro esboço de teoria) sobre as ações no mercado. Validar ou modificar essas generalizações é o fundamento das pesquisas científicas e de mercado. A ação, portanto, está intimamente relacionada com a teoria que lhe dá base.

Não existe prática sem teoria e não existe teoria sem prática. Não podemos juntar todas as teorias nem ficar sem nenhuma. Parece um beco sem saída. Como ficamos?

Recordemos algumas das correntes teóricas. Uma das grandes contribuições para a criação de teorias de comportamento de consumo vem da Psicologia, que é uma ciência relativamente nova, com pouco mais de cem anos. As descobertas e discussões que ela suscita, porém, levam a conclusões de alcance prático relevante. Por exemplo, todos conhecem (e os leigos aceitam sem muita reflexão) o princípio básico da teoria freudiana de que temos desejos reprimidos, portanto, inconscientes, que se revelam de forma disfarçada nos sonhos, nos atos falhos, nos comportamentos neuróticos, nas artes, enfim, em muitas manifestações. Utilizando essa teoria, podemos explicar por que donas de casa preferem embalagens cilíndricas para detergentes em vez de quadradas, porque seu formato tem uma simbologia sexual. Uma vez explicado um comportamento, algumas pessoas têm a tendência de considerar como fato o que na verdade é teoria, ou seja, passam a aceitar que "de fato" a embalagem tem um formato que remete aos símbolos sexuais. Contudo, esse mesmo ato de consumo pode ser explicado de outras maneiras.

Todos também conhecem, e as pessoas do exemplo anterior aceitam a posição, oposta à primeira, de que recompensas positivas, isto é, ganhar um presente após um comportamento, aumentam sua frequência. O consumo do nosso detergente cilíndrico poderia ser explicado por fatos que o sucedem, por exemplo, ganhar um brinde, participar de um sorteio, ser elogiada por ser moderna. Dessa maneira, também explicamos a preferência por embalagens cilíndricas.

Quem tem razão? A resposta é simples. Todos e ninguém. A verdade não aparece por meio de teorias;[14] elas são explicações sobre os fatos, podendo ser construídas de modo infinito. O que aproveitamos delas, então? O que a Psicologia, a

---

[14] Estamos adotando aqui o recurso metodológico de que não encontramos a verdade, mas que toda Ciência é uma busca dessa verdade, pela conclusão sobre a falsidade de hipóteses. Significa que cada vez que provamos a falsidade de uma explicação, estamos mais próximos da verdade, sem nunca alcançá-la.

Sociologia e outras ciências podem oferecer para o Comportamento do Consumo? Existe alguma teoria melhor que outra?

Na verdade, sim. Embora tenhamos um leque razoável de teorias (em todos os campos do conhecimento), algumas acabam sendo prevalentes e isso ocorre por dois motivos: por um lado, a teoria prevalente consegue explicar melhor maior número de fatos do que a teoria que estava sendo aceita antes dela. Por exemplo, a teoria de Allport[15] sobre as atitudes (ainda muito utilizada em Marketing) explicava algumas resistências das pessoas em adquirirem produtos (por causa de suas crenças do que era certo ou errado), mas não conseguia explicar como uma crença entrava ou nascia na pessoa e lá se desenvolvia. Em um trabalho nosso (Giglio, 1998), ao utilizarmos a teoria da representação social de Moscovici, verificamos que ela resolve e explica um maior número de fatos de resistência de compra, mas não apresenta o problema de como uma crença entra no indivíduo. Nessa teoria, a crença nem entra, nem sai, mas é compartilhada.[16] A Psicologia também auxilia na compreensão do processo de compra, que, como sabemos, começa muito antes de o sujeito ir à loja (este é um fato, não uma teoria). Para adquirir um computador, um consumidor pode passar vários dias coletando informações entre amigos usuários, o que significa que o processo de compra já está em andamento.

Como ciências jovens, a Psicologia, a Sociologia e a Antropologia ainda estão debatendo alguns antagonismos sobre temas que interessam muito ao profissional de Marketing. Entre eles, podemos citar:

- oposição entre *comportamento racional* × *comportamento impulsivo*: interessa demais a todo o ramo de varejo e ao estudo do consumidor-empresa;

- oposição *consciente* × *inconsciente*: é um item fundamental para a criação de comunicação;

- *previsibilidade do comportamento* × *imprevisibilidade*: é a base da previsão de vendas, que, por sua vez, é a base de planos de marketing;

- foco *no indivíduo* × *no grupo*: define os esforços de sistemas de dados orientados para os sujeitos ou para as variáveis, o que é muito diferente em análises estatísticas;

- *importância do presente* × *passado* × *futuro*: define boa parte dos questionários de pesquisa;

- *o ser humano é bom* × *mau*: interessa diretamente aos legisladores e ao governo.

Enquanto as ciências vão avançando no seu conhecimento, nós vamos aproveitando suas descrições detalhadas.

---

[15] Gordon Allport foi um importante psicólogo social que desenvolveu uma teoria e uma metodologia de compreensão das atitudes. As atitudes são os valores, as crenças, a moral de uma pessoa. O grande problema da teoria de Allport era explicar o nascimento de uma atitude, pois ele não utilizava um pressuposto social, e sim um psicológico. Tudo estava dentro da pessoa. O leitor que pretender se informar melhor sobre essa teoria pode iniciar lendo livros sobre teorias de personalidade, tais como o de Hall e Lindzey (1973).

[16] Em capítulo posterior, na seção sobre o processo de etapas, detalharemos essa questão. Aqui é suficiente citá-la como exemplo de evolução de um tema.

No campo prático, portanto, as ciências humanas podem oferecer dois caminhos de conhecimento. Por um lado, apresentando o ser humano universal, que tem certos padrões comuns de conduta em qualquer parte do planeta; por outro, apresentando técnicas de compreensão de pessoas em situações concretas, tais como no ato de consumo. Quanto a essa parte, temos apresentado algumas sugestões de exercícios, pesquisas e ações de Marketing.

A Sociologia é um pouco mais antiga que a Psicologia, e seus sistemas explicativos têm um leque menor de variações do que a Psicologia. Autores clássicos, como Marx, Weber e Hegel, formam a base teórica sobre a qual desdobram-se os sistemas mais contemporâneos. Todavia, quando se trata de explicar o comportamento de consumo, existem modelos bons e variados. Autores como Baudrillard (1995), Canclini (1995) e Morin (1991) têm dado alento às pesquisas sociais voltadas para o consumo e para o consumismo. Sobre este, há uma infinidade de artigos que abordam a alienação do sujeito e sua inconsciência quanto às suas reais necessidades e sobre a eficácia dos produtos.

A Antropologia, na busca dos invariantes do comportamento, tem originado trabalhos interessantes que mostram o caráter universal dos modismos (os tipos de dança nas baladas, por exemplo), perfeitamente comparáveis a rituais de grupos antigos ou isolados geograficamente. O Marketing Global apoia-se em alguns pressupostos de universalidade e, aos poucos, vai utilizando os conhecimentos da Antropologia e da teoria da Comunicação.

Nosso leque de teorias, portanto, vem fundamentalmente de ciências jovens, que mostram sinais de renovação após algumas décadas de estagnação em algumas posições clássicas e que podem contribuir para a renovação de teorias sobre o comportamento do consumidor.

Nos itens anteriores, demos nossa contribuição para esse movimento de renovação ao utilizarmos a base teórica do Existencialismo como fundamento do comportamento de consumo; ao colocarmos um conceito de plano orientado para o futuro (substituindo o conceito de desejo); ao advogarmos a necessidade de suspender temporariamente as teorias tradicionais e ao convidarmos profissionais e estudantes a tentar construir novos modelos explicativos a partir de dados atuais.

A ideia de construirmos modelos atuais ou teorias do momento não tem nada de revolucionário nem de criativo. Lenin considerava que a revolução socialista pressupunha o conhecimento da estrutura social (sistema de classes, conflitos entre elas, exploração capitalista) e da conjuntura ou *momento atual* (classes efetivamente existentes + consciência que tinham de sua condição + capacidade de organização e luta), tudo no presente, quando se deveria iniciar o processo revolucionário. Essa visão, que chamamos de teoria sobre o momento atual, é o que estamos propondo também no nosso sistema. Podemos tentar esquecer temporariamente os modelos de neuroses dos sistemas da motivação freudianos, os condicionamentos dos sistemas operantes de Skinner, a racionalidade dos sistemas positivistas ou o poder da massa dos sistemas sociais. Tente ver seu consumidor como ele é concretamente na sua existência, e não como um livro diz que ele deveria ser. Não é nada que não possamos fazer.

## Referências Bibliográficas

BARRACHO, C. *Lições de psicologia econômica*. Lisboa: Instituto Piaget, 2001.

BAUDRILLARD, J. *A sociedade de consumo*. Tradução de Artur Morão. Rio de Janeiro: Elfos, 1995.

CANCLINI, N. *Consumidores e cidadãos*. Rio de Janeiro: UFRJ, 1995.

CLEMEN, R. *Making hard decisions*. 2. ed. Duxbury: Belmont, 1996.

FREUD, S. Cinco lições de psicanálise. In: *Obras completas* – v. XI. Tradução de Jayme Salomão. Rio de Janeiro: Imago, 1970.

_____. Esboço de psicanálise. In: *Obras completas*. Rio de Janeiro: Imago, 1975, v. XXIII.

FROMM, E. *O medo à liberdade*. 12. ed. Tradução de Octávio Alves Velho. Rio de Janeiro: Zahar, 1980.

_____. *Ter ou ser*. Tradução de Nathanael C. Caixeiro. Rio de Janeiro: Guanabara, 1987.

GADE, C. *Psicologia do consumidor*. São Paulo: EPU, 1980.

GIGLIO, E. *Um estudo exploratório sobre as representações sociais presentes no processo de decisão de compra de imóvel*. São Paulo, 1998. Dissertação (Mestrado) – Pontifícia Universidade Católica de São Paulo.

_____. A compra de imóvel na planta por mulheres solteiras e sua relação com a identidade. *Revista da ESPM*, v. 5, n. 4, p. 16-22. nov.-dez. 1998.

HAMMEL, G.; PRAHALAD, C. *Competindo pelo futuro*. Tradução de Outras Palavras. Rio de Janeiro: Campus, 1995.

HUSSERL, E. *A filosofia como ciência do rigor*. Tradução de Albin Beau. Coimbra: Atlântida, 1965.

KEEN, E. *Introdução à psicologia fenomenológica*. Tradução de Heliana de Barros Conde Rodrigues. Rio de Janeiro: Interamericana, 1979.

KOTLER, P. *Administração de marketing*. 5. ed. Tradução de Ailton Bomfim Brandão. São Paulo: Atlas, 1998.

LINNEMAN; R. *Marketing de nichos*. Tradução de Barbara Theoto Lambert. São Paulo: Makron, 1993.

MASLOW, A. *Motivation and personality*. Nova York: Harper and Row, 1954.

MERLEAU-PONTY, M. *Fenomenologia da percepção*. São Paulo: Freitas Bastos, 1971.

MORGAN, G. *Imagens da organização*. Tradução de Cecília Whitacker Bergamini. São Paulo: Atlas, 1996.

MORIN, E. *Introdução ao pensamento complexo*. Tradução de Dulce Matos. Lisboa: Instituto Piaget, 1991.

OLIVEIRA, M.; FREITAS, A. O uso da metodologia multicritério de apoio à decisão como ferramenta de Marketing na avaliação de atributos imobiliários. *Revista da 21ª Enanpad*. Rio de Janeiro, set. 1997.

POPCORN, F. *O Relatório Popcorn*. Tradução de Outras Palavras. Rio de Janeiro: Campus, 1993.

_____. *Click*. Tradução de Ana Gibson. Rio de Janeiro: Campus, 1997.

POPPER, K. *A sociedade aberta e seus inimigos*. Tradução de Milton Amado. São Paulo: Edusp, 1974.

PSILLAKIS, H. Marketing imobiliário – variáveis de decisão. *Revista de Administração de Empresas da Fundação Getúlio Vargas*, v. 15, n. 6, p. 21-26, nov.-dez. 1975.

RAMOZZI-CHIAROTTINO, Z. *Piaget: modelo e estrutura*. Rio de Janeiro: José Olympio, 1972.

SARTRE, P. *Esboço de uma teoria das emoções*. Tradução de A. Pastor Fernandes. Lisboa: Presença, 1972.

SCHIFFMAN, L. *Consumer behavior*. 6. ed. Upper Saddle River, NJ: Prentice-Hall, 1997.

SETTLE, R.; ALRECK, P. *Why they buy*. Nova York: John Wiley and Sons, 1989.

SKINNER, B. F. Are theories of learning necessary? *Psychology Review*, 57, p. 193-216, 1950.

_____. *Ciência e comportamento humano*. Brasília: Universidade de Brasília, 1967.

_____. *Walden II*: uma sociedade do futuro. Tradução de Rachel Moreno. São Paulo: EPU, 1978.

# PARTE II

# A razão, a emoção, as atitudes e o social: os modelos positivistas racionais, os modelos de tipologias e os modelos de influência social no comportamento do consumidor

Nesta parte, apresentamos três modelos de comportamento do consumidor: o modelo econômico, o modelo das tipologias e o modelo de influência social, que derivam ora de princípios positivistas da ordenação das experiências, da racionalidade do ser humano e da previsibilidade do comportamento, ora de princípios positivistas do controle social sobre o indivíduo.

O Capítulo 3 aborda o modelo econômico, o qual, embasado na Psicologia Econômica, gera algumas teorias bastante conhecidas sobre o consumidor, mas pouco refletidas. Entre elas, pode-se citar a teoria do valor esperado e a teoria do risco percebido. Esse capítulo foi incluído no livro porque há evidências de que a padronização de inúmeros produtos e serviços, aliada a situações de crise econômica, tem desenvolvido no consumidor o salutar comportamento de comparar preços e buscar alternativas de menor esforço e maior valor agregado na aquisição e no uso de produtos. O modelo econômico ainda não foi adotado pelos profissionais de Marketing e pelas áreas afins, mas seus princípios podem gerar pesquisas muito proveitosas, por exemplo, nos grupos de adolescentes e de crianças.

O Capítulo 4 aborda a teoria das tipologias do consumidor, também amplamente utilizada em Marketing. Apresentamos a divisão da tipologia nos fatores chamados demográficos, de traços de personalidade e estilos de vida. Vale ressaltar que a demografia, pouco valorizada na gerência brasileira, tem mostrado mudanças importantes no perfil da população, alterando consumos, tais como a aquisição de celulares (hoje amplamente acessíveis a todas as camadas), eletrônicos domésticos e imóveis (predominando os pequenos apartamentos de dois dormitórios).

O Capítulo 5 desenvolve o modelo de influência social no qual se coloca o consumidor em um meio social que determina seu comportamento, incluindo o comportamento de consumo. Parte da Sociologia e da Psicologia Social tem procurado explicar o consumo a partir do objeto de análise *"grupo"*, e não *"pessoa"*, como fazem a Psicologia e os dois modelos anteriores.

# Capítulo 3
## O modelo econômico

Uma das mais antigas abordagens ao comportamento do consumidor vem da Psicologia Econômica. O objeto de estudo dessa área do conhecimento consiste nos processos cognitivos relativos à poupança e ao consumo, ou seja, ao uso da raridade (o dinheiro). Dentro desse modelo, encontramos teorias bem reducionistas, como a teoria do valor esperado, as quais buscam descrever o processo de diminuição das incertezas sobre o futuro econômico, até teorias mais complexas, que englobam a influência do meio ambiente, particularmente os modismos econômicos.

### 3.1 Os princípios da Psicologia Econômica

Já em 1729, o médico Bernard Mandeville escrevia em *A fábula das abelhas: ou vícios privados, públicas virtudes* que o desejo de luxúria e a busca de uma vida privada eram as únicas bases da construção da riqueza nacional. Esse já era um pensamento primitivo da abordagem psicoeconômica. A Psicologia Econômica é uma ciência de síntese e de aplicação prática. Seu desenvolvimento foi tardio porque não havia ligação entre os psicólogos e os economistas. A história mais recente da Psicologia Econômica começa em 1871, com a publicação de *Fundamentos da Economia Nacional*, de Carl Menger (apud Barracho, 2001, p. 16). Conceitos econômicos, como o de utilidade marginal, foram aproximados de conceitos psicológicos, como o da mínima diferença, criando um campo de síntese.[1] Entre os pesquisadores da área, considera-se que a paternidade da nova disciplina é de Gabriel Tarde, que, em 1881, publicou um artigo sobre as relações entre a Economia e a Psicologia. A área ficou no esquecimento até a década de 1950, quando a explosão econômica do pós-guerra reacendeu a discussão sobre a poupança, os motivos e o consumo. O objeto da Psicologia Econômica ficou

---

[1] Para uma excelente descrição de todo o desenvolvimento da área da Psicologia Econômica, ver Barracho (2001), cap. 1.

estabelecido como o estudo das condutas econômicas, ou seja, dos comportamentos relativos à obtenção, à guarda e ao uso dos recursos financeiros no consumo.

Por tratar de aspectos psicológicos, culturais e econômicos, a Psicologia Econômica é uma ciência objetiva, mais descritiva do que normativa, já que as variáveis em jogo são extremamente mutáveis. Em todo caso, como princípio racional básico, o modelo econômico pressupõe que as pessoas sabem o que querem (mesmo que tenham sido influenciadas, não importa); têm planos lógicos sobre o uso dos seus recursos; analisam os prós e contras das compras e buscam a melhor forma de troca. É o que distingue o ser humano: o uso do raciocínio na solução de problemas.

Entre as abordagens dentro do modelo econômico podem-se distinguir duas grandes correntes: por um lado, as teorias reducionistas, que colocam a racionalidade como o pilar das decisões, em função de um processamento lógico de informações. A teoria do valor esperado seria um exemplo dessa abordagem; por outro, as teorias que aceitam a influência de fatores emocionais (como traços de personalidade) e sociais (como modismos econômicos de subgrupos culturais).

## 3.2 Teorias da melhor escolha focadas no resultado financeiro

O princípio mais básico do modelo econômico é o *homo economicus*, ou seja, o princípio racional da obtenção da máxima satisfação com o mínimo de sacrifício monetário (o dinheiro que será dado), físico (os esforços para tomar posse e utilizar o produto) e social (possíveis desgastes em relacionamentos sociais e/ou profissionais). O sacrifício (os custos), portanto, é a somatória de três fontes.

Uma das teorias mais simples dentro do modelo econômico é a chamada teoria do valor esperado. Segundo ela, após o consumidor ter definido o produto que será adquirido, considera todas as alternativas financeiras, físicas e sociais, ou seja, busca todas as informações sobre lucros e gastos; sobre os esforços para tomar posse do produto e usá-lo (por exemplo, a distância das lojas até sua casa) e os esforços sociais (por exemplo, fazer um crediário para não apertar outras contas na família); ele, então, constrói uma árvore de decisão e escolhe a melhor opção.

*Tabela 3.1* – Exemplo de raciocínio de valor esperado para a decisão sobre a compra de um automóvel exclusivamente a gasolina ou a álcool, novo ou usado

|  | Preço | Consumo | Consumo por km rodado$^2$ | Consumo por ano x 100 km diários | IPVA (anual) | Total |
|---|---|---|---|---|---|---|
| Gasolina novo | R$ 25.000 | 16 km/L | R$ 0,134 | R$ 4.824 | R$ 1.500 | 31.324 |
| Álcool novo | R$ 25.000 | 14 km/L | R$ 0,100 | R$ 3.600 | R$ 1.200 | 29.800 |
| Gasolina usado | R$ 18.000 | 13 km/L | R$ 0,165 | R$ 5.940 | R$ 1.000 | 24.940 |
| Álcool usado | R$ 16.000 | 10 km/L | R$ 0,139 | R$ 5.004 | R$ 800 | 21.800 |

[2] Preços médios em 2004: litro da gasolina = R$ 2,14; litro do álcool = R$ 1,39.

Para muitos ramos de negócios, como os supermercados ou as lojas de máquinas industriais, o modelo é bastante apropriado. Um comportamento rotineiro dos consumidores é comparar preços de produtos e facilidades associadas, principalmente quando não há valorização de marca ou alguma outra vantagem intangível do produto.

Considerando estritamente o aspecto financeiro (recursos disponíveis × desembolso), a decisão recairia em um carro a álcool usado. Esse seria o nível mais simples de explicação na teoria econômica do consumo.

## 3.3 Teorias do processo de diminuição de incertezas

Ainda no campo das escolhas racionais, mas não de forma tão reducionista quanto na abordagem anterior, encontramos autores, como Mongin (apud Barracho, 2001), que afirmam não haver, em muitas situações, possibilidade de se obter o preço final exato do produto ou serviço. É o caso, por exemplo, de se contratar uma consultoria sem saber quanto tempo vai durar (e, portanto, quanto dinheiro será gasto até o final). Nesses casos, as teorias anteriores (do valor esperado) não são aplicáveis. Como proposta, colocam-se teorias que se interessam mais pelo processo decisório em vez de pelo resultado final. São as teorias descritivas, que buscam a "racionalidade dos procedimentos", ou seja, os processos lógicos que guiam os passos decisórios quando o consumidor tenta diminuir as dúvidas e as incertezas sobre o resultado final.

Normalmente, se considera que a sequência dos passos do processo decisório é:

Definição de objetivos – situação futura almejada
⇓
Identificação de problemas – quais as incertezas presentes
⇓
Procura de informações – sobre produtos, empresas, formas de aquisição; para diminuir as incertezas
⇓
Criação de soluções alternativas – outras formas de se atingirem os mesmos objetivos
⇓
Escolha de uma linha de ação – decisão sobre a melhor opção
⇓
Implementação e controle da decisão – plano de busca, aquisição e uso

Uma das abordagens mais conhecidas de teorias econômicas descritivas é a teoria do risco percebido de Ray Bauer (1966). Segundo o autor, o consumidor antecipa os problemas (isto é, considera as incertezas), e o processo decisório consiste em buscar uma alternativa de menor risco. Os riscos (ou incertezas) normalmente considerados são: o financeiro; o tempo necessário para aquisição; o tempo necessário para a aprendizagem de uso; o gasto físico para a aquisição e o uso; e os riscos psicológico e social, por exemplo, possíveis danos às pessoas.

A linha de raciocínio do processo decisório origina muitas pesquisas. Um dos que mais contribuíram foi Simon (apud Barracho, 2001), com a expressão racionalidade limitada. Sua hipótese, amplamente testada, é que, diante de um quadro de incertezas, as pessoas limitam seu processo decisório a algumas variáveis mais conhecidas, mesmo que não estejam logicamente relacionadas ao propósito básico da aquisição.

Por exemplo: vamos supor que um aluno deve escolher entre duas universidades nas quais foi aprovado. No modelo simples do valor esperado, o raciocínio seria comparar as mensalidades e decidir pela melhor alternativa. No modelo descritivo, considera-se que não há como conhecer o verdadeiro valor final, pois não se sabe quantos livros se deve comprar em cada uma, quantas cópias se deve tirar, quanto se vai gastar em material para trabalhos, em quanto as mensalidades irão aumentar em cada universidade e outras incertezas. Busca-se, então, esclarecer os passos racionais que guiam a decisão. Conforme a hipótese de Simon, pode chegar um momento (por exemplo, quando o prazo das inscrições se encerrar) em que a decisão deverá ser tomada sem que as incertezas tenham sido diminuídas. O jovem também pode estar cansado de pensar no assunto e limita sua racionalidade a alguns poucos aspectos, tais como a mensalidade e a distância de sua casa (o esforço físico). Também podem entrar variáveis sem lógica, como a presença de colegas em uma determinada universidade (o que não tem nenhuma relação com a qualidade da instituição). A decisão, nesse caso, tem uma racionalidade limitada.

## 3.4 Teorias psicoeconômicas que admitem influências emocionais e sociais

As duas linhas de teorias anteriores (considerando o valor final conhecido ou o processo de diminuição das incertezas) valorizam a racionalidade da pessoa. Uma outra linha de teorias econômicas considera imprescindível a relação dos processos racionais com os aspectos macro e microeconômicos que cercam a pessoa. São abordagens mais complexas, que incorporam o meio social, com suas regras e valores, e o meio econômico como variáveis causais no processo racional do consumidor. Nesse caso, o consumo não é só questão do valor envolvido, nem só de processo racional, mas também de situações externas à pessoa que pressionam e até mesmo condicionam seu raciocínio.

Por exemplo, na década de 1990, na cidade de São Paulo, houve um aumento muito grande de construção de *flats*, um tipo de prédio que funciona como hotel, em que o dono do apartamento pode utilizá-lo ou alugar a unidade. Normalmente, aluga-se o *flat* e se recebe uma quantia correspondente à taxa de ocupação do prédio todo. Com a ampla oferta dos produtos, houve grande envolvimento de técnicos em investimentos, que declararam, durante algum tempo na mídia, que o *flat* era a melhor forma de investimento do mercado (o que era verdade no início, mas não no final da década de 1990). O modismo se espalhou tanto que houve um volume de vendas acima das taxas normais do mercado imobiliário; porém, hoje existem muitos proprietários de *flats* que recebem bem menos do que lhes foi informado, os quais, na época, acabaram se decidindo pela compra muito mais pelo modismo econômico do que por processos racionais comparativos.

Uma consequência prática da abordagem dessa linha explicativa veio com Katona (1951), que elaborou o CSI (*Consumer Sentiment Index*), que mede o sentimento (melhor seria dizer o julgamento) dos consumidores quanto à realidade e tendência econômica e sua disposição ao consumo. Na construção desse índice, admite-se que o raciocínio do consumidor (sobre as tendências) é, em parte, influenciado pelo social (discurso de técnicos, propaganda do governo etc.).

O Índice de Confiança do Consumidor (ICC), muito utilizado no Brasil, deriva dessa metodologia. Ele utiliza uma escala de porcentagem – por convenção, coloca-se que a pontuação 100 significa que 50% da população está otimista e 50% está pessimista. Quando a pontuação cai para menos de 100, há predominância de pessoas pessimistas. A ordem temporal da pontuação mostra a tendência de otimismo × pessimismo da população, o que está correlacionado com a disposição para comprar ou esperar.

## 3.5 Comentários finais sobre as teorias econômicas do consumo

Por ser reducionista, o modelo econômico sobre o comportamento do consumidor tem explicações simples, com aplicação imediata, gerando uma grande quantidade de pesquisas experimentais acadêmicas e de mercado. As teorias que dele derivam parecem cair como uma luva nos muitos negócios em que o consumidor tem sensibilidade ao preço, tais como consumo de itens básicos, *commodities* (que movimentam boa parte dos itens consumidos) e todos os serviços de investimentos.

O modelo também é muito aplicável ao consumidor empresa, principalmente à indústria, na compra de matéria-prima, maquinários e serviços de apoio, em que planilhas de custos e retornos fazem parte da conversa normal de negociação.

Por ser reducionista, o modelo econômico é valorizado pela sua aplicabilidade, mas é criticado justamente por reduzir a complexidade da experiência humana do consumo aos processos racionais financeiros. Em um campo moderno de explicações do comportamento humano, influenciado por teorias do inconsciente, teorias da identidade grupal e teorias da complexidade, não é tarefa fácil sustentar princípios do positivismo do século passado. Sua força de sustentação vem principalmente dos fatos. Crises econômicas e períodos de escassez, aliadas ao desenvolvimento de uma consciência e racionalidade no consumo (muitas vezes até estimulada e ensinada pelo governo, objetivando economizar energia e água, por exemplo), têm gerado um conjunto de fatos que apoiam o modelo.

No campo acadêmico, teorias como a do risco percebido, de Ray Bauer (apud Barracho, 2001, p. 19) têm sido utilizadas nas explicações sobre o comportamento de um investidor na bolsa. A teoria da utilidade esperada, de Neumann (apud Barracho, 2001, p. 19), tem gerado pesquisas sobre a compra de imóveis para investimento. Enfim, o campo não é novo, mas seu desenvolvimento e sua aplicabilidade estão abertos a pesquisadores.

## Referências Bibliográficas

BARRACHO, C. *Lições de psicologia econômica.* Lisboa: Instituto Piaget, 2001.

CLEMEN, R. *Making hard decisions.* 2. ed. Duxbury: Belmont, 1996.

KATONA, G. *Psychological analysis of economic behavior.* Nova York: McGraw-Hill, 1951.

PLOUS, S. *The psychology of judgment and decision* making. Nova York: McGraw-Hill, 1993.

# Capítulo 4

# O modelo de tipologias do consumidor

Criar tipos de consumidores é uma ação rotineira para os administradores. Quase toda discussão sobre ações de Marketing se inicia com a qualificação do público-alvo, utilizando-se critérios de tipologias. A tipologia tem tradição nas ciências naturais, como a Física e a Química, com suas classificações em categorias, grupos e classes, mas encontra alguns problemas quando aplicada aos fenômenos humanos. Neste capítulo, discutiremos as bases de classificações das tipologias, suas aplicações e alguns de seus limites.

## 4.1 Os recursos de classificação e generalização e o modelo de tipologia

As ciências utilizam os recursos metodológicos de classificação e generalização. Na generalização, observa-se um fenômeno algumas vezes (a chamada amostra) e se procuram ou se criam as variáveis comuns, repetidas na maioria deles, generalizando essa repetição para todas as ocorrências do fenômeno. Na classificação, desde que haja uma generalização anterior, coloca-se um evento particular dentro da categoria em que se espera que ele esteja contido.[1]

Em Marketing, os dois recursos são amplamente utilizados, por exemplo, na segmentação de mercado, que consiste em separar as pessoas em características comuns, buscando grupos que permitam generalizações sobre os que já pertencem a eles e aos que poderiam pertencer.

A base do agrupamento remete aos modelos de ciência. As ciências positivas preconizam a necessidade de se encontrar as leis gerais dos fenômenos, e uma das formas de realizar esse ideal consiste em encontrar as similaridades em um grande número de eventos. Assim fazem os físicos, os químicos e os biólogos, criando seus sistemas classificatórios nos reinos mineral, vegetal e animal.

---

[1] Mais corretamente, os dois processos são chamados de indução (generalização a partir de alguns exemplos) e dedução (inserção de um exemplo em uma generalização preexistente).

A transposição do método para os fenômenos humanos foi realizada na Sociologia, na Psicologia, na Economia e na Administração. O ponto de apoio está na afirmativa de que as pessoas criam rotinas e de que grupos parecem ter rotinas semelhantes, o que propiciaria as condições para a criação de previsões de comportamento. De fato, observando nosso dia a dia, é difícil discordar da afirmativa, pois, do momento que levantamos até o final do dia, repetimos muitos comportamentos, incluindo os de consumo. Não se negam as diferenças e particularidades, mas se busca o estatisticamente prevalecente na maioria.

Um dos grandes motivos de se generalizar e classificar consiste na facilidade de explicar um evento isolado. Assim, por exemplo, uma reação química específica pode ser explicada pelas leis genéricas dos elementos constituintes. Um comportamento neurótico pode ser imediatamente colocado em uma classificação de doenças neuróticas. Um plano de Marketing, ao considerar um público-alvo, pode utilizar as classificações de desejos e comportamentos típicos daquele segmento para tentar prever as vendas.

Uma dúvida recorrente é: quantas classificações existem? Há uma lista ou algo parecido sobre elas?

As classificações são infinitas, pois cada negócio e cada produto dentro dele pode ter um consumidor típico. Cabe ao gerente de produto pesquisar seus consumidores e criar sua tipologia. Empresas que desenvolveram excelência em bancos de dados criaram suas próprias tipologias, pois utilizar classificações de outros negócios ou mesmo dos concorrentes é um erro de compreensão. O máximo que se pode fazer, mesmo assim com muito cuidado, é utilizar uma classificação existente como ponto de partida da reflexão.

Embora com imensa variedade, as teorias de tipologias agrupam-se em alguns poucos fatores: o conjunto das variáveis demográficas; os traços de personalidade (ou tipos psicológicos); os estilos de vida; as variáveis comportamentais específicas do momento da compra e do consumo. Um desenho desse conjunto encontra-se na página seguinte.

## 4.2 Tipologia por critérios demográficos

Chamamos demografia a divisão dos grupos humanos em algumas variáveis mensuráveis, tais como idade, sexo, estado civil, ocupação, renda, local de moradia, número de filhos, posição na família, entre outros. A demografia oferece informações sobre as mudanças de grandes contingentes (por exemplo, o envelhecimento da população brasileira) e lida com fatos (principalmente estatísticos).

Os critérios demográficos são muito utilizados nas pesquisas de mercado, mas deve-se ter cuidado ao se criarem previsões de comportamento a partir dessas variáveis, pois ainda não há resultados suficientes que sustentem essa ligação. É claro que, quanto mais variáveis demográficas são utilizadas em uma amostra, mais específica ela vai se tornando e maior a probabilidade de acerto nas previsões. Por exemplo, ao se considerar um grupo de "mulheres brasileiras" (portanto, só as

```
                        Teorias de
                        tipologias
    ┌───────────────┬───────────────┬───────────────┐
 Variáveis        Traços de        Estilos       Variáveis
demográficas    personalidade      de vida    comportamentais
    │               │               │               │
 estrutura       variáveis        rotinas         no modo
 do corpo        cognitivas                      de compra
    │               │               │               │
  funções        variáveis         quebra         no tempo
 do corpo       emocionais       de rotinas      da compra
    │               │                               │
  sociais/       variáveis de                     na forma
 econômicas    atitudes e valores                 de uso
    │
  amplas/
 geográficas
    │
 frequências
 e forma de uso
```

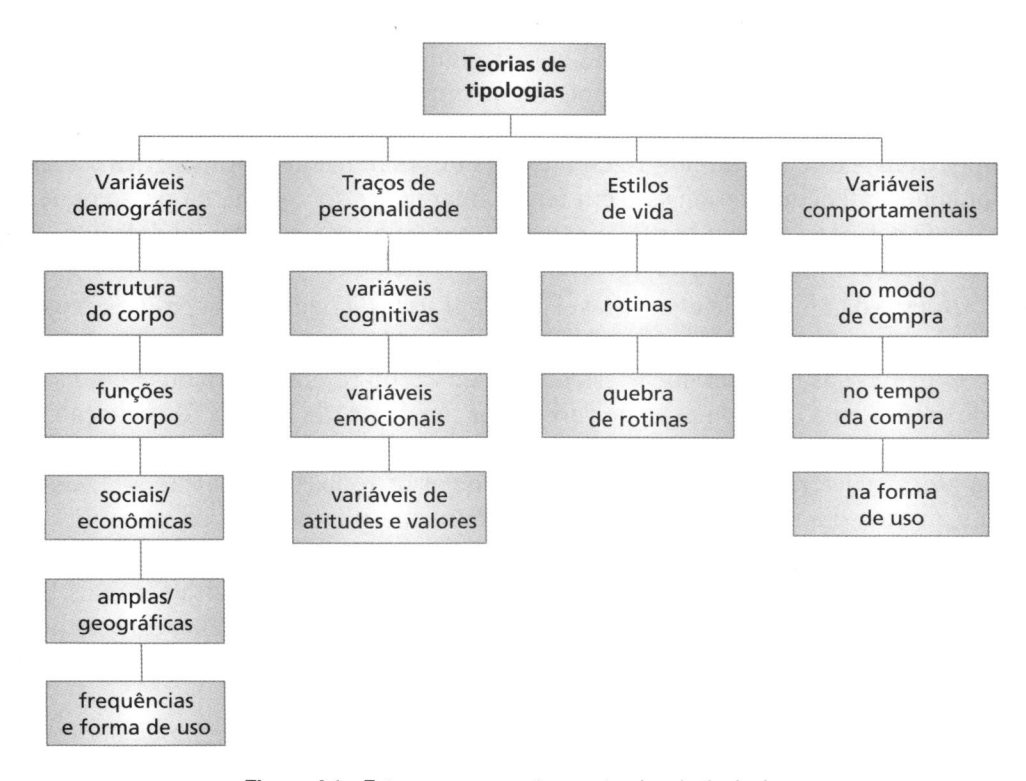

*Figura 4.1* – Fatores que compõem as teorias de tipologias.

variáveis *sexo* e *nacionalidade*), tem-se uma margem de erro muito grande na previsão de seu comportamento. Contudo, ao se agregarem ao grupo a idade de 18/20 anos, o estado civil (são solteiras), a escolaridade, o grau de ocupação (trabalham), a moradia (moram na cidade de São Paulo, com a família), a posse de algum bem (têm carro) e a religião (são ateias), ter-se-á uma maior probabilidade de acertar alguns de seus comportamentos de consumo.

A grande vantagem das tipologias demográficas está nas análises macroeconômicas, considerando-se um enorme contingente de pessoas. Itens de consumo, tais como habitação, estudos e esportes, movimentam grande número de pessoas, e as variáveis demográficas podem dar sua contribuição. Pode-se, por exemplo, perceber uma migração das classes A e B do centro das cidades para a periferia, mais especificamente para condomínios fechados, o que auxilia o planejamento urbano e os negócios imobiliários.

As variáveis demográficas são infinitas, pois se podem criar tantas divisões quantas forem interessantes para um negócio em especial. Para se decidir sobre o uso de uma variável, o raciocínio sistemático seria assim: ao sofrer variação, a variável ocasiona mudança nos produtos de um negócio específico? Vamos supor que estamos no negócio de sapatos. Se a idade de uma pessoa varia (criança, adolescente, adulto), isso influencia o produto? Claro que sim. Conclui-se, portanto, que a variável idade é importante no negócio de calçados. O gerente de uma indústria de calçados deve fazer essa análise variável por variável até chegar a um conjunto que considere suficiente e adequado para seus propósitos.

A necessidade desse raciocínio coloca algumas dificuldades no uso da demografia (e da tipologia em geral), pois alguns profissionais não habituados podem escolher variáveis que não são importantes e deixar de lado (ou não descobrir) outras. Temos dito aos alunos e gerentes que um bom truque para verificar se uma tipologia está adequada consiste em tentar imaginar a fotografia da pessoa que as variáveis definem. Se não conseguirmos formar uma imagem mental definida, significa que o conjunto de variáveis ainda não é suficiente.

Apesar da amplitude das variáveis demográficas, pode-se agrupá-las em torno de alguns critérios, conforme se verifica na Figura 4.1.

O grupo das características estruturais do corpo refere-se a dados como sexo, idade, altura, peso, cor da pele, cor dos olhos, medidas (da cintura, da cabeça etc.). Essas variáveis aplicam-se a um grande espectro de negócios. O sexo e a idade, por exemplo, são determinantes em negócios como os de roupas e de calçados. Já outros itens, tais como a medida da cabeça, interessam a negócios como os de óculos, capacetes e perucas.

A variável sexo, que sempre aparece nos questionários, precisa ser mais bem pensada. Com a entrada da mulher no mercado de trabalho e no reino do consumo, em alguns negócios, tais como os de faculdades e de carros, sua influência já não é tão grande. Não existe um carro para a mulher, por exemplo.[2]

A variável idade, quando consideramos grandes contingentes, pode ser muito útil. O Brasil sempre foi considerado um país de jovens, mas as estatísticas mostram que esse conceito deve mudar. A classe de terceira idade vem crescendo mais que as outras, e isso traz impacto em negócios como os de medicamentos e viagens. Estatísticas regulares do IBGE mostram que alguns municípios do Sul apresentam taxas elevadas de pessoas na terceira idade. O acompanhamento da penetração de produtos em diferentes faixas etárias, tal como acontece com produtos eróticos em faixas mais infantis (10 a 14 anos), indica a mudança do consumidor típico.

Uma divisão bem clássica de faixas etárias seria: 0 a 2 anos – 1ª idade; 3 a 11 anos – infância; 12 a 25 anos – adolescência; 25 a 40/50 anos – maturidade; 50/60 anos em diante – 3ª idade.

O grupo de características funcionais do corpo refere-se aos dados amplos sobre a saúde e as doenças da população (incidência, localização, idade etc.), o que é extremamente importante para inúmeros negócios, entre os quais, o ramo farmacêutico, o de alimentação e o de assistência médica. Suponha que você seja dono de um spa urbano e conclua que o seu consumidor típico é o homem maduro, que mora e trabalha no centro da cidade. Você sabe que a ocorrência das doenças cardíacas está aumentando entre os homens maduros moradores de grandes centros; portanto, existe uma previsão de aumento de seus consumidores.

As condições de vida afetam o funcionamento do corpo, o que leva ao consumo de produtos específicos. Doenças e disfunções características de algumas populações, tais como problemas de pele em pessoas urbanas, problemas respiratórios,

---

[2] O que queremos enfatizar é que, no caso de calçados, por exemplo, as lojas se dividem em calçados masculinos e femininos, mas no caso de carros, não. É claro que as montadoras pesquisam constantemente quais itens agradam às mulheres, mas ainda não se construiu um produto exclusivo para elas.

gastrite, seborreia, dores crônicas (de cabeça, de coluna, nas pernas), podem ser variáveis importantes na definição de seu consumidor típico. Estudos sistemáticos têm mostrado que o modo de vida urbano faz surgir ou aumentar uma série de disfunções corporais.

O grupo de características socioeconômicas diz respeito às condições financeiras e sociais das pessoas, como sua renda e a de sua família, sua profissão, sua escolaridade, o número de irmãos, sua posição social na família, sua hierarquia de gastos, sua religião e seus bens adquiridos. Sobre a posição social, por exemplo, existem estudos que mostram a mudança de consumo típico conforme o ciclo de vida da pessoa: filho pequeno, filho adolescente, filho maduro, solteiro vivendo sozinho, recém-casado, casado com filho pequeno, casado com filho adolescente, casado com filho adulto, separado e viúvo.

Existe uma classificação muito utilizada, a chamada classe social, que utiliza as variáveis *escolaridade* (do respondente e da família) e bens adquiridos para criar as classes A, B, C, D, E e suas subdivisões. Critérios estatísticos validaram a relação entre os itens questionados (se a pessoa tem carro, está empregada, tem certa escolaridade etc.) e sua classe social. Uma das classificações mais conhecidas foi criada pela Abep.[3] Os defensores dos critérios de classe social sugerem alguns comportamentos de consumo como característicos de cada classe, mas não os afirmam categoricamente. O que se pode discutir (como em qualquer ponto do modelo de tipologia) é a relação causal entre a classe social e o possível consumo de itens. Assim, pessoas da classe A, com alto poder aquisitivo, podem ter menos aparelhos de TV que pessoas de menor poder aquisitivo. Segundo Zaltzman e Motta (1996), quando aplicamos a segmentação demográfica em sociedades pouco móveis, surge alguma correlação com o comportamento; já em sociedades móveis e miscigenadas, como a brasileira, perdem parte de sua validade.

O grupo de variáveis amplas e geográficas é o que mais caracteriza a palavra demografia, pois apresenta os dados amplos de uma população, tais como crescimento da população, porcentagem de homens e mulheres, concentrações em áreas do país, porcentagens de classes de idade, renda *per capita*, custo de vida, distribuição de renda nas faixas etárias, índices de escolaridade, consumo médio por família/por categoria (em educação, por exemplo). São inúmeros itens que possibilitam aos gerentes criar previsões de demanda em um determinado público e região (o termo técnico seria potencial de mercado). Aqui no Brasil a divulgação de dados dos censos demográficos não desperta tanto interesse quanto nos Estados Unidos. Lá, a divulgação anual da demografia do país é intensamente analisada por vários segmentos de negócios.

O grupo de frequência e forma de uso diz respeito aos hábitos (de consumo ou não), os quais auxiliam a previsão de comportamentos. Algumas rotinas, tais como a frequência de ida ao supermercado, de viagens ao litoral, de viagens internacionais, de horas no trânsito, de tempo gasto no banho, de tempo gasto na

---

[3] Abep – Associação Brasileira de Estudos Populacionais.

alimentação, de horas vendo televisão e ouvindo rádio são exemplos que criam oportunidades de saber como vender produtos dentro dessas rotinas ou como quebrá-las.

A demografia, portanto, cria uma fotografia dos fatores mensuráveis de uma população, e seus resultados são utilizados para possíveis correlações entre essas variáveis e o consumo de produtos.

## 4.3 Tipologia por características da personalidade (ou traços psicográficos)

Obviamente, apenas a demografia pode não ser suficiente para se conhecer um consumidor típico. Por vezes, é necessário ir mais a fundo na análise dos traços de personalidade semelhantes, sejam eles cognitivos, emocionais ou de atitudes.

As tipologias são apoiadas por correntes em Psicologia que afirmam serem as características básicas de personalidade adquiridas na infância e sua mudança não é frequente, ocorrendo em grandes ciclos, como, por exemplo, da infância para a adolescência. Tal como na demografia, os traços de personalidade também podem ser divididos em três grandes grupos: os traços cognitivos, os traços emocionais e os traços atitudinais. Geralmente, eles são apresentados na forma de opostos, e o consumidor típico deve se enquadrar em uma das pontas. O consumo de bares de *happy hour*, por exemplo, seria mais típico de pessoas extrovertidas do que de pessoas introvertidas.

### 4.3.1 Os traços cognitivos

São os responsáveis pelos processos típicos de raciocínio, de lógica e de padrão de solução de problemas. Para alguns negócios, como o de brinquedos educativos, o tipo cognitivo do consumidor é muito importante, por causa das habilidades necessárias para o consumo de certos produtos.

Um dos primeiros teóricos a desenvolver um modelo de tipos cognitivos foi Guilford (apud Butcher, 1972, p. 61), há algumas décadas. Seu modelo levava em conta as variáveis que definiam a inteligência e era muito bem fundamentado. Seu cubo de traços era formado por cinco variáveis de processos (memória, cognição, produção convergente, produção divergente e avaliação); quatro referentes a tipos de conteúdo (figurativo, simbólico, semântico e comportamental) e seis referentes ao resultado (unidades, classes, relações, sistemas, transformações, inferências). Cruzando as variáveis (5 × 4 × 6), obtínhamos 120 traços ou capacidades psicológicas. Guilford não estava interessado no consumo, mas, hoje, usos de comunicação com conteúdo racional, como folhetos de venda de máquinas industriais, supõem que o leitor usará algumas das capacidades do modelo.

Alguns exemplos de explicações e usos em comportamento do consumidor seriam os relacionados a brinquedos educativos e jogos de raciocínio. Um quebra-cabeças de 3 mil peças, por exemplo, provavelmente teria como consumidor típico uma pessoa que, no modelo de Guilford, no conjunto Resultado, trabalha mais com

**Resultados:**
Unidades
Classes
Relações
Sistemas
Transformações
Inferências

**Processos:**
Memória
Cognição
Produção convergente
Produção divergente
Avaliação

**Conteúdo:**
Figurativo
Simbólico
Semântico
Comportamental

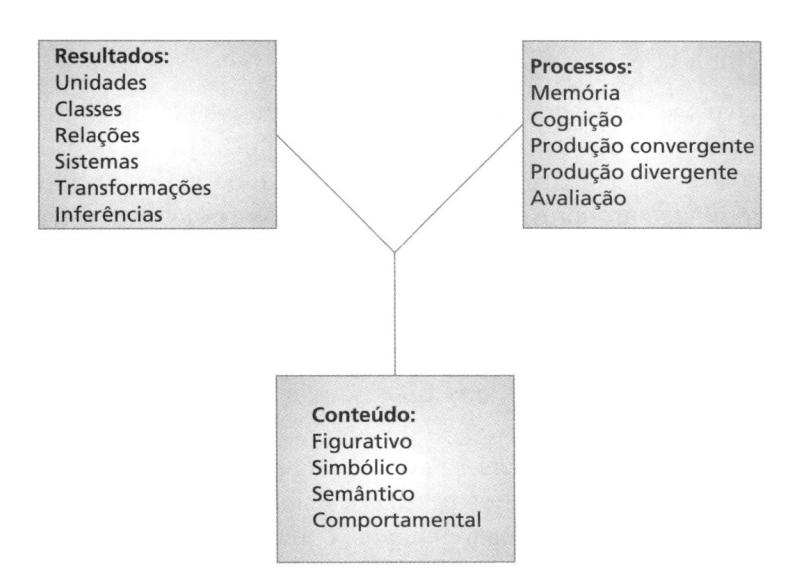

*Figura 4.2* – Traços cognitivos no modelo de Guilford.

classes (por exemplo, conforme as cores ou conforme o desenho geométrico semelhante em um conjunto); no conjunto Processos, trabalha mais com memória e produção convergente; e, no conjunto Conteúdo, utiliza mais o comportamental (experimentar a peça em vários lugares).

Já um consumidor típico de jogo de xadrez (o jogo, aulas, campeonatos etc.), no conjunto Resultados, provavelmente, utilizaria mais as relações e os sistemas; no conjunto Processos, utilizaria mais a cognição, a produção divergente (embora concentrado em uma única tarefa) e a avaliação; e, no conjunto Conteúdo, utilizaria mais o simbólico e o comportamental. O consumidor típico do quebra-cabeça, portanto, teria traços cognitivos bem diferentes do consumidor típico de xadrez.

Outros pares de opostos possíveis seriam:

- *Processos analíticos × processos sintéticos*: A pessoa resolve seus problemas analisando um ponto por vez ou prefere unir todos eles em uma solução sintética? Para aprender piano, por exemplo, é necessário ter um traço analítico para treinar cada nota da partitura.

- *Usa mais a memória × usa mais a prospecção*: Para ser um consumidor típico de jogos de memória, é necessário ter o traço de uso da memória, enquanto, para ser um consumidor típico do jogo Banco Imobiliário, é necessário ter o traço de olhar para o futuro.

- *Aprende e resolve fazendo e repetindo × aprende e resolve por inferência*: Um estudante de Administração típico precisa do traço de inferência, pois pouco se pode fazer e repetir quando se trata de uma empresa.

A tipologia de traços cognitivos é pouco explorada no Marketing, mas, como vimos, sua análise pode explicar o sucesso e o fracasso de produtos em segmentos diferentes.

### 4.3.2 Os traços emocionais

Outro conjunto de variáveis sobre traços de personalidade refere-se ao lado emocional. Jung foi um dos pioneiros nessa construção, com trabalhos datados de 1910. Características como introversão ou extroversão podem explicar o modo de compra e de consumo de determinados produtos e serviços. Tipologias como as construídas por Myers na década de 1940 (apud Licht, 1994) reavivaram as tipologias de Jung. Sua tipologia, conhecida como MBTI (*Myers-Briggs Type Indicator*), foi amplamente divulgada na década de 1970 e bastante utilizada nas áreas de Desenvolvimento Humano e de Marketing.

O desenho característico dos opostos dos tipos jungianos é apresentado na Figura 4.3.

O eixo Extroversão × Introversão refere-se ao traço da pessoa de dirigir suas energias para o mundo exterior, para as outras pessoas e objetos. Pessoas extrovertidas gostam de estar com outras ou em lugares novos, com objetos novos e com situações novas que possam ser exploradas. Viajar é ótimo para o extrovertido. O sentido da vida, para ele, está lá fora. Já o introvertido dirige suas energias para seu próprio desenvolvimento, explorando-se, arriscando-se, testando seus limites. Jogar xadrez com um computador é ótimo para ele. O sentido da vida, para o introvertido, está dentro dele.[4]

O par Pensamento × Sentimento indica se a pessoa vive, incluindo seus comportamentos de consumo, dirigindo esforços para o raciocínio lógico ou para as emoções. Uma loja de sapatos para homens talvez tenha mais consumidores tipicamente Pensamento, que decidem a compra com base em aspectos lógicos, tais como a rapidez do atendimento, a semelhança do sapato novo com o antigo e o preço. Já uma loja de sapatos para mulheres talvez tenha mais consumidores tipicamente Sentimento, que escolhem pelo prazer sentido na compra e pelo prazer antecipado do uso.

O par Sensação × Intuição, que preferimos traduzir por Sensorial × Funcional, indica se a pessoa vive suas relações com objetos, incluindo os produtos de consumo, mais orientada para os aspectos sensoriais (cor, brilho, tamanho, sonoridade) ou mais para os aspectos funcionais (complexidade de uso, reparos, trocas, conforto, mudanças possíveis).

O par Julgamento × Percepção refere-se ao traço de personalidade de ter um conjunto definido do que é certo e o que é errado (julgamento) ou uma abertura que inclui opostos (percepção). Homens que compram perucas provavelmente são mais Percepção que Julgamento. Os que são dominados pelo Julgamento podem até desejar a peruca, mas não acham certo comprá-la, usá-la e mostrá-la.

Cada pessoa estará sendo categorizada conforme sua posição no quadro de opostos. Assim, uma mulher consumidora típica de academia talvez fosse Extroversão, Sentimento, Sensorial e Percepção (EFSP), enquanto uma mulher consumidora típica de um curso de mecânica talvez fosse Introversão, Pensamento, Funcional e Julgamento (IPNJ).

---

[4] É claro que uma obra tão extensa e rica como a de Jung não pode ser resumida, em poucas linhas, aos traços de personalidade. Estamos apenas ressaltando alguns poucos pontos que interessam para o comportamento de consumo.

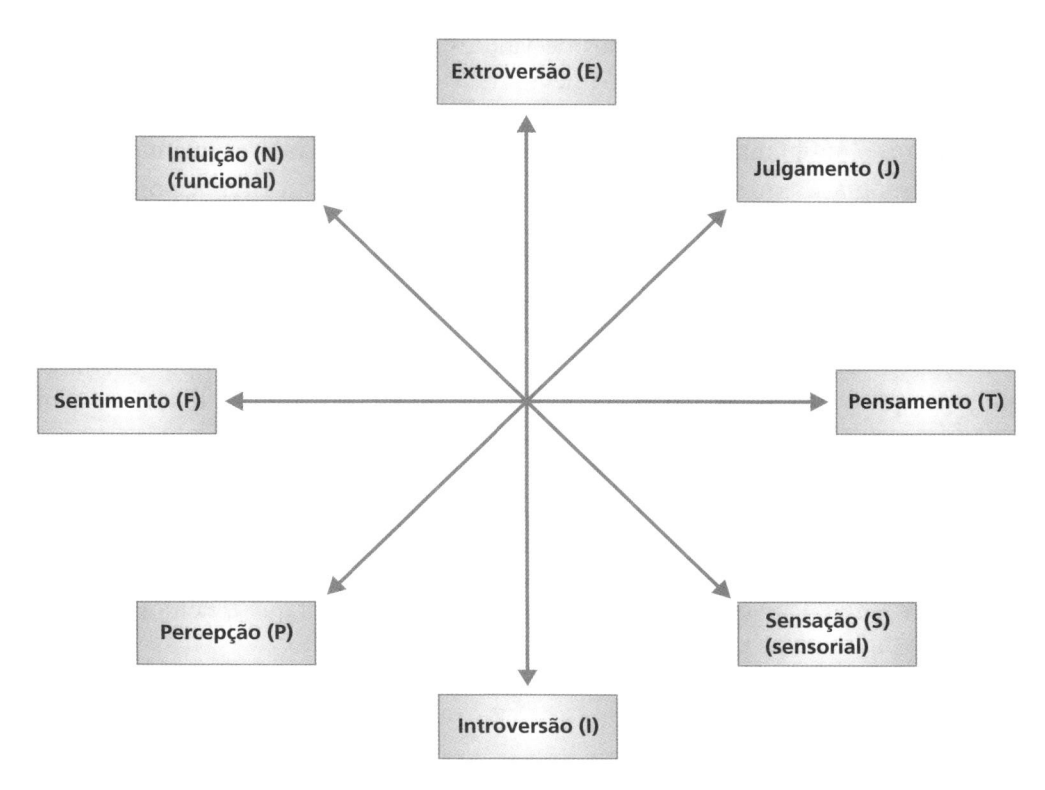

*Figura 4.3* – Estrela dos tipos psicológicos, embasada no modelo de Jung.
As letras entre parênteses indicam as iniciais dos termos em inglês, que são as mais utilizadas.

### 4.3.3 As atitudes

A literatura norte-americana contém uma farta bibliografia sobre o terceiro grupo da tipologia psicográfica, que são as atitudes. A atitude é basicamente um julgamento e uma disposição afetiva em relação aos fatos, às pessoas e aos objetos. Alguém pode, por exemplo, não gostar de pessoas que usam *piercing*; isto significa que esse sujeito tem uma atitude negativa em relação ao *piercing* e a seus usuários. A rejeição deve estar composta de uma ideia (por exemplo, *quem usa "piercing" é bandido*) e uma carga afetiva (por exemplo, *não quero meu filho com essa gente nem morta!*).

Como resultado da grande influência da teoria das atitudes de Allport (apud Hall e Lindzey, 1973, p. 289-328), os norte-americanos criaram instrumentos, como o VALS (que mede escalas de valores e atitudes) e o AIO (que mede escalas de atitudes, interesses, opiniões), para medir a disposição positiva ou negativa em relação aos produtos e serviços. Por meio de pesquisas, podemos saber se há imagens positivas ou negativas relacionadas aos produtos, como essas imagens foram criadas e quão fortes elas são. A atitude, portanto, tem um lado ideativo (as ideias que cercam o fenômeno) e um lado afetivo (basicamente de aceitação ou rejeição).

Na linha de raciocínio de Allport, os valores e as atitudes são pessoais e praticamente infinitos, embora possam sofrer influência social. Já uma outra linha, defendendo um conceito mais social, coloca que os valores são finitos dentro de uma sociedade, embora possam mudar ao longo do tempo. Nessa segunda linha de raciocínio, é possível criar grupos de valores em culturas distintas, tal como fez Schwartz (1992), que criou oito grupamentos de valores e tentou validá-los em estudos transculturais. Para o raciocínio do comportamento do consumidor, a possibilidade de grupamentos é muito mais interessante que o raciocínio dos valores infinitos.

A tipologia dos traços de personalidade, portanto, é formada por três conjuntos: os traços cognitivos, referentes aos processos lógicos de decisão; os traços emocionais, que colocam os afetos, os sentidos e os pensamentos como base para os comportamentos, e os traços atitudinais, que colocam os valores como os formadores da disposição em relação aos produtos.

A tipologia dos traços tem seus críticos e defensores. Os críticos costumam comentar que os tipos de personalidade se espalham por muitas divisões, o que torna impossível acompanhar todas; não há correlações estatísticas entre traços de personalidade e variáveis de Marketing, tais como modos de compra; há indícios de que as crenças e os valores mudam com frequência, e a psicografia não estuda as reações quanto a opções específicas de produtos e serviços. Críticas, portanto, sobre o conceito e sua aplicação. Já os defensores costumam afirmar que os traços psicográficos são estáveis e têm maior valor de previsão do que a demografia (por ser muito ampla) ou os estilos de vida (por sua mutabilidade).

## 4.4 Tipologia por estilos de vida

Mais recentemente, têm surgido estudos sobre uma outra categoria de tipologia, denominada *estilo de vida*, que une as variáveis psicográficas com as rotinas de vida das pessoas. O autor Lazer (apud Karsaklian, 2000) define estilo de vida como "*... determinado por elementos como a cultura, o simbolismo dos objetos e os valores morais. Em um certo sentido, o conjunto das compras e dos modos de consumo reflete o estilo de vida de uma sociedade*". Isto é, o comportamento de compra e consumo de uma pessoa revela seu estilo de vida, seu modo de viver.

Um estilo de vida é, de maneira simples, a forma como cada um vive seu dia-a-dia (sua rotina) e como aproveita seu tempo livre (quebras de rotina). Expressões populares como *patricinha, playboy, socialite, dona de casa insatisfeita, pai preocupado, naturalista, politicamente correto* referem-se a maneiras de levar a vida. Os defensores da tipologia "estilos de vida" afirmam que essa adição dos comportamentos (as rotinas) dá a ela (tipologia) maior capacidade explicativa e de previsão do que a psicografia.

Uma pesquisa que pretenda construir estilos de vida deve questionar as rotinas das pessoas – "*Descreva-me o seu dia a dia*" e – a fuga dessas rotinas – "*O que você faz nas férias?*". Com a descrição desses comportamentos e a pesquisa sobre as crenças e os valores de um grupo, podemos traçar uma tipologia do estilo de vida daquele grupo, isto é, um rótulo que defina um conjunto provável de comportamentos. Suponhamos que, entrevistando homens de 25 a 35 anos, encontremos um subgrupo que se comporte de maneira independente (isto é, que busque não depender de ninguém para nada) e que acredite que o casamento está falido. Vamos chamar esses homens de *solteiros convictos*. Ao descrevermos seus valores sobre a independência e suas rotinas de vida, podemos criar uma previsão sobre sua aceitação e possível compra e consumo de determinado artigo, como comida congelada.

Com a união das variáveis *valores* e *comportamentos*, que compõem o estilo de vida, surgiram muitas pesquisas e novas classificações de consumidores típicos. A classificação VALS, já comentada, tem grupamentos atuais como o seguinte, que pode ser encontrado na página da SRI – *Consulting Business Inteligence*, no endereço www.sric-bi.com/vals.

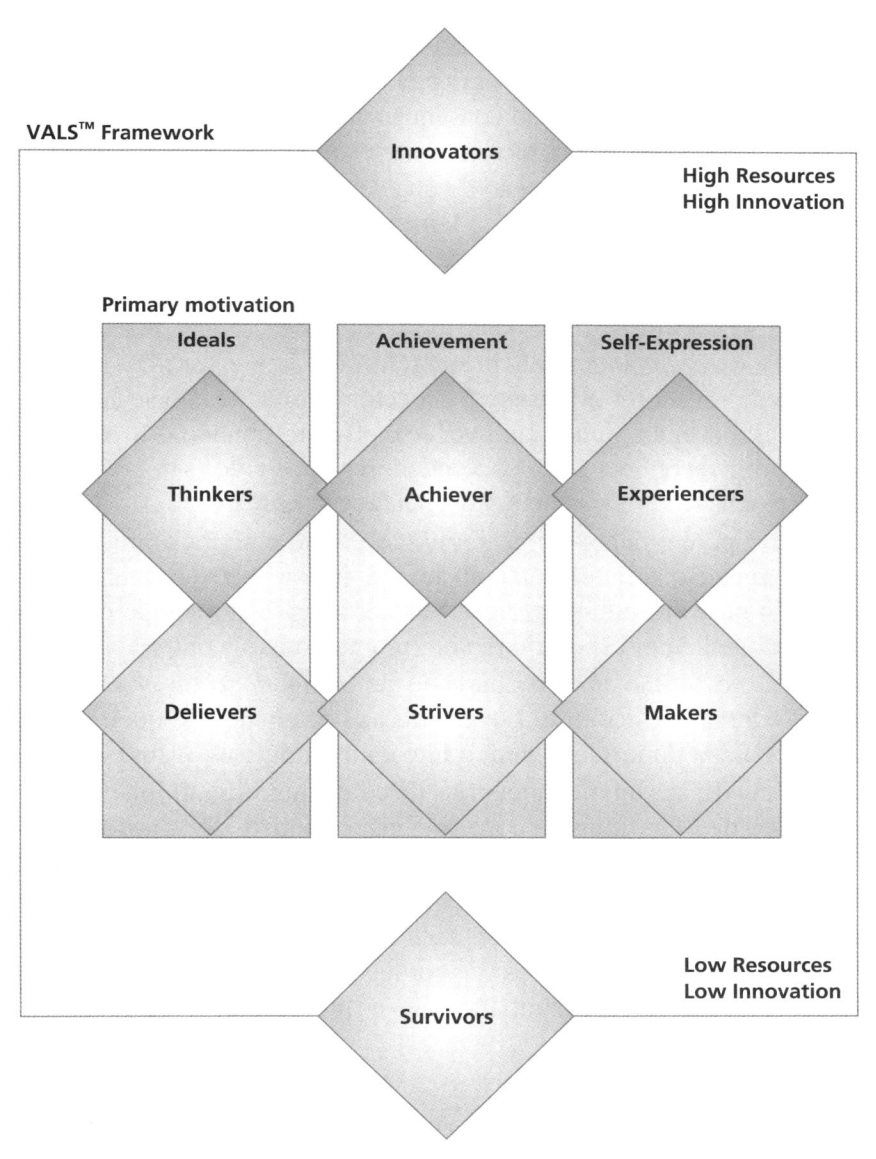

*Figura 4.4* – Tipologia VALS atualizada por uma empresa de consultoria.

Tal como nos traços de personalidade, as críticas sobre a tipologia de estilo de vida afirmam que ela é tão volátil, tão ao sabor dos criadores que praticamente não se trata de uma classificação. De fato, algumas pesquisas científicas que tentaram validar o modelo de estilos de vida não obtiveram êxito.

## 4.5 Tipologia pelo ciclo de vida do produto

Com a dinâmica do mercado cada vez mais veloz, o que chamamos de ciclo de vida do produto tem diminuído. Os carros que eram construídos para ficar dez anos no mercado hoje são projetados para serem substituídos em dois anos, modelos de telefones celulares são projetados para ter um ciclo de vida de apenas quatro meses. Essa característica do mercado traz como consequência o estudo mais acurado dos consumidores conforme estejam dispostos a comprar os produtos logo no seu lançamento.

Surgiu, assim, uma classificação de quatro tipos de consumidores. Os chamados inovadores compram o produto no lançamento. Seriam pessoas que têm como objetivo estar à frente do seu tempo, que têm certo interesse em serem julgadas como modernas e não têm medo de se arriscar na novidade (essas afirmativas são as crenças e os valores dessas pessoas).

Os chamados *adotantes* também querem produtos e serviços novos, mas se diferenciam dos inovadores por terem o aspecto racional de não se arriscar imediatamente. Eles esperam um pouco para ver se o produto funciona. No caso de carros, esse tipo é muito reconhecido pelos vendedores (portanto, ser racional e ter um pouco de paciência são crenças bem valorizadas por esse grupo).

O terceiro tipo é o chamado de *seguidor*. Ele só compra o produto quando já houve experimentação suficiente, os fabricantes já colocaram produtos melhorados no mercado e o preço tornou-se estável. Sua característica racional o leva a pensar como ele é inteligente por esperar o melhor momento para comprar.

Finalmente, o último tipo, o chamado de *acomodado* ou *comprador tardio*, só compra produtos em declínio. Ele espera as promoções de queima de estoque para comprar, não se importando com o fato de o produto estar fora de moda.

A existência dessas quatro categorias de consumidores auxilia os profissionais a criarem planos de Marketing com mensagens mais dirigidas, conforme o ciclo de vida projetado do produto.

Uma crítica a essa tipologia afirma que um comportamento inovador no ramo de automóveis não leva obrigatoriamente a um comportamento inovador, por exemplo, no ramo da moda. Uma empresa de confecção não poderia utilizar o banco de dados de uma concessionária imaginando que os inovadores de uma seriam também inovadores da outra.

## 4.6 Tipologia pelo modo de compra

Em algumas áreas de negócios, como lojas de *shoppings*, a decisão de compra e consumo não parece seguir um processo muito complexo. Há indícios de que o momento crítico é a hora da compra propriamente dita. Aceitando esse pressuposto, criaram-se algumas tipologias do consumidor no momento da compra, sendo a divisão mais explorada aquela que diz respeito às variáveis *compra racional* e *compra por impulso*. De maneira genérica, em vários textos e pesquisas, define-se a compra por impulso como uma compra não planejada. A literatura a respeito também coloca a compra por impulso como um traço de personalidade, chegando a existir tipos compulsivos. Almeida e Jolibert (1993) revisaram a literatura a respeito e construíram um quadro que coloca as três teorias mais aceitas de compra por impulso:

   a. As abordagens tradicionais de definição de compra impulsiva, no sentido de uma compra não planejada.

   b. As abordagens comportamentais, no sentido de emoção e prazer dominando o comportamento.

   c. As abordagens psiquiátricas, no sentido de doença relativa à compulsão para a compra.

Todas as classificações podem originar tipos de pessoas que compram por impulso. Na prática de Marketing, os profissionais também colocam outra categoria relativa à compra por impulso, só que a variável mais importante está fora do sujeito, na localização e na oportunidade de posse. É o caso de se colocarem inúmeros produtos de baixo valor próximo ao caixa de supermercados como estímulo.

Para se construir uma tipologia *modo de compra*, é necessário conhecer as intenções e os modos de compra das pessoas, relacionando-os com suas características demográficas e psicográficas.

Os críticos desse modelo comentam que não há evidências científicas de relações entre as características de personalidade, medidas pelos testes, e a previsão de modos de compra.

## 4.7 Algumas reflexões e críticas sobre o embasamento teórico do modelo de tipologias

As tipologias constituem um campo atraente para os profissionais de Marketing porque colocam as pessoas nos seus devidos lugares, com suas características definidas e seus modos de consumo e compra. Criando previsões sobre o comportamento do consumidor, o modelo de tipologias auxilia na construção de inúmeras ações e planejamentos, tais como previsões de vendas e de sucesso de lançamentos.

O modelo de tipologias, porém, encerra alguns problemas. O primeiro refere-se ao embasamento das leis do fenômeno estudado. Qual o objeto de investigação da área do comportamento do consumidor? É o ser humano, em um processo de escolha e troca de valor. Para esse fenômeno, o modelo de tipologias utiliza uma base positivista, isto é, aceita os critérios de regularidades, repetições, previsibilidade e generalização do comportamento. Vejamos cada um deles.

O critério de regularidade aceita o pressuposto de que o fenômeno estudado tem um grau de variabilidade estatisticamente insignificante e que se podem traçar perfis de média e desvio-padrão da repetição do fenômeno. Nos vários estudos com que tivemos contato ao longo dos anos, porém, encontramos pesquisas que dão sustentação ao princípio de regularidade, mas não é difícil encontrar várias que não justificam o pressuposto. Conforme os princípios explicativos colocados no início deste livro, o ser humano busca regularidades e ordem na vida, mas também a superação dessa ordem, o que confere dinamismo e mudança à suposta regularidade.

O critério de repetição do fenômeno admite que, mantidas as condições ou variáveis, o fenômeno irá se repetir. Da mesma forma, as pesquisas sobre o comportamento humano ainda não dão completa sustentação a esse ponto. Um exemplo simples é o brinde de final de ano dado pelos *shoppings*, que mostram que, se repetindo as condições (o tipo de brinde), há maior probabilidade de o fenômeno (ir àquele *shopping*) *não* se repetir.

O critério de previsibilidade é decorrente dos dois anteriores. Se um fenômeno é regular e possível de ser repetido, sob dadas condições, podem-se criar graus de certeza de previsibilidade de ocorrência do fenômeno. No caso do consumo, seria como dizer que, se enfeitarmos a loja da mesma maneira e com os mesmos preços que no carnaval passado, poderemos ter um alto grau de certeza sobre a mesma base de vendas. Como esse critério depende dos anteriores, a discussão sobre sua validade é a mesma anterior.

O critério de generalização aceita o pressuposto de que os fenômenos podem ser estudados em amostras e podem-se generalizar os resultados para todo o universo. Assim, quem estudou os peixes de um rio poderá generalizar suas observações para todos os peixes da mesma espécie. A generalização do comportamento de consumidor mais utilizada e atraente em Marketing é a que está enquadrada no chamado Marketing Global. Sua hipótese é de que as pessoas têm traços e comportamentos semelhantes no mundo todo, independentemente de origem, raça, país etc.

O problema da generalização, conhecido como problema de Hume,[5] coloca os limites de sua conclusão e, portanto, de sua aplicabilidade. Podemos sustentar uma hipótese (por exemplo, *as mulheres gostam de cervejas suaves*), mas jamais poderemos prová-la, pois a prova requer observar todas as mulheres que estão tomando cerveja.

Quando tentamos generalizar o método de previsão de comportamento para pessoas normais, esbarramos em sua variabilidade e liberdade de comportamentos (é exatamente por isso que são pessoas normais). Podemos afirmar que as tipologias podem ser utilizadas como orientadoras de hipóteses iniciais sobre o comportamento de consumo, mas não como conclusões para os cálculos de demanda.

---

[5] O filósofo David Hume propôs o método de generalização e criticou, ao mesmo tempo, a falha de não se poder nunca concluir sobre a veracidade da hipótese que nasce da observação de amostra. Podemos afirmar que todos os patos são brancos, mas jamais poderemos olhar todos os patos do mundo para afirmar que a hipótese é verdadeira. De outro lado, encontrando-se um único pato que não seja branco, a afirmativa é considerada falsa. Em escritos modernos, Popper (1974) afirma ter resolvido o dilema de Hume com seu modelo de tentativa e erro.

## 4.8 Alternativas de tipologias

Existem muitas tipologias possíveis, já que a forma de se dirigir ao fenômeno (o consumo) pode se dar por meio de $n$ variáveis. Zaltzman e Motta (1996) estudaram outras tipologias menos conhecidas, focando o segmento da terceira idade. As formas de se obter informação, por exemplo, podem construir uma tipologia interessante nesse segmento. Nesse caso, relacionam-se os dados demográficos e os psicográficos com o número de fontes de informação, o tempo gasto e tipo de veículo (mídia, amigos, ex-consumidores etc).

Existe outra tipologia, embasada no estruturalismo, o qual tem muitas vertentes; uma das que mais nos interessam diz respeito ao estruturalismo funcional, defendido por Malinovski, Radcliffe-Brown et al. (apud Demo, 1995). Segundo essa visão, existem certas funções básicas invariantes na sociedade, independentemente do grupo, tais como regras e valores. Essa tipologia é mais defensável que a embasada em traços individuais, porque seu objeto de estudo é diretamente observável (as regras e os rituais dos grupos); sua variabilidade é pequena (alguns poucos modelos básicos) e seu grau de mutabilidade é menor (as regras mudam lentamente com o tempo). Assim, a regra anglicana de permissão de riqueza dá aos norte-americanos religiosos uma liberdade de consumo que os latinos católicos não têm (independentemente do poder econômico envolvido). De outro lado, a regra de convivência social dos latinos incrementa produtos e serviços de sociabilidade, tais como grandes festas de casamentos, reuniões as mais diversas e consumo de bebidas.

Algumas abordagens que buscam base para os planos de Marketing Global acabam apoiando-se em tipologias estruturalistas. Para essas abordagens, existe base em se falar em um executivo mundial, em um estudante mundial, em um usuário da internet mundial, em um consumidor mundial de refrigerante dietético.

Existe um outro tipo de tipologia, com forte embasamento estatístico, que se cria a partir de ferramentas de bancos de dados atuais. Com tratamentos estatísticos sofisticados, como análises multivariadas, as empresas estão construindo perfis mais detalhados e atualizados de seus consumidores (ou seja, com um número maior de variáveis) e, o que é mais importante, aprendendo a criar novas hipóteses sobre eles. Bancos, operadoras de cartões de créditos, rede de lojas de moda, lojas de automóveis, empresas aéreas e provedores de internet são alguns exemplos de ramos de negócios que têm bancos de dados com milhões de cadastros.

Utilizando ferramentas de programas, como o SPSS, é possível construir segmentos e cruzamentos em uma variedade muito grande. Os métodos multivariados têm os mesmos objetivos da investigação científica positivista, ou seja:

- Redução de dados e simplificação estrutural, sem perda da qualidade de informação. Exemplo: análise fatorial.
- Grupamentos: diante de um quadro amplo de dados de sujeitos, estariam eles organizados em grupos com características semelhantes? Exemplo: método de *cluster*.
- Investigação de dependência entre variáveis.

◆ Predição.

◆ Construção e teste de hipótese.

Trata-se dos mesmos princípios do grupamento e predição do positivismo clássico, mas com a diferença de uma amostra bastante elevada e de ferramentas de análise exaustivamente testadas. Uma situação é você reunir 60 relatórios de vendas de um corretor em um lançamento imobiliário, com todos os vieses de coleta; outra é realizar uma análise fatorial e de *cluster* em uma amostra de 200 mil consumidores, cadastrados em um banco de dados que cresce e se atualiza diariamente. Uma simples análise fatorial aplicada a esse banco de dados poderia mostrar um perfil atualizado das buscas dos consumidores, direcionando novos modelos de propaganda.

Outra ferramenta de análise multivariada, a análise discriminante, fornece dois excelentes caminhos para o profissional de Marketing. Por um lado, pode-se determinar a qual grupo um sujeito pertence; por outro, a previsão também pode ser aplicada para dizer, por exemplo, se um sujeito deveria ou não pertencer a um grupo (como no caso da admissão em uma empresa). O método também permite comparações discriminantes entre grupos. Por exemplo, em uma classe de estudantes podemos ter rendimentos A, B e C. Esses grupos são realmente diferentes?

Mais uma ferramenta muito utilizada em pesquisas de mercado é a *análise de cluster*, que lida com dados métricos e não métricos, possibilitando o uso de pesquisas qualitativas, cujos dados são transformados pelo programa.

Também ao se lidar com variáveis não métricas, como as relativas a julgamentos e valores, há ampla aplicação do instrumento denominado análise manova. Testes como a análise de qualidade do produto, o julgamento da adequação do consumo e a confiança no produto influenciam variáveis métricas como gastos mensais e frequência de recompra. Para a análise dessas inter-relações, a anova e a manova constituem boas ferramentas, até porque possibilitam testes não só de correlações, mas também de grupamentos, o que auxilia ou complementa *análises de clusters*.

Particularmente interessante para nós é o método de equação estrutural, que é um exemplo de construção de teorias do momento. A equação estrutural consiste em desenvolver um modelo teórico (um conjunto de hipóteses) sobre determinado fenômeno. O criador da equação pode até estabelecer relações absurdas, que a ferramenta vai informando quais relações se mantêm e quais não.[6]

## 4.9 As tipologias no Marketing Global

O pressuposto básico das tipologias, ou seja, de que pessoas podem ser agrupadas por semelhanças, rompeu as barreiras dos limites geográficos dos países, em um movimento denominado globalização.

---

[6] É claro que estamos apenas indicando os termos técnicos estatísticos, sem nenhuma pretensão de explicá-los. Para uma leitura completa, veja Hair (1998), de onde essas informações foram retiradas.

Podemos afirmar uma tendência de globalização das culturas, com a aproximação de pessoas de países diferentes? Existiria um consumidor global? Pelo lado factual, há evidências a favor. Empresas que dizem ter estratégias globais, como a Coca-Cola e o McDonald's, são capazes de criar propagandas globais com imagens que seriam decodificadas em qualquer parte do planeta. Pelo lado teórico, Levitt (1995) afirmava que a comunicação ao alcance de todos rompia os limites culturais. Sua tese, aceita por muitos profissionais, é de que os seres humanos têm necessidades semelhantes (ver a tão ensinada teoria das necessidades de Maslow, 1954), mas criaram rituais diferentes para supri-las. A comunicação, interligando os rituais, nivela-os, aproxima-os; surge o consumidor que se comporta de maneira semelhante. Os antropólogos vêm em auxílio dos pressupostos de Levitt, colocando que existem atitudes culturais universais (ver Murdock, apud Keegan, 1999, p. 94), tais como modalidades esportivas, adornos culturais, namoro, dança, arte decorativa, educação, ética, etiqueta, festas familiares, tabus alimentares, linguagem, casamento, horários de refeição, medicina, luto, música, direitos de propriedade, rituais religiosos e regras de residência. Em todos esses exemplos, seria possível construir perfis de consumidores globais.

Alguns sociólogos, embora pretendendo criticar o conceito de globalização, acabam por dar elementos de sustentação à teoria. Um dos argumentos é que a dominação de uma classe sobre outra, por meio da comunicação, tem como consequência a perda de alguns valores da cultura domesticada. O que eles querem dizer é que a dominação de uma classe sobre outra se dá pela comunicação e que a globalização é o efeito (e não a causa) das semelhanças entre as pessoas. A globalização não seria um fato estabelecido, como afirmam os dirigentes de empresas, mas consequência de uma política de comunicação.

De outro lado, a teoria da globalização (preferimos colocar como teoria, em vez de fato estabelecido, para fomentar a reflexão) não consegue defender-se de alguns fatos que a contradizem. Um dos mais conhecidos é a Disney francesa, que necessitou adaptar-se aos costumes locais, sob pena de fechar as portas. O McDonald's vende um serviço global, que é a rapidez (*fast*), porém seu produto (*food*) sofre inúmeras adaptações conforme a cultura do local da loja. Ainda sobre o McDonald's, suas vendas seguem padrões diferentes em vários países, sugerindo diferenças de preferências dos consumidores.

Livros como o *Paradoxo global*, de Naisbitt (1994), têm discutido que, juntamente com a globalização de comportamentos, surgem regionalizações tão fortes quanto aquelas, tais como o renascimento de línguas, rituais, esportes esquecidos por gerações, força de moedas nacionais e nascimento de países. No Brasil, a globalização de comportamentos como se alimentar rapidamente e comunicar-se pelo celular e pela internet está lado a lado com comportamentos regionais, como aprender a língua tupi-guarani, capoeira e se casar em uma fazenda.

Como se percebe, a questão da globalização do consumidor enseja discussões. O uso de tipologias de consumidores globais tem ajudado inúmeras empresas nas suas estratégias de produção, preços, distribuição e comunicação. A onda de fusões no mundo inteiro, com as empresas padronizando seus serviços, só parece ser possível se houver um consumidor padrão que sustente tais ações.

De outro lado, as empresas de nicho, que atendem expectativas específicas de certos grupos, apresentam tanto sucesso de crescimento e competitividade quanto as grandes empresas. Programas de rádio ou de televisão que tratam exclusivamente de um assunto; agências de viagens especializadas em um único programa ecoturístico ou em estudantes de uma única série; tratamentos personalizados de dieta; *spas* urbanos e bicicletas personalizadas são alguns exemplos de nichos de mercado.

Outra questão interessante é: será que a globalização dos consumidores está restrita a comportamentos de compra e uso que são massificados pela comunicação, ou estamos assistindo a uma mudança mais profunda dos desejos, das expectativas e das características da personalidade das pessoas, modificando padrões de identidade historicamente construídos à sombra do meio cultural em que o indivíduo estava inserido? Podemos caminhar para uma cultura e uma personalidade única? Os milhões de internautas no mundo inteiro, sem nenhum contato cultural anterior, são tão semelhantes em seus comportamentos que nos levam a refletir se a aldeia global já não está instalada.

## 4.10 Comentários sobre o modelo das tipologias

Como já afirmamos, as tipologias são muito aceitas na área de Marketing porque colocam as pessoas nos seus devidos lugares, com suas características definidas e seus modos de consumo e compra. Com pesquisas de intenção de compra e tipologia definida, os planos de Marketing têm construído previsões de demanda e, portanto, de vendas, seja em lançamentos, seja em incremento de vendas. Estudar a fundo os tipos parece ser um caminho seguro para as equipes de vendas e produção. Uma revisão dos estudos, porém, mostra que ainda há pouca correlação estatística entre o tipo de consumidor e a predição de comportamento. Por quê?

Entendemos que os estudos em Psicologia e Sociologia avançaram o suficiente para definir a importância e o lugar das teorias de traços de personalidade e dos tipos sociais, tão populares, eficientes e necessários nos tempos da Primeira e Segunda Guerra Mundial. Acontece que as personalidades neuróticas e psicóticas estudadas naquela época (e até hoje) têm como característica *exatamente a diminuição de seu leque de comportamentos* (por isso são doentes), tornando-se pessoas previsíveis, o que não ocorre com pessoas normais, que apresentam variabilidade e liberdade de comportamentos (exatamente por isso é que são pessoas normais). Se você estudar o comportamento de consumo de neuróticos graves, talvez encontre regularidades e possibilidades de previsões.

Resumindo algumas vantagens e desvantagens do modelo de tipologias, teríamos o seguinte quadro:

*Quadro 4.1* – Resumo das vantagens e dos limites do modelo de tipologias.

| Vantagens do modelo de tipologia | Desvantagens do modelo de tipologia |
|---|---|
| 1. Simplicidade de compreensão.<br>2. Cria previsões do comportamento, o que é valorizado no Marketing.<br>3. Tem grande apoio teórico nas ciências exatas e biológicas.<br>4. É adequado para as situações de lançamentos de produtos e estudos de novos mercados.<br>5. É um bom ponto de partida para o estudo de grandes populações.<br>6. Os tipos de personalidade embasados em atitudes e valores mostram estabilidade (e previsão) do comportamento (pelo menos nos testes psicológicos). | 1. O consumidor típico é como uma fotografia, que logo perde sua validade.<br>2. Não há sustentação empírica entre o tipo de consumidor e seu comportamento de consumo.<br>3. Os estilos de vida parecem mais invenções dos administradores do que realidades existentes no mercado. |

Como conclusão, sugerimos que as tipologias sejam utilizadas como critério de segmentação, por exemplo, para o início do planejamento de ações de distribuição e de comunicação, mas é arriscado colocá-las como o fundamento de planos de marketing e previsão de vendas.

Para se familiarizar com o raciocínio de tipologia, você ou as pessoas interessadas pode(m) solicitar a gerentes de negócios que definam seus consumidores típicos e analisar as respostas obtidas, verificando as falhas. Pode(m), também, treinar a construção de consumidores típicos de negócios bem conhecidos, tais como os de *videogame*, futebol, feira de artesanato, surfe e creme redutor de celulite. Em seguida, discutem-se os critérios de validação da construção dos tipos. Por fim, se você tiver possibilidade, crie o consumidor típico do seu negócio, faça previsões sobre seu comportamento e acompanhe os resultados a favor e contra a sua teoria.

Por fim, tipologias que nascem de bancos de dados, ou de amplos estudos sobre os movimentos culturais são renovações saudáveis da teoria dos tipos humanos. Já o uso de tipologias clássicas, como as derivadas do modelo de Jung,[7] do início do século, em que o padrão comportamental do europeu de classe média tinha um leque muito estreito (pelo que deduzimos da literatura científica e dos romances da época) para os planos de marketing dirigidos aos mercados ocidentais da década de 2010, é arriscado. O mínimo que podemos fazer (e temos conhecido iniciativas brilhantes de alguns gerentes de empresas) é criar tipologias mais modernas, teorias do nosso momento. Mesmo assim, seria interessante utilizar os resultados da tipologia como ponto de partida de planejamento e ações, acompanhada de constante controle de seus possíveis erros e desvios de construção.

---

[7] Para os interessados na tipologia de Jung, sugerimos o livro do autor, mencionado nas Referências Bibliográficas deste Capítulo.

## Referências Bibliográficas

ALMEIDA, S.; JOLIBERT, A. A influência do humor sobre a compra impulsiva. *Revista de Administração,* v. 28, n. 4, p. 36-50, out.-dez. 1993.

BUTCHER, H. *A inteligência humana.* Tradução de Dante Moreira Leite. São Paulo: Perspectiva, 1972.

DEMO, P. *Metodologia científica em ciências sociais.* 3. ed. São Paulo: Atlas, 1995.

HAIR, J. *Multivariate data analysis.* 5. ed. New Jersey: Prentice-Hall, 1998.

HALL, C.; LINDZEY. G. *Teorias da personalidade.* Tradução de Lauro Bretones. São Paulo: EPU, 1973.

JUNG, C. *Tipos psicológicos.* 3. ed. Rio de Janeiro: Zahar, 1976.

KARSAKLIAN, E. *Comportamento do consumidor.* São Paulo: Atlas, 2000.

KEEGAN, W. *Princípios de marketing global.* Tradução de Sonia Schwartz. São Paulo: Saraiva, 1999.

LEVITT, T. *A imaginação de marketing.* 2. ed. São Paulo: Atlas, 1995.

LICHT, R. *Variáveis psicológicas na composição do corpo de executivos em uma administração brasileira.* São Paulo, 1994. Tese (Doutorado) – Instituto de Psicologia da USP, 1994.

MASLOW, A. *Motivation and personality.* Nova York: Harper and Row, 1954.

NAISBITT, J. *Paradoxo global.* Tradução de Ivo Korytowski. Rio de Janeiro: Campus, 1994.

POPPER, K. *A sociedade aberta e seus inimigos.* Tradução de Milton Amado. São Paulo: Edusp, 1974.

SCHWARTZ, S. Universals in the content and structure of values: theoretical advances and empirical tests in 20 countries. *Advance in Experimental Psychology,* v. 25, n. 1, 1992.

ZALTZMAN, C.; MOTTA, P. Segmentação de mercado dos consumidores mais velhos segundo seus perfis de estilos de vida. *Revista de Administração da USP,* v. 31. n. 4, out.-dez. 1996.

# Capítulo 5

## O comportamento do consumidor inserido em um grupo social

*"Diga-me com quem andas e te direi o que consomes."* (adaptação nossa)

Neste capítulo, colocamos o consumidor em um meio social para discutirmos sua interação nos grupos e os resultados disso nos comportamentos de consumo. Parte da Sociologia e da Psicologia Social tem procurado explicar o consumo a partir do objeto de análise "grupo" e não "pessoa", como faz a Psicologia. O princípio básico dessa abordagem é que as regras determinam os papéis sociais e podem ser fortes o suficiente para determinar também os tipos de produtos e serviços a serem consumidos.

Um ponto importante deste capítulo é o conceito de identidade grupal, que explica as necessidades de consumo das pessoas conforme os papéis que devem ser mantidos no grupo. O profissional que desejar utilizar o modelo social deverá entender as regras dos grupos de que seus consumidores participam, as quais determinam seu comportamento.

O campo de pesquisas nessa área é muito amplo, incluindo grupos especiais, como a família, e alguns papéis sociais em mudança, como os papéis de adolescente e de criança.

### 5.1 Conceitos de grupo

Quando falamos de grupo, tocamos no assunto de convivência, de influências recíprocas e das relações entre pessoas. Tal como em outras abordagens, aqui encontraremos inúmeras teorias sobre as relações sociais, desde as teológicas e as biológicas até as modernas cósmico-energéticas. Autores como Carl Rogers (1977) e Erich Fromm (1980) realizaram as tarefas de buscar as definições e uma síntese, mas o assunto não se esgota.

Segundo Fromm, o ser humano, *na sua evolução, perdeu sua força instintiva*;[1] não contando mais com padrões genéticos que possam dirigir os comportamentos relativos à reprodução, à alimentação, ao ataque e à defesa. Ele se tornou instintivamente fraco em comparação com outros animais. Um animal recém-nascido pode sobreviver sozinho, um bebê jamais o poderia. De outro lado (não sabemos se foi uma compensação), o ser humano ganhou consciência: é o único que pode pensar e se colocar no futuro; que pode ser ou fingir ser outro que não ele mesmo (um ator, por exemplo); que *"sabe"* que vai morrer e pode sofrer por antecipação; que pode construir e mudar planos de vida; que pode escolher o que fazer, o que vai ser, o que vai possuir.

Nessa linha de raciocínio, a hipótese sobre a vida em grupo afirma que, em razão dessa fraqueza e do conhecimento de seu aspecto mortal, o ser humano viu-se impelido a viver em grupo e a criar regras que lhe possibilitassem sobreviver melhor e por mais tempo. Cada um de nós se vê solidário na convivência com nossos semelhantes e na possibilidade de, juntos, diminuirmos nossa angústia básica da morte.[2]

Devemos frisar que essa hipótese não utiliza a noção de regras instintivas de convivência dos animais, que tem padrões repetitivos e pouco variáveis. Ela afirma que o homem *cria* regras, as quais podem variar conforme o grupo em que nasceu.

Assim, o surgimento do que chamamos sociedade está ligado ao nascimento de regras: como se reproduzir, se alimentar, se defender e atacar (em relação a outros grupos), como se sentir menos só. Esse conjunto de regras que molda as relações entre as pessoas, visando ao seu bem-estar e à sua segurança, é o que chamamos de sociedade. As escolhas das regras a seguir determinam as ações de consumo. Retornando à questão básica sobre por que vivemos em grupos, encontramos uma confluência de teorias que afirmam ter sido esse o modo que o ser humano criou para sua sobrevivência e segurança.

## 5.2 Formação de grupos

Ao afirmarmos que um grupo existe quando é regulado por um conjunto de regras (um grupo de 22 pessoas obedece às regras do futebol para que o espetáculo aconteça), surge a questão de como ele se inicia. Esse conhecimento auxiliaria os

---

[1] A questão da evolução humana é fascinante, mas consideramos que ela não cabe aqui. Para o leitor interessado, recomendamos o livro de Fromm, *Psicanálise da sociedade contemporânea*, relacionado ao final do capítulo.

[2] Por vezes, a discussão sobre a sociabilidade do ser humano pode se desviar do principal, ao levantar os argumentos das iniquidades humanas da guerra, da fome, dos homicídios. A questão básica é que, mesmo nessas situações extremadas de egoísmo e desconsideração por um semelhante, *sempre se encontra a experiência de uma convivência, mesmo que seja de um grupo contra outro*. O próprio sentimento de solidão só tem sentido na consciência da existência de seu oposto, a solidariedade. Alguém só pode se sentir só se souber da existência de uma vida em grupo.

Em um texto filosófico extremamente complexo e de difícil leitura, Heidegger (1981) discutiu essa questão do fundamento do ser-com (fazer parte de um conjunto, sendo anônimo), considerando-a uma característica fundamental do ser humano.

profissionais a criarem prognósticos sobre as tendências do conjunto de regras e sua influência no consumo.

Há uma diferença entre um aglomerado de pessoas e um grupo, que reside na existência, no conhecimento e na disseminação de regras compartilhadas com fins específicos. O conjunto de pessoas em um elevador não constitui um grupo, pois elas não criaram regras entre si; ao contrário, juntam-se e separam-se em poucos segundos. Se, porém, houver uma pane no equipamento e o socorro demorar duas horas, seguramente veremos surgir as primeiras regras de convivência. No primeiro dia de aula do primeiro ano de faculdade, os alunos não se conhecem, não conhecem as regras da instituição e ainda não criaram regras entre si. Eles ainda não formam um grupo. Os passageiros de um avião seguem as normas de segurança de vôo, mas não constituem um grupo, porque *não criaram regras comuns.* Eles estão juntos por acaso e irão se separar ao fim da viagem. Se, porém, o avião tiver uma pane e pousar em um local pouco acessível, tendo de esperar dois dias pelo socorro, então, os passageiros irão se organizar, criando um grupo.

O nascimento de um grupo, portanto, *ocorre quando os participantes criam as primeiras regras* que orientam as ações das pessoas que pertencem a ele. No exemplo do avião, depois do susto da aterrissagem, à noite, em um local deserto, alguém diria: "*A primeira coisa que temos a fazer é uma fogueira*", e as pessoas começariam a agir. Não podemos deixar de observar que essa primeira regra, como toda regra, é uma teoria, uma suposição sobre o que é melhor para todos naquele momento.

Observações repetidas têm mostrado que o *segundo passo da formação de um grupo é a divisão de tarefas*. É o momento em que surgem outras regras e a necessidade de se verificar quem pode cumpri-las. Em nosso exemplo do avião, alguns poderiam se considerar mais aptos a fazer a fogueira, outros pegariam a lenha, outros fariam barracas, outros ficariam responsáveis pela organização. Em grupos de trabalho na empresa, alguns se tornam mais questionadores, outros são mais piadistas, outros nunca falam, outros parecem líderes. Esse é o nascimento dos papéis sociais. As pesquisas sobre a formação de grupos mostram que em todos eles surgem papéis bem estabelecidos, como o líder, o do contra, o apaziguador. Há evidências de que, com o tempo, os papéis adquirem contornos mais definidos e o grupo parece chegar a um equilíbrio.

*O terceiro passo do nascimento e da manutenção de um grupo é a cristalização das tarefas.* Conforme as pessoas se especializam nos seus papéis e surge uma estabilidade de regras e relacionamentos, vai nascendo uma outra regra que transcende e une as anteriores. É a regra da não-mudança, em que a existência das regras do grupo torna-se mais importante que as habilidades ou transformações das pessoas. É nesse ponto que surge o mito do "grupo", isto é, os integrantes de um conjunto de regras começam a acreditar que existe um "algo" transcendente às pessoas, que deve ser mantido a qualquer custo. Existem conjuntos de regras, como o da religião católica, que pouco mudaram em séculos. Outros conjuntos, como o das regras familiares, sofreram mudança radical em apenas trinta anos. Já o conjunto de regras que determinam a beleza e a moda muda a cada seis meses.

Fundamentadas em evidências, as teorias sobre grupos concordam que, quando um grupo cristaliza seus papéis e ganha equilíbrio, ganha também uma força contrária, que tende à desintegração do grupo. Uma explicação possível é que, quando pessoas se vêem limitadas nas suas ações, não podendo mais criar, tentam fazer pressão para que a situação mude. Já comentamos a busca humana da superação de limites.

*O quarto passo na formação de um grupo é a quebra das regras e a queda dos líderes.* Cedo ou tarde, a situação de vida das pessoas e suas expectativas mudam, forçando a transformação ou a extinção das regras do grupo. Todos nós já passamos por muitos grupos na vida, e são raros os que continuamos a frequentar por anos a fio.

Quando um grupo se transforma ou se extingue, as pessoas se unem em novas regras, reiniciando o processo. Isso significa que teorias que nasceram da observação de alguns grupos também deixam de ter validade quando seu conjunto de regras se modifica. Cremos que, se Freud observasse a sociedade brasileira atual, dificilmente chegaria à mesma conclusão sobre a repressão sexual feminina.

Daremos um breve exemplo de consumo para ilustrar. Uma promoção de detergentes realizada por um supermercado dava dois tipos de brindes: uma flanela ou um brinquedo. Imaginando que o detergente e a flanela formavam um par coerente, o gerente comprou muito mais desse brinde do que do outro. Sua hipótese (teoria) é de que a dona de casa ficaria contente em levar dois artigos de limpeza pelo preço de um. Qual não foi sua surpresa ao verificar que o brinde contendo o brinquedo era escolhido na proporção de 7:3. Uma pesquisa muito simples (uma pergunta direta sobre o motivo da escolha) revelou que as compradoras já odiavam pensar na limpeza da casa, e uma flanela aumentava ainda mais essa imagem negativa de "dona de casa", enquanto o brinquedo alimentava o papel de "mãe que gosta e se preocupa com o filho". É um exemplo de mudança de regras ou funções da mulher, que atualmente não se interessa pelo papel de "dona de casa".

## 5.3 A identidade grupal e a relação com o consumo

Há um consenso nas teorias de Psicologia e Sociologia de que cada pessoa busca criar uma imagem de si mesmo, respondendo à questão *"Quem sou eu"*. Essa imagem é construída a partir das experiências da pessoa nos níveis de relações: com seu corpo, conhecendo seus limites e capacidades; com suas idéias, conhecendo suas emoções e conceitos; com os objetos, conhecendo sensorialmente o mundo, e com as pessoas, seguindo e criando regras de convivência. Neste nível, ao participar de vários grupos com diferentes regras, as quais cruzam as habilidades da pessoa com o papel assumido, cada um vai criando uma imagem mental sobre quem é socialmente e o que pode realizar em um grupo.

A identidade, portanto, é uma construção mental, uma teoria do sujeito sobre si próprio. Para conhecer a teoria de cada um sobre si próprio, pode-se solicitar: *"Fale sobre você"*. A identidade determina uma série de comportamentos, regulando as ações. Quando alguém diz que é um *"dedicado pai de família"*, está apontando uma série possível de comportamentos, inclusive de consumo. No capítulo sobre tipologia, vimos como algumas palavras-chave de identidade tentam correlacionar certos adjetivos com o comportamento de consumo. Talvez haja maior probabilidade de um sujeito que se considera "inovador" comprar produtos novos que o "conservador".

A identidade grupal, por sua vez, é o conjunto de adjetivos e regras de comportamento de cada pessoa *dentro* do grupo, isto é, especificamente nas suas relações com os grupos aos quais pertence. Quando se diz que alguém é "*dark*" ou "patricinha"[3] se refere a um grupo ao qual essa pessoa pertence e a um conjunto de comportamentos.

Conhecendo as regras de identidade grupal de um nicho de mercado, podemos compreender os hábitos de consumo dos sujeitos do grupo e criar estratégias que levem ao nosso produto. Um produto bem brasileiro, a novela televisiva, apoia-se na base de que seus consumidores vêem nas personagens um estilo de vida a ser imitado, uma identidade bem delimitada de *quem sou eu* (porque as personagens repetem algumas falas que as identificam), uma espécie de grupo ao qual gostariam de pertencer, e o caminho para tal são os comportamentos, incluindo os de consumo. Não é por acaso que um capítulo de novela está recheado de *merchandising*.

## 5.4 Papéis e grupos especiais: a família

Grupos especiais, como o familiar, em torno do qual há uma variedade imensa de negócios, geram muitas pesquisas. O conceito de família, porém, não é único e deve ser capaz de explicar as mudanças atuais, como a reorganização do poder no grupo familiar e os planos de não ter filhos ou no máximo um filho. Vejamos resumidamente algumas das teorias vigentes sobre a família e as consequências práticas para os profissionais diretamente envolvidos com os consumidores.

- *A família biológica*: Conforme essa definição, a função dos pais é prover a sobrevivência de seus filhos até que eles tenham condições de inverter a situação.

    Em termos de consumo, o profissional que adota esse ponto de vista cria estratégias dirigidas às necessidades básicas de sobrevivência, tais como expostas na teoria de Maslow (1954). Produtos e serviços que diminuem os riscos de vida, como hospitais, exames laboratoriais, campanha de prevenção de acidentes, estão entre os que utilizam imagens fundadas no conceito de família biológica.

- *A família psicológica*: Conforme essa definição, a função dos pais é prover a segurança emocional necessária a seus filhos, para que estes desenvolvam suas capacidades e adaptações.

---

[3] Termos de gíria da cidade de São Paulo da década de 1990, querendo designar características comportamentais. Pensando nos nossos quatro níveis, a imagem de uma pessoa *dark* é a de alguém com ideias pessimistas, que tem pouco cuidado com o corpo, de gostos extravagantes, tais como fazer piquenique no cemitério, e pouco convívio social, buscando basicamente seu grupo. A imagem da *patricinha* é a de uma jovem sem ideias próprias, que segue as regras do consumo de massa, que cuida do corpo e o exibe como troféu, adora ter objetos que denotem *status* e tem um convívio social amplo, desde que as pessoas ao seu redor tenham os mesmos valores e crenças.

Em termos de consumo, o profissional que adota esse ponto de vista cria estratégias dirigidas aos laços afetivos que o consumidor teria com pais e filhos. Praticamente toda a linha de produtos infantis e de bebês o adota. Uma empresa utilizou durante anos uma frase que expressava esse conceito – "Não basta ser pai, tem de participar" – com a mensagem clara de que família existe para criar e manter laços afetivos, embora o produto vendido fosse destinado a pequenas lesões.

- *A família como realização pessoal*: Em algumas teorias de base psicanalítica, aceita-se o conceito de que a função dos filhos é concretizar os sonhos irrealizados dos pais. Acreditando nessa abordagem, alguns profissionais de Marketing têm criado estratégias de produtos e serviços dirigidos aos filhos, mas veiculando uma mensagem de que seria algo desejado pelos pais em outros tempos. Alguns fabricantes e distribuidores de brinquedos eletrônicos têm mostrado pais brincando tanto quanto ou mais que os filhos. A venda de produtos utilizando a imagem dos pais orgulhosos de seus filhos (nas mais diversas situações) também é amplamente explorada.

- *A família sociológica*: Conforme essa definição, a função dos pais é ensinar aos filhos os modos de convivência grupal, isto é, construir a ética e a sociabilidade.

    Em termos de consumo, os profissionais que adotam essa definição de família criam estratégias que visam dar ao consumidor a impressão de adaptação e crescimento social. Como exemplos podemos citar as propagandas de escolas particulares, que utilizam o "refrão" de que preparam o jovem para uma carreira reconhecida, além de lhe dar uma formação ética. No tocante a essa formação, as escolas religiosas da cidade de São Paulo ainda têm uma imagem positiva muito forte na avaliação dos consumidores.

- A *família econômica*: Conforme essa definição, o papel dos pais é criar condições econômicas para os filhos e, em última análise, sua própria condição. A infância e adolescência seriam vistas como uma fase de "investimento" rumo à maturidade econômica.[4] O profissional que assume esse ponto de vista cria estratégias que reforçam o patrimônio familiar ou pelo menos a esperança de que venha a existir, tal como se verifica na aquisição de imóveis, cadernetas de poupança ou escolas particulares que garantam um futuro profissional rentável.

Como verificamos, não foi difícil encontrar cinco teorias diferentes sobre um tema cuja definição parecia tão óbvia. Qual adotaremos? Por quê? Que vantagens a teoria escolhida oferece em relação às outras?

Devemos ter cuidado com o uso de teorias, conhecendo suas origens e os fatos constituintes da época de sua criação. Um hotel-fazenda de São Paulo que insistia na

---

[4] Inclusive o uso da expressão "investir na educação, no futuro dos filhos" é muito disseminado na chamada classe média, acostumada a utilizar alguns termos econômicos.

mensagem de os pais darem o melhor para seus filhos, mostrando a família unida, descobriu, por meio de uma simples pesquisa realizada por alunos, que esses pais desejavam ter alguns dias longe dos filhos, deixando tudo a cargo dos monitores. A mudança do enfoque em comunicação só foi possível quando os diretores da empresa aceitaram o modelo de família que estava na cabeça dos consumidores, e não o anterior, politicamente correto mas inadequado à situação atual.

Em um interessante fórum de debates numa escola de Marketing de São Paulo, a psicóloga Rosely Sayão lançou a hipótese de que a grande mudança na estrutura da família tradicional para a moderna está no foco: a tradicional tinha foco nos pais (com as consequências da autoridade, da mitificação e da imitação dos filhos) e a moderna tem foco nos filhos (com as consequências da autoridade diluída, da desqualificação dos pais como modelos para os filhos e da liberdade de escolha, desde crianças). Essa mudança de foco explicaria o enorme poder de consumo dos adolescentes e das crianças (porque podem decidir) e a predominância de padrões de comunicação que exaltam a juventude e a liberdade.

Como se vê, as ações de marketing e de comunicação que têm como fundamento o modelo de grupo familiar precisam criar uma base de teoria antes da ação. Para se decidir qual deve ser a teoria, sugere-se que se façam pesquisas como a do exemplo do hotel e se criem seus próprios modelos.

## 5.5 Muda o papel da mulher, muda a organização da família

Um dos fatores de mudança da família está na entrada da mulher no mercado de trabalho. Como bem observou Naisbitt (1990, cap. 7), com as mudanças mercadológicas, como o surgimento de um consumidor mais exigente, o aumento da concorrência e o avanço da tecnologia, que tornou semelhante a maioria dos produtos, a exigência do consumidor quanto a serviços e necessidades econômicas (só a renda do marido não tem sido suficiente), as mulheres entraram no mercado de ponta (biotecnologia e atendimento), que é o menos resistente e o mais necessitado.

Adquirindo participação na produção e no orçamento doméstico, a mulher se viu na condição de poder modificar o processo de decisão de compra familiar. Artigos que ela não comprava, tais como carros e cursos técnicos, agora são decididos e consumidos normalmente. Com a saída da mulher de casa, quebra-se a espinha dorsal da definição biológica (os pais que cuidam da sobrevivência), da psicológica (que estão presentes e dão segurança) e da social (que ensinam um código de ética), e se fortalece a definição econômica. Uma criança não necessita mais da mãe para ser alimentada (existem produtos e pessoas que o fazem), nem para se sentir segura (já que professores e monitores são treinados para manter maior equilíbrio emocional), nem para aprender regras sociais (já que as regras não são tão fixas e há muitos lugares onde aprendê-las, incluindo escolas e a televisão).

Nesse desequilíbrio de funções e papéis, quebrou-se a hierarquia rígida pai-mãe-filho. Os pais passaram a conversar com seus filhos desde cedo, fazendo-os participar das decisões. As crianças de hoje chegaram ao ponto de dominar os pais, invertendo os papéis.

O que queremos ressaltar é que, embora aprendamos teorias na faculdade, elas devem ser revistas e, se possível, substituídas por outras mais atuais. Na falta de uma sistematização mais atualizada, nós mesmos podemos construí-las no dia a dia com os consumidores, refinando-as continuamente.

## 5.6 Muda o poder da criança e o do adolescente, muda a organização da família

A ideia de infância tal como a entendemos hoje é um dos resultados da revolução cultural e industrial do século passado. Com a mecanização e a especialização, diminuiu a necessidade de mão de obra inexperiente e se descortinou um período em que o jovem nada mais tinha a fazer, senão estudar para trabalhar. Com a ascensão econômica da classe média e o tempo disponível (além de muitos outros fatores, tais como o excesso de mão de obra), foi nascendo um mercado consumidor desses aprendizes, primeiramente voltado para a educação e sendo, aos poucos, focado no lazer, na sexualidade e na convivência social.

A explosão econômica do pós-guerra e a globalização da comunicação facilitaram a ascensão do grupo adolescente. Atentos a esses desenvolvimentos, os profissionais perceberam que os jovens estão decidindo cada vez mais cedo o que consumir. O consumidor infantil (na faixa dos 3 aos 10 anos) é um grande mercado que já decide por si e, muitas vezes, tem até o dinheiro para a compra.

Com a multiplicação de tarefas e exigências profissionais a que os pais estão submetidos e a variedade das correntes culturais, os adultos começaram a perder a segurança e a certeza sobre os rumos que pretendiam dar aos seus filhos e às suas próprias vidas. Temas amplos, como violência, competição, especialização, levantam dúvidas sobre como educar as crianças. Será que devemos proteger a criança de um mundo hostil, só permitindo a ela assistir desenhos animados na TV? Ou será que devem conhecer a parte ruim da realidade do mundo (violência, loucura, ganância) para se prepararem melhor? Devemos deixar que experimentem sua vida desde cedo, aprendendo com os erros? Ou devemos protegê-los até que tenham consciência e força para reagir?

Segundo Gunter e Furnham (1998), as crianças são um mercado por direito, já que possuem o dinheiro e a liberdade de opção de como utilizá-lo. Além disso, aspectos econômicos e culturais criaram no grupo de crianças um segmento com estilo de vida específico. Inúmeras pesquisas relatadas no livro de Gunter e Furnham mostram que o desenvolvimento da criança como consumidora está relacionado ao treino e à participação dos pais nesse tipo de comportamento; quando ela se torna mais socializada, sofre a influência dos amigos da escola e de outros adultos que participam de sua educação. Uma pesquisa datada de 1991 (Gunter e Furnham, 1998, p. 67) mostra que, entre os meninos, os produtos esportivos são os mais consumidos, enquanto entre as meninas são os bichinhos de pelúcia. O motivo de consumo dos sujeitos é predominantemente o prazer.

Buscando teorias mais atualizadas, Webley (apud Gunter e Furnham, 1998, p. 113) argumentou que, em pesquisas sobre o comportamento de consumo das crianças, deve-se buscar uma teoria distinta, econômica, em vez de se utilizarem as mesmas teorias aplicadas à educação. Segundo Webley, o aspecto importante nos fatores econômicos é que eles formam a base do poder na sociedade e nas relações interpessoais, tornando a posse um ato importante. Partindo dessa premissa, pesquisas questionando as crianças sobre a origem do dinheiro (que possibilita a posse) revelaram quatro categorias: 1) as crianças não têm a menor idéia dessa origem; 2) o dinheiro é independente do trabalho – alguém o dá às crianças; 3) o dinheiro se origina na troca com o comerciante; 4) o dinheiro vem do trabalho. Como o consumo é um comportamento de troca, pesquisas nessa linha são muito importantes.

A questão da mesada é outro interessante ponto de pesquisas. Algumas delas sobre esse assunto concluíram que não há dados corretos sobre quanto as crianças ganham de mesada, pois os critérios são variados e distintos. Em alguns casos, os pais dão à criança uma mesada simbólica (sem ensinar a ela o que fazer com o dinheiro); em outros casos é uma mesada de controle (caso ocorra algum imprevisto); em outros, ela é calculada sobre a alimentação; em alguns casos, é um dinheiro para outras opções, sobre as quais a criança pode decidir.

As crianças, portanto, não são adultos em miniatura que consomem. Elas têm estilos próprios, motivos próprios e processos de decisão próprios. O que valorizam nos produtos pode ser muito diferente do que é valorizado nos grupos adolescentes e nos grupos adultos. Para realizar pesquisas com crianças, portanto, é necessário deixar de lado algumas teorias e pressupostos da Psicologia e da Sociologia clássica, entre os quais a afirmativa de que o comportamento infantil é imitativo.

No tocante às técnicas, pesquisar as crianças implica utilizar técnicas projetivas e dramáticas ou até mesmo pesquisas de observação, já que as capacidades verbais sobre os acontecimentos são diminuídas.

## 5.7 Sugestão de algumas linhas de ação dos profissionais

A. O que chamamos de cultura e de sociedade está sendo definido como um conjunto de regras, que ditam quem pertence ao grupo; quem se diferencia ou não; quem é melhor que o outro, entre outras divisões. Como o ser humano precisa de relacionamento e segurança, submete-se a essas regras. Elas podem incluir o que fazer e o que ter – aqui entramos no reino do consumo. Para pertencer a um grupo de elite da diretoria de uma empresa, é possível que alguém aceite seguir regras como jogar tênis de manhã, estudar alemão e comprar um carro importado. Já são três atividades de consumo. Para pertencer a um grupo de jovens de seu bairro (pois ser aceito é muito importante), alguém pode aceitar seguir regras quanto ao que vestir, que lugares frequentar e que músicas ouvir.

Para cada grupo existe um conjunto de regras diferentes e um leque diferente de comportamentos de consumo. O profissional de mercado deve conhecer as regras dos grupos aos quais pertencem seus consumidores e os modelos de consumo adotados. Conhecer essas regras não é nenhum segredo: elas estão presentes na escola, na rua, no clube e permitem observação direta. Outra maneira de pesquisar as regras consiste em promover uma mesa-redonda.

Para entender as regras de um grupo, devemos começar *observando quem faz o que* entre as pessoas. Precisamos definir principalmente os seguintes papéis: o líder, o vice-líder, o do contra, o apaziguador, o saco de pancadas, o passivo. Esses papéis são suficientes para se começar a definir a dinâmica e a estrutura de um grupo. Das falas das pessoas, concluiremos sobre as regras existentes (conscientes ou não) para eles. Quando estivermos listando as regras, poderemos construir *uma teoria do momento* sobre o comportamento de consumo dos consumidores. Você tem de se perguntar, a cada regra: como ela se relaciona com o consumo de vários produtos? E do meu produto?

Para criar hipóteses sobre as regras de consumo de um grupo, devemos unir as regras (por exemplo, escrevê-las em várias folhas e colocar tudo em uma mesa) e visualizar que tipos de ações cada uma delas enseja. Não raro existem regras conflitantes, o que gera comportamentos de consumo e compra opostos (por exemplo, no caso da mulher que é executiva e mãe ao mesmo tempo). Com alguma prática, é possível perceber as ligações entre as várias regras e o tipo de papéis ou identidades que surgem delas.

Quer dizer, então, que um gerente de marketing precisa entrar na casa dos outros, observar famílias, andar nas ruas, nos *shoppings*, nas escolas e nos escritórios para observar como as pessoas seguem regras? Nada mais correto.

B. Existem na literatura alguns instrumentos que pretendem quantificar a influência dos grupos sobre os consumidores. É uma tarefa árdua, porque o reducionismo estatístico pode não ser capaz de apreender a organização e a dinâmica atuais de grupos com laços afetivos. As regras tornaram-se flexíveis e é por isso que incentivamos a construção de teorias do momento.

Como se constrói uma teoria sobre um grupo familiar? Entrando em contato com o seu objeto de estudo: a família. O gerente deve se esforçar por manter contato e conhecer as famílias de seus consumidores, observando o dia a dia do grupo, principalmente seus processos de decisão de consumo de algum item que envolva a todos (viagem, compra de imóvel, de carro, escolha de faculdade, entre outros).

Após alguma prática, será possível perceber as relações entre os comportamentos e as regras que as determinam. Por exemplo, se os pais de uma adolescente insistem várias vezes para que ela utilize o celular (aqui está o consumo), podem estar mostrando uma regra de controle quanto a horários e lugares em que ela irá. Os comportamentos, portanto, mostram as regras, as quais sugerem comportamentos de consumo. O objetivo de um profissional é descobrir quais são as regras básicas dos grupos.

C. Mesmo que o produto/serviço aparentemente não tenha nenhuma ligação com a família e se trate de uma escolha pessoal (comprar uma camisa, escolher a balada, assistir a um filme), quanto mais informações forem recolhidas sobre o ambiente que cerca o consumidor, maior probabilidade de se entender a origem das suas regras de compra e consumo. A camisa, a balada e o filme podem não ser decisões tão pessoais.

D. O profissional envolvido com artigos para crianças deve tomar alguns cuidados, especialmente quanto ao uso de técnicas de comunicação. Pesquisas mostraram que a veiculação de uma propaganda envolvendo uma personagem logo após seu programa faz com que a criança não perceba o fim e o início das duas atividades e fique muito mais sujeita à influência da comunicação.

## 5.8 A análise de filmes como exercício interessante

Em nossas reuniões e aulas, temos utilizado o recurso da discussão de alguns filmes que mostram as relações sociais e o consumo. Alguns filmes clássicos e fáceis de serem encontrados em locadoras, tais como *Rollerball – Os gladiadores do futuro (tanto o original como o refilmado)*; *Crash*; *As patricinhas de Beverly Hills*; *Sociedade secreta I e II*; *Beleza americana*; *Uma estranha entre nós* e *Crazy people*, podem ser utilizados para o exercício. Nos últimos semestres, temos analisado com mais cuidado o filme *Beleza americana*, cujo raciocínio é apresentado a seguir.

### 5.8.1 Sinopse do filme

O filme é o relato de Lester, um pai de família dominado pelas regras sociais familiares e da empresa onde trabalha, deixando nítido seu desânimo com relação à vida nas relações afetivas, nas sexuais, no seu trabalho e nas reuniões sociais. Um acontecimento fortuito, porém – a visão de uma linda jovem, colega de sua filha – desperta em Lester uma energia que o faz começar a quebrar, uma a uma, as regras dos grupos a que pertence. Demite-se do trabalho e faz chantagem para receber um bom ressarcimento. Fala com a esposa abertamente sobre sua frustração com relação a ela. Tenta se aproximar da filha, para seduzir sua colega. Atira-se aos esportes para poder impressionar a jovem. Aproxima-se de um rapaz vizinho que está namorando sua filha e no qual vê alguns comportamentos que passa a imitar, tais como fumar maconha e fazer o que der vontade. Ao mesmo tempo em que ele modifica seus comportamentos, todas as outras personagens mudam seus papéis, revelando outras facetas.[5] O final do filme (previsível, porque a própria personagem conta, desde o início, o que irá acontecer) mostra que ele incomodava os outros com seu papel contrário ao esperado. Antes de morrer, Lester já não é mais um pai de família de classe média, mas outra personagem sobre qual se deve refletir.

### 5.8.2 Análise conforme o modelo social

O ponto de partida da análise é que, para sua segurança, as pessoas precisam estar em grupo; para tal, deixam de lado suas habilidades e desenvolvem apenas os com-

---

[5] O jogo de papéis é rico e complexo, não sendo o caso de discuti-los aqui. É muito mais simples assistir ao filme.

portamentos desejáveis. Eventualmente, como ocorre no filme, alguém pode desenvolver uma consciência mais acentuada das determinações sociais a que está sujeito e se afastar do grupo que o influencia.

Uma análise ingênua, porém, é pensar que alguém pode se livrar de um grupo e ganhar sua liberdade. Isso só acontece nos filmes. O modelo social deixa claro que, ao se afastar de um grupo, o sujeito entra em outro grupo de referência, porque alguém só é humano quando é social. Assim, a personagem Lester só pode abrir mão das regras que regem os papéis de marido-pai-empregado quando aceita as regras dos grupos adolescentes rebeldes e dos grupos minoritários, claramente representados pela sua filha, por sua linda colega, pelo namorado da filha e pelo casal *gay* vizinho, todos adolescentes e jovens maduros que estão em outro mundo de regras.

Nossos alunos jovens, adeptos da liberdade, às vezes não conseguem entender nem aceitar que não há liberdade de fato, mas liberdade como regra. O adolescente e o excluído têm de ser rebeldes, pois é isso que se espera deles.

Os educadores e os gerentes que quiserem fazer um trabalho de grupo envolvendo a análise do filme *Beleza americana* podem colocar questões como:

- Que itens de consumo existem no início do filme e que regras sociais estão por trás deles? O carro da esposa, por exemplo, é um modelo tradicional, que é o resultado da regra: uma perfeita profissional-mãe-esposa de classe média norte-americana deve mostrar seu papel com objetos tradicionais.

- Que itens de consumo foram modificados da metade do filme em diante e que regras estão por trás deles? O carro de Lester, por exemplo, que passa a ser um modelo esportivo, tem por trás a seguinte regra: para estar no nosso grupo, você tem de mostrar que gosta de aventura, velocidade e não liga para a opinião dos adultos.

- Cite algumas regras da primeira parte do filme, ou seja, quando tudo parece funcionar.

- Cite algumas regras da segunda parte do filme, quando tudo parece desandar.

Nessa linha de discussão, é possível perceber como as regras comandam os comportamentos de consumo.

## 5.9 Sobre a técnica da mesa-redonda

Com a ajuda de um profissional de pesquisa, é possível ao gerente de Marketing obter informações sobre regras de grupos de maneira rápida e pouco custosa. Trata-se da técnica da *mesa-redonda*. Ela é aplicada a grupos homogêneos (pessoas padronizadas por algum item, por exemplo, integrantes de uma sala de aula ou do departamento de uma empresa). Devem-se escolher 8 a 12 pessoas e reuni-las em local apropriado, fora do seu ambiente de trabalho, em uma sala de reuniões. Após uma fase inicial de aquecimento, em que os coordenadores e os participantes são apresentados, lança-se um tema de discussão que tenha alguma relação com o produto ou serviço pesquisado. De início é uma questão ampla, porém, enquanto o debate se abre, os coordenadores vão encaminhando as colocações para o tema específico que lhes interessa.

Em um grupo de jovens que monitoramos, com pessoas de ambos os sexos, após o aquecimento, debatiam-se os pontos positivos e negativos do uso de produtos descartáveis. O ponto que nos interessava relacionava-se à intenção de compra e às possíveis imagens positivas e negativas do uso de roupas íntimas descartáveis. Em certo momento, houve referência ao uso de roupas descartáveis, com alguém comentando que na Europa isso era comum. Incentivamos o grupo a discutir esse ponto específico. Seria qualquer tipo de roupa? Em qualquer ocasião? Poucos instantes depois, foi possível lançar nossa pergunta básica: "E sobre roupas íntimas, principalmente calcinhas descartáveis, qual a impressão de vocês?". O grupo, formado por pessoas conhecidas entre si, que vinha em um clima ameno e de algumas piadas, explodiu em mil risadas e inúmeros comentários paralelos, alguns, mais audíveis, sobre situações de sensualidade e erotismo. Isso significou que o produto descartável incitava a imaginação, levando-nos a concluir que seria algo que despertaria interesse. Só interesse, porém, não é suficiente para vender. Foi quando alguém do grupo falou, como se representasse todos (e possivelmente ele era mesmo o porta-voz naquele momento), que tal assunto não podia ser tratado em grupo. Estava colocada a regra que protegia a particularidade da imaginação de cada um. Para nós, foi um momento em que compreendemos os limites de exposição de cada pessoa, isto é, que não adiantaria forçar dali em diante. Também compreendemos, graças a essa regra, que existiria um julgamento negativo no consumo do produto. Algumas frases e expressões que pudemos ouvir e ver na gravação nos fizeram perceber que aquele grupo consideraria uma mulher que usasse calcinha descartável anti-higiênica e sexualmente liberada (situação que causava fascínio nos homens e certo conflito entre as mulheres presentes). A regra evidenciou, pelo silêncio, aquilo que necessitávamos conhecer sobre aquele grupo.

Concluindo este capítulo, gostaríamos de comentar que a adoção do modelo social para explicar o comportamento do consumidor leva ao abandono das referências de pessoas como indivíduos, como seres independentes, como decisores dos rumos de sua vida. É adotar plenamente a filosofia da tábula rasa: o ser humano, ao nascer, não é nada, e a sociedade vai inserindo nele seus valores, suas crenças, moldando seu comportamento. Como foi dito ao início: "diga-me com quem andas e te direi o que consomes".

## *Referências Bibliográficas*

FROMM, E. *Psicanálise da sociedade contemporânea*. 9. ed. Tradução de L. A. Bahia. Rio de Janeiro: Zahar, 1979.

_____. *O medo à liberdade*. 12. ed. Tradução de Octávio Alves Velho. Rio de Janeiro: Zahar, 1980.

GUNTER, B.; FURNHAM, A. *As crianças como consumidoras*. Tradução de Aurora Narciso. Lisboa: Instituto Piaget, 1998.

HEIDEGGER, M. *Todos nós... ninguém*. Tradução e comentário de Dulce Mara Critelli. São Paulo: Moraes, 1981.

MASLOW, A. *Motivation and personality*. Nova York: Harper and Row, 1954.

NAISBITT, J. *Megatrends 2000*. 5. ed. São Paulo: Amana Key, 1990.

ROGERS, C. *A pessoa como centro*. São Paulo: EPU, 1977.

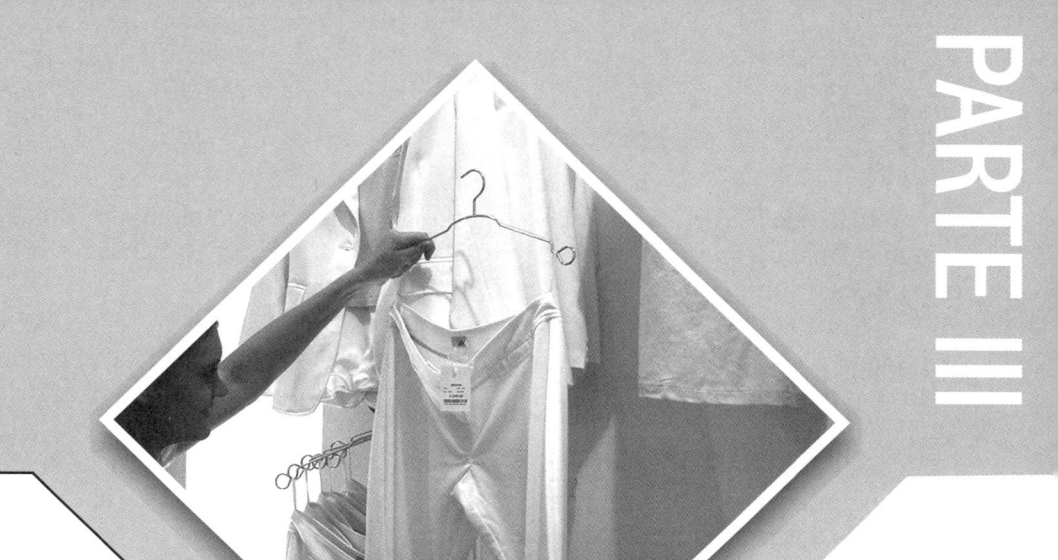

# O consumo entendido como um processo em etapas

**E**xistem situações, como a compra de um imóvel, em que há tanto envolvimento financeiro, emocional e de tempo que modelos econômicos, de tipologias ou sociais não alcançam a dimensão da sequência dos processos e das decisões por que o consumidor passa durante a procura, a compra e o uso do produto. Aqui surgem outros modelos que explicam o comportamento de consumo como uma sequência.

O pressuposto básico do modelo do comportamento do consumidor embasado em etapas consiste em o consumo ser um processo de escolha dinâmico. Podemos entendê-lo como uma série de passos que se inicia com as experiências e a consequente consciência das expectativas e termina com a avaliação pós-compra.

Cada passo tem características próprias, embora elas constituam o todo do processo decisório. Por exemplo, os gerentes dedicados ao desenvolvimento de novos produtos precisam conhecer muito mais as tendências de transformação das expectativas dos consumidores que os modos de compra. Já os profissionais mais próximos das ações de vendas e comunicações necessitam conhecer os modos de escolha das alternativas e os modos de compra.¹ Situações de crise, como a crise brasileira do início dos anos 1990 e a crise mundial de 2008/2009, em que o financeiro e o ético se modificam, podem quebrar os hábitos e criar novos padrões de critérios de escolha entre alternativas.

Em 1992 e em 2003, pesquisas informais demonstraram que o brasileiro estava julgando o valor real de venda de certos produtos (como automóveis, por exemplo) de forma muito distante do valor que considerava justo, aumentando o risco de compra. Quando ele se perguntava: "*Será que é correto e vale a pena este consumo?*", a resposta era "Não". Nesse caso, estudar o mecanismo de mudança dos critérios de julgamentos foi fundamental, como perceberam os empresários e o governo, levando a acordos que antes não existiam.²

O momento da compra, etapa considerada por muitos o fundamento do Marketing e do comportamento do consumidor, tem sofrido inúmeros estudos. Alguns afirmam que os consumidores preferem o autosserviço, o que elimina a figura do balconista ou atendente. No varejo de produtos de higiene e alimentação, isso é um fato. Outros afirmam que a relação vendedor-comprador só é completa e o consumidor só se sente bem atendido quando há um encontro físico. Ramos que necessitam de assistência constante, como a manutenção de máquinas, o uso de *software* e outros em que o consumidor valoriza o atendente, tal como no varejo de moda, seriam fatos a favor dessa hipótese.

O modelo em etapas, portanto, afirma que o comportamento de consumo é um processo que pode ser dividido em etapas, que têm características específicas e podem ser estudadas isoladamente.

Escolher significa deixar alternativas para trás. Uma boa escolha não deixa dúvidas ou culpas. Se um consumidor continua a pesquisar preços e condições de um artigo que já comprou, existe algo errado na escolha. Será que ele deseja certificar-se de que fez uma boa escolha?

Como a opção deve ser feita antes que se conheçam os resultados, surge a questão de como se processa a escolha de alternativas. Segundo Clemen (1996), uma boa decisão é aquela que minimiza os riscos. Na verdade, boa parte da literatura sobre a decisão está apoiada em pressupostos de processos racionais, mas, como veremos, aspectos emocionais e até sociais podem estar presentes no processo de escolha.

Alguns modelos integrativos procuraram organizar a complexidade de variáveis da compra e do consumo em algumas etapas. Entre eles, podemos citar o modelo de Nicosia, o de Howard-Sheth e o modelo de Engel, Kollat e Blackwell.³ Comentaremos brevemente os dois primeiros, já que o último será mais bem desenvolvido nos capítulos posteriores.

---

[1] Para os que desejam pesquisar campos emergentes, o estudo do canal internet como novo modo de escolha parece ser um tema interessante. Seria a internet mais um canal de vendas, ou sua influência pode levar a novos estilos de vida, tal como ocorreu com a influência da televisão?

[2] Em 1992, empresários, trabalhadores e governo uniram-se para criar um acordo que diminuísse o preço dos carros, pois o consumidor chegara a um ponto em que, mesmo tendo recursos, julgava os preços abusivos. Já não era só a crise econômica, mas uma questão de julgamento. Com a redução dos preços, os consumidores voltaram a comprar e assim continuaram, mesmo com os aumentos posteriores. A situação voltou a se repetir em 2003 e em 2010.

[3] Bons resumos podem ser encontrados nos livros de Tuck (1978) e Karsaklian (2000).

O modelo de Nicosia, criado na década de 1960, inspira-se em um sistema *input-output* e está bastante voltado para o tema da propaganda e da fidelidade de marca. Os *inputs* são as propagandas; os processos internos são basicamente predisposições para a compra; os *outputs* são a compra e o uso. São, portanto, quatro etapas. A primeira refere-se aos estímulos (propagandas) recebidos pelo sujeito, os quais, sendo analisados conforme predisposições anteriores, criam uma atitude (um julgamento favorável ou desfavorável à compra). A segunda etapa consiste na investigação das possibilidades de compra e no desenvolvimento da motivação para compra.[4] A terceira etapa é a compra propriamente dita, e a quarta etapa consiste no consumo e na troca de informações, alterando (ou não) a disposição para novos consumos.

O modelo de Nicosia é considerado ultrapassado e não gera pesquisas, mas acreditamos que ele poderia ser revitalizado se fosse retirado de uma metodologia causal e colocado em uma visão sistêmica, em que houvesse interações. Em uma época atual de discussão sobre as relações entre as propagandas e os consumidores, o modelo poderia ser útil.

O modelo de Howard-Sheth, inspirado nos conceitos do behaviorismo, também se interessa pelos *inputs* e *outputs*, mas vai além, agregando as variáveis hipotéticas (ou de processos internos) de percepção e aprendizagem e as variáveis exógenas de influências sociais. O modelo coloca três grandes etapas do processo de compra: 1) os *inputs* (os estímulos de marketing e os estímulos sociais) ⇒ 2) o sujeito percebe os estímulos, modifica-os conforme suas experiências anteriores, cria disposições para o consumo e critérios de escolha ⇒ 3) (os *outputs*) como resultado do processo anterior, há a compra, revertendo em satisfação ou insatisfação.

O modelo de Howard-Sheth é mais completo e complexo que o modelo de Nicosia. A segunda e a terceira etapas têm subprocessos encadeados que se interligam com as variáveis exógenas. Resumidamente, vemos a sequência na Figura 6.1.

Toda a dinâmica no modelo de Howard-Sheth é mediada pela aprendizagem. Uma nova compra coloca todo o processo em ação. Com a repetição dessa compra, criando-se uma rotina, certos subprocessos das etapas acabam sendo simplificados. O modelo gerou inúmeras pesquisas desde seu estabelecimento no início dos anos 1970, mais predominantemente voltadas para a compreensão do que para a aplicação.

O modelo de Engel, que será desenvolvido nos próximos capítulos, tem sido comentado mais como um modelo científico-teórico do que aplicativo, mas defenderemos que as aplicações são perfeitamente possíveis. O modelo envolve quatro pontos: os estímulos mercadológicos; as variáveis de influência (fatores individuais, sociais e situacionais); o processamento da informação (memória, aprendizagem); e a sequência de decisão, que é a parte mais elaborada, com cinco etapas. O processo se inicia com as experiências da pessoa relativas ao seu corpo, às suas ideias, suas emoções, suas relações sociais, suas relações com os objetos e sua relação com a passagem do tempo. Essas experiências, positivas ou negativas, criam o campo inicial para a segunda etapa, que é a do nascimento e da consciência das expectativas.

---

[4] Na verdade, o modelo não esclarece muito bem a diferença entre atitude e motivação, sendo ambas colocadas como disposições para a compra.

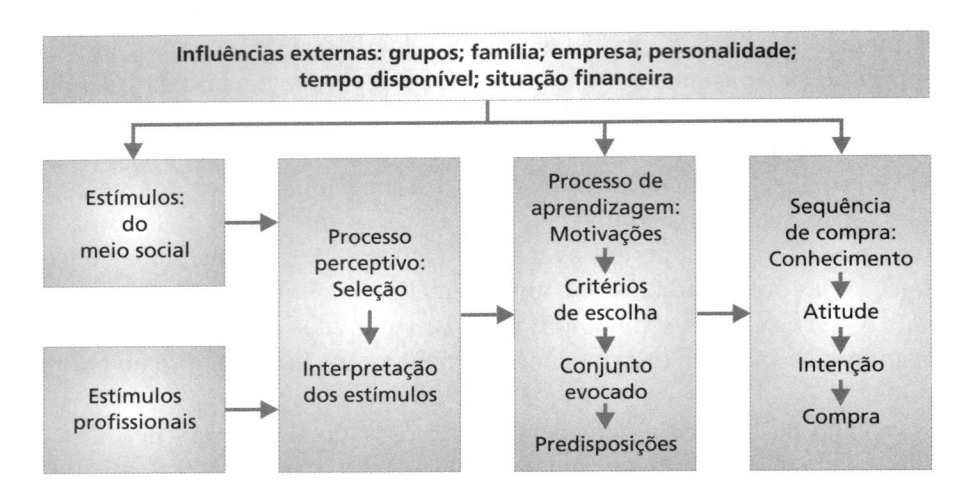

```
┌─────────────────────────────────────────────────────────────────────┐
│  Influências externas: grupos; família; empresa; personalidade;     │
│              tempo disponível; situação financeira                  │
└─────────────────────────────────────────────────────────────────────┘
```

*Figura III.1* – Resumo do modelo de Howard-Sheth, adaptado pelo autor para a visualização das etapas.

Seria uma resposta à seguinte pergunta: *"Já que está acontecendo isso na minha vida, o que eu quero para o futuro?"*. A próxima etapa consiste em buscar as informações sobre os caminhos que satisfazem as expectativas. É aqui que se inicia a terceira etapa: o levantamento de alternativas de produtos e a escolha de um deles. Seria como perguntar: *"Agora que eu sei o que quero, vou prestar atenção no que se relaciona com o assunto e procurar saber que produtos ou serviços poderiam auxiliar a satisfazer essas minhas expectativas. O que escolher? Como escolher? Com qual ficar?"* A quarta etapa é o julgamento sobre o consumo. Seria como responder a duas perguntas: *"É certo que eu tenha essas expectativas e queira tais produtos e serviços? Os outros acham que é correto que eu queira e faça assim?"*. Se o consumo for aprovado, o próximo passo é a compra propriamente dita, respondendo à seguinte questão: *"Que condições eu posso criar nesse momento de negociação?"*. Finalmente, as duas últimas etapas do consumo são o uso do produto e a avaliação pós-compra, que equivalem a responder à seguinte questão: *"Agora que eu tomei posse e consumi, consegui o que queria? Minha vida mudou na direção desejada depois do consumo?"*.

Cada um desses passos tem características próprias, que ensejam ações específicas. Os autores que mais se ocuparam desse modelo são Engel, Blackwell e Kollat, que vêm publicando o livro *Consumer behavior* há duas décadas. Os capítulos aqui apresentados estão embasados fundamentalmente nesse modelo, mas têm algumas adições que desenvolvemos ao longo dos anos. Uma das mais importantes diz respeito ao conceito de expectativas, aqui colocado como o futuro que as pessoas gostariam de viver ou em que gostariam de estar. Essa colocação no futuro (ao contrário do conceito de necessidades) traz algumas vantagens conceituais e operacionais.

Outra adaptação diz respeito à introdução do conceito de representação social, que são imagens, símbolos, julgamentos sobre os produtos e serviços, os quais influenciam a prontidão para a compra ou o seu adiamento. O conceito de representação social substitui com vantagens o de atitudes, amplamente utilizado em Marketing.

## Capítulo 6

## As etapas anteriores à compra: as experiências, as expectativas, o levantamento de alternativas e o julgamento do consumo

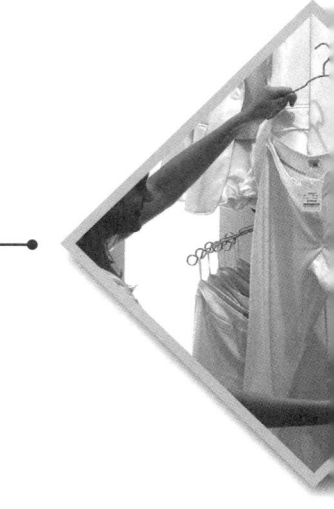

**N**esta edição, unimos as informações referentes às etapas que antecedem a compra, mas o leitor ainda vai encontrar cada passo em itens bem distintos.

### 6.1 A primeira etapa: tudo começa com as experiências por que passamos

O processo de consumo inicia-se com as experiências que passamos na vida. São elas que fornecem o pano de fundo para a emergência das expectativas. Essas experiências ocorrem em torno dos eixos centrais que vimos nos capítulos anteriores, isto é, o corpo, as ideias e emoções, as relações sociais, a natureza e os objetos e a passagem do tempo.

Dia e noite, tomamos consciência das experiências de nossa vida, de nosso corpo, de nossas ideias (no sentido amplo, incluindo emoções, sonhos, fantasias), de nosso meio físico e do nosso meio social. A estimulação é tanta que somos obrigados a escolher e a selecionar as experiências conforme experiências anteriores ou a situação do momento. Quando uma mulher engravida, começa a perceber todos os *outdoors* sobre artigos infantis que já estavam na rua, mas que ela não via. Sua condição mudou sua relação com os objetos.

Se pedirmos a duas pessoas que descrevam um filme a que acabaram de assistir, ouviremos duas histórias diferentes. Por que, se elas viram as mesmas imagens? Analisando com detalhes suas frases, as partes escolhidas, as conexões mentais realizadas, veremos que cada uma entendeu ou interpretou as imagens conforme seu momento de vida. A "experiência" do filme foi diferente para cada pessoa. Experiência, portanto, não é a consciência de tudo o que acontece conosco, mas uma seleção, um modo de ver e entender o mundo que nos cerca, incluindo a nós próprios. Nenhum dos dois espectadores viu todas as imagens do filme, mas selecionou, isto é, tomou consciência das que mais lhe interessavam. Se você assistir a um filme pela segunda vez, talvez veja detalhes que não havia focalizado na primeira. Sua seleção torna-se diferente, porque seu momento de vida é diferente.

### 6.1.1 As experiências relativas ao corpo

Nosso corpo é uma fonte inesgotável de estimulação. Da enorme quantidade de eventos ocorridos, selecionamos alguns e lhes damos certa importância. Um aluno está acostumado a não mais prestar atenção aos sinais de desconforto do seu corpo, causado pelas várias horas que passa sentado na carteira. Se assim o fizesse, não conseguiria mais prestar atenção na aula. Sua relação com seu corpo, nesse momento, é de distanciamento (sem prestar atenção), pois seu interesse está no conteúdo ideativo da aula. É claro que, com o passar do tempo, o estímulo ficará tão forte que será inevitável desviar a atenção da aula para o corpo. O mesmo ocorre com várias situações, profissionais ou não, que exigem uma concentração em ideias, deixando a percepção do corpo "em suspenso". Também é óbvio que assim que esse aluno estiver em outra situação, por exemplo, em um bar, sua relação com seu corpo será totalmente diferente, pois o momento de vida terá mudado.

A atenção às experiências depende, portanto, da força da própria experiência e do nosso momento de vida. A mulher grávida está totalmente envolvida com sua gestação e, por causa disso, seleciona os estímulos que têm relação com essa situação (por exemplo, olhar atentamente um bebê em um carrinho). Para mulheres que não estão grávidas, a experiência (de cruzar com um bebê em um carrinho) passa despercebida.

Os gerentes de negócios que estão diretamente envolvidos com mudanças no corpo (por exemplo, aparelhos de ginástica, produtos de higiene, limpeza e perfumaria, medicamentos) deveriam compreender claramente que estão lidando com um processo de seleção e um momento de vida das pessoas, que, de alguma forma, têm experiências negativas em relação ao seu corpo, isto é, estão tentando mudar algo no corpo algo que não é agradável.[1]

### 6.1.2 As experiências relativas ao nosso psiquismo

Ao mesmo tempo em que o corpo envia seus estímulos, somos bombardeados por sinais que vêm do nosso psiquismo, como emoções, ideias, recordações, imaginações, suposições, devaneios, raciocínios, julgamentos, tudo em um fluxo constante. Boa parte dos sistemas da Psicologia tem se ocupado da questão de como tomamos consciência desses estímulos e como os selecionamos. Nosso ponto de partida é o mesmo: o pano de fundo da seleção está no momento de vida da pessoa.

Nosso aluno, que está distante dos sinais de desconforto do corpo, tenta evitar as ideias e emoções que não se relacionam com o assunto em pauta, por exemplo,

---

[1] É claro que existem aqueles consumidores que compram produtos e serviços para "manter" o corpo atual, mas estamos desenvolvendo o raciocínio para aqueles que irão buscar modificações.

a imaginação sobre a próxima viagem. Todos os gerentes de negócios envolvidos diretamente com o ideativo (cursos, terapias, jogos educativos, filmes, por exemplo) devem entender que o psiquismo é um fluxo constante e que seu produto ou serviço pode exigir um foco especial, por exemplo, a imaginação (curso de Artes), o conhecimento (curso de Lógica), a recordação (jogos de memória) ou a alegria (filme de comédia). Esse conhecimento é importante para dirigir ações de Marketing, tais como o treinamento de uso do produto.

### 6.1.3 As experiências relativas aos objetos e à natureza

Somos também colocados em contato com estímulos que vêm de fora de nosso corpo, sejam físicos (da natureza e dos objetos) ou sociais (as regras). Do mundo físico recebemos todos os estímulos originados dos sons, das imagens, das formas, dos movimentos, das texturas, das temperaturas, dos aromas e das cores. Discriminar sons, temperaturas e aromas não é só uma questão de consumo, mas de sobrevivência, apesar da existência de aparelhos que detectam praticamente tudo. Em um de nossos trabalhos (Giglio, 1998), pesquisamos o processo de compra de imóveis; um dos sujeitos, um homem, tinha passado toda a sua vida em um pequeno apartamento, dividindo seu quarto com mais três irmãs. Ao comprar um novo apartamento, de quatro dormitórios, ele e sua esposa pareciam haver conquistado o mundo. Na verdade, sua experiência de espaço havia criado a forte expectativa de um imóvel amplo, com um quarto todo seu.

Para algumas pessoas, as relações com os objetos são embasadas no uso, resumindo-se a tomar posse, usar e jogar fora. Características como funcionalidade e facilidade de troca são valorizadas. Para outras, os objetos devem ser cuidados e guardados. Nesse caso, são valorizadas as características de beleza e resistência. As evidências de aceitação de produtos descartáveis parecem indicar que nossa relação com os objetos tem se modificado e que estamos prestando mais atenção às experiências que revelam os usos do que às resistências. Os eletrodomésticos de linha branca, por exemplo, têm geladeiras que duram poucos anos, mas que são pequenas e funcionais para o tamanho das atuais residências. É provável que alguns leitores ainda tenham geladeiras antigas em casa, que funcionam, enquanto já trocaram geladeiras mais novas, que tiveram sua vida útil encerrada.

### 6.1.4 As experiências relativas às pessoas e regras sociais

Somos também colocados em contato com estímulos que vêm de outras pessoas e das regras sociais. Momentos diferentes da vida podem determinar a busca de novos relacionamentos (o que poderia levar às compras de viagens ou do título de um clube, por exemplo) ou da solução de relacionamentos atuais (o que poderia levar à compra de terapias de casal, por exemplo).

Todos os gerentes de negócios envolvidos diretamente com regras sociais (seguro de vida, lojas de presentes, agências de casamento, por exemplo) deveriam compreender claramente que estão lidando com dois tipos de pessoas: aquelas que necessitam adaptar-se aos objetos e às pessoas e aquelas que pretendem *mudar* os objetos e as pessoas a seu modo. Um seguro de vida lida com a capacidade da pessoa de não ser egoísta e pensar nos outros (ela se adapta à situação). Uma pessoa que coloca em sua casa equipamentos de som e imagem para reunir os amigos está modificando os hábitos sociais estabelecidos (que era o de sair de casa para se divertir).

Estamos, portanto, em contato com uma grande variedade de estímulos, oriundos das esferas fundamentais comentadas nos itens anteriores. Conforme essas experiências surgem ao longo da vida, vamos selecionando-as e construindo modos de responder a elas. Ao partir do conjunto de experiências agradáveis ou não e da consciência que se cria sobre nossos limites, problemas e capacidades, vamos criando expectativas do que queremos ser e experimentar. Assim é que uma criança está aberta a praticamente todos os estímulos, sem muita seleção, criando expectativas de vida bem fluidas e mutáveis (seu consumo também). Com o passar dos anos, a seleção de experiências se torna mais apurada, diminuindo gradativamente o leque. Uma pessoa madura e equilibrada terá construído um modo consistente de selecionar as experiências de sua vida, o que acarreta expectativas com menor leque e processos de compra mais elaborados.

Situações de crise, porém, podem reverter a estabilidade, e as pessoas podem se ver diante da necessidade de reorganizar suas percepções e, por consequência, suas expectativas. Reinicia-se o ciclo de abertura aos estímulos. Um exemplo claro dessa reorganização pode ser verificado com pessoas que sofrem algum trauma físico ou psicológico (um ataque cardíaco, por exemplo) e passam a ver o mundo de uma maneira diferente e, consequentemente, a ter outros comportamentos de consumo. O mesmo se aplicaria a situações como divórcio, mudança de cidade e nascimento do primeiro filho.

### 6.1.5 Comentários finais sobre esta etapa

A vida é a busca de ordem, superação e prazer. Entre as várias experiências que passamos, algumas se tornam mais importantes e criam um pano de fundo para o nascimento das expectativas. Dessa forma, é tarefa importante conhecer as relações (às vezes intrincadas) entre as experiências, as expectativas e a compra de um produto. Quando um consumidor compra uma roupa, não está esperando proteção epidérmica; nesse caso, se mostrar bonito para alguém ou mostrar que está na moda pode vir em primeiro lugar. Se, com o uso do produto, as expectativas se confirmarem, o produto será visto como algo satisfatório e de qualidade.

Uma sugestão para os profissionais é que analisem a qual das fontes de experiências seu negócio está mais diretamente ligado: das relações com o corpo, das relações com o mundo das ideias, das relações com objetos e com a natureza ou das relações sociais. Obviamente, a divisão é apenas didática, mas orienta sobre a predominância das seleções do consumidor sobre suas experiências. Como exemplo, veja o padrão das imagens que o canal MTV coloca no ar, exclusivamente para jovens entre 15 e 20 anos.[2]

---

[2] Retornando rapidamente ao modelo de tipologia, é interessante notar que os profissionais de pesquisa e marketing referem-se à "geração MTV", como um segmento com características especiais, incluindo padrões de percepção do mundo.

A tática de usar imagens mais agressivas ou inusitadas nas propagandas parece ser consequência da conclusão de que os consumidores não se interessam mais por imagens e textos que retratem situações cotidianas. Eles mudam de canal ou, com frequência, recebem o estímulo mas não o percebem. Pesquisas envolvendo anúncios considerados padronizados, isto é, de acordo com as normas vigentes de espaço, tempo e linguagem, mostram um índice incrivelmente baixo de lembrança (menos de 2%), enquanto mensagens "chocantes" têm um índice bem maior. Essa falta de interesse em imagens normais pode ser explicada como "banalização do estímulo". É como um ruído de fundo que nós simplesmente não ouvimos mais. Campanhas de prevenção de acidentes que mostram choques, feridos e sofrimentos surtem efeito por tempo limitado, até que as pessoas se "acostumem" com a mensagem.

Foi por isso que surgiram novas táticas de abordagem. A questão que colocamos é: esses estímulos estão criando experiências (assistir à propaganda e pensar/sentir algo) que influenciam o comportamento de compra e consumo? Estão incrementando as vendas?

## 6.2 As expectativas como a segunda etapa do consumo

As escolhas sobre o que e como consumir começam muito antes do momento da compra propriamente dita. Elas remontam às expectativas mais básicas da existência humana, que nascem das experiências de vida, na busca de ordem, superação e prazer. Essa mescla de experiências constitui o pano de fundo de onde brotam as expectativas no segundo passo do consumo em etapas.

### 6.2.1 Os conceitos de desejos e expectativas

Para nós, o conceito mais importante na compreensão do comportamento do consumo não é o de desejo, nem o de necessidades, que remetem à história passada do sujeito, mas sim o de expectativas, que remetem ao futuro. As expectativas revelam, em certa medida, as experiências por que o sujeito passou, mas são fundamentalmente os sinais do tipo de vida que ele espera no futuro.

Em cursos e palestras, temos utilizado o termo *expectativas* que é mais adequado do que os conceitos de desejos e necessidades. A palavra *necessidade* vem carregada de três sentidos que pouco auxiliam na compreensão do comportamento e trazem certas complexidades. Um deles está associado ao conceito de inato. As necessidades têm o sentido de algo inerente, impossível de ser modificado, tal como aparece nos princípios da teoria de Maslow. Aqui não há segmentação, nem competição, nem comunicação. O segundo sentido dado à palavra *necessidade* está associado ao seu número finito. Acreditamos ser inútil discutir se podemos ou não criar necessidades nas pessoas, porque nessas discussões geralmente se confunde o conceito de necessidade com o de desejo. Cosenza (2000) afirma que são heresias os programas de treinamento que ensinam a criar necessidades nos consumidores. O terceiro sentido é que a palavra *necessidade* refere-se a uma falta do organismo e, portanto, abrange apenas a busca de ordem e reequilíbrio das pessoas.

Já com o conceito de expectativas estamos no campo da liberdade, em que cada um cria as suas, em uma dinâmica interminável, o que liquida a discussão. Quanto ao conceito de desejo, também temos algumas restrições. Inúmeras correntes científicas têm colocado o desejo como a expressão de um passado irrealizado (a teoria de Freud é a mais conhecida). Aqui preferimos a abordagem que coloca o desejo como a consciência do ser humano de que ele pode vir a ter outra vida que não a daquele momento (Giglio, 1995). É a consciência de que podemos mudar nossas vidas, nossos rumos. O desejo refere-se a um futuro, e não a um passado. Esse pode ser o ponto-chave para pesquisas de Marketing: enfocar as expectativas (em substituição à palavra *desejo*) em vez da vida passada. O desejo de ter um carro de luxo poderia ser entendido como a expectativa de superação de um tipo de vida e da situação social atual. Por meio desses e de muitos outros produtos e serviços, imaginamos poder chegar a uma outra situação de vida.

Um consumo pode estar associado a várias expectativas. No caso de um carro novo, por exemplo, podemos encontrar as expectativas de impressionar o vizinho (portanto, é referente à superação de relações sociais) ou de não ter problemas mecânicos em viagens (portanto, está ligado à ordem na relação com os objetos), ou, ainda, de poder correr em alta velocidade (está relacionado à superação da rotina com emoção e perigo).

O mesmo consumo pode abrigar expectativas aparentemente excludentes. A expectativa de fazer um curso de especialização pode estar centrada na garantia do emprego (na ordenação das relações sociais profissionais) ou na mudança de emprego (na superação das relações sociais profissionais) ou, ainda, na atualização, independentemente do emprego (na superação das ideias atuais).

O que se conclui é que não basta conhecer os modos de compra e uso de um produto; precisamos conhecer as experiências e as expectativas que levaram à busca e à compra desse produto. Sem esse conhecimento, fica muito difícil adaptar os produtos ou incrementar a satisfação do consumidor.

### 6.2.2 As componentes das expectativas

Da forma como conceituamos as expectativas, elas são as representantes psíquicas (isto é, as pessoas têm consciência delas) das mudanças que se esperam na vida. Elas têm dois componentes:

- *Componente ideativo*: É o que se espera que aconteça, isto é, a ideia central da mudança buscada. São os resultados esperados após o consumo. Vale lembrar, nesse momento, que as expectativas podem ser criadas de modo infinito e alguns componentes ideativos podem ter origem externa. Uma propaganda, por exemplo, pode fornecer um componente ideativo. Assim, um curso de especialização pode ter como componente ideativo o aumento salarial que foi veiculado por uma propaganda.

- *Componente afetivo*: Refere-se ao grau de interesse colocado na expectativa. Assim, uma pessoa ameaçada de perder o emprego porque não está atualizada estará muito mais interessada (terá uma carga afetiva maior) em acabar com essa lacuna do que o dono da empresa, que também está fazendo o curso. A carga afetiva, tal como o componente ideativo, pode ser criada por fatores externos, como uma propaganda (por exemplo, a emoção do consumo de um refrigerante), por acontecimentos (como a morte de alguém conhecido, aumentando o número de consultas ao médico) ou por programas dirigidos (do governo ou particulares, como as novelas).

### 6.2.3 Expectativas em relação aos quatro níveis básicos

Conforme já comentamos, as expectativas podem ser infinitas, mas é possível ordená-las ao redor de quatro horizontes básicos, os mesmos apresentados sobre as experiências.

A. Expectativas em relação ao corpo

Em maior ou menor grau, as expectativas estão sempre relacionadas à situação futura de um corpo diferente do atual. Pode ser algo muito simples, como livrar-se de uma dor de cabeça, ou envolver planos mais complexos, como sair da rotina para relaxar o corpo e a mente. Em alguns casos, a relação com o corpo é óbvia, como no consumo de perfumes ou operações plásticas; em outras, é mais sutil, como no caso do consumo de comida natural. Em certas situações, parece ser impossível estabelecer uma conexão com as expectativas sobre o corpo, como, por exemplo, no caso do consumo de livros evangélicos. Qualquer que seja o caso, pesquisas parecem indicar que raramente as pessoas estão satisfeitas com seu corpo, elegendo uma variada gama de produtos e serviços que modifiquem a situação.

B. Expectativas em relação ao psiquismo (ideias, afetos, valores)

É preciso lembrar que estamos utilizando o conceito de psiquismo abrangendo conteúdos ideativos (as ideias, os planos, o conhecimento), conteúdos valorativos (os valores, as regras que cada um cria) e conteúdos afetivos (a gama de emoções). Sobre o conhecimento, todos os cursos científicos e de línguas, treinamentos, encontros, congressos e filmes educativos são produtos e serviços que levam ao aumento dos conhecimentos. Produtos como livros de autoajuda, psicoterapias e escolas estão intimamente relacionados com ética, valores e crenças. Já sobre os conteúdos afetivos há uma boa literatura e inúmeros produtos/serviços que apontam para a tentativa das pessoas de experimentar emoções que a vida atual não proporciona. Esportes perigosos, viagens com competição e filmes de ação são exemplos disso.

C. Expectativas em relação às outras pessoas

As relações humanas constituem um dos campos de estudo mais férteis da Sociologia e da Psicologia. Um ponto que se analisa é a expectativa das pessoas de estabelecer relações humanas diferentes daquelas em que estão inseridas. Empregados querem ser patrões, filhos querem comandar, namorados lutam pelo poder de um sobre o outro, comandados querem liderar, consumidores querem ser especiais, e a lista vai longe. Não há nada de negativo nisso, pois o esforço para se tornar melhor que o outro é a base da competição, tão valorizada na cultura ocidental. O problema talvez ocorra quando produtos são apresentados como meios de adquirir vantagens sobre os outros, dando a falsa impressão de superioridade. Como exemplo, podemos citar uma antiga propaganda de carro que continha a promessa de que, com o produto, a pessoa se tornava mais atraente.[3]

Produtos e serviços os mais variados podem estar associados ao estabelecimento de novos relacionamentos ou à modificação dos atuais. Entre os mais óbvios, estão as viagens ecoturísticas para a terceira idade e os títulos de clubes.

D. Expectativas em relação à natureza e aos objetos

Embora seja uma área pouco estudada, há evidências de que as pessoas estão constantemente insatisfeitas com os objetos ao seu redor e com a forma como lidam com eles. Roupas, casas, carros, louças, móveis e inúmeros outros objetos de seu cotidiano são frequentemente trocados, modificados ou abandonados. Se não houvesse essa insatisfação, muitos negócios não existiriam. A indústria do descartável é um exemplo claro dessa insatisfação, assim como ter um computador absolutamente atualizado (o que é difícil, em função da velocidade de lançamentos).

Alguns ramos de negócios, como a decoração e a construção civil, são diretamente beneficiados por essa busca de renovação dos objetos (e das relações das pessoas com eles). De outro lado, negócios como a restauração existem porque as pessoas querem manter relações mais duradouras com seus objetos.

As relações com a natureza vêm se tornando mais conscientes, embora sempre tenham existido. Problemas de poluição e escassez de matérias-primas (ar e água, por exemplo) têm levado as pessoas a criarem expectativas sobre sua relação com a natureza. Negócios como jardinagem, aluguel de sítios, viagens educativas e ecológicas vêm crescendo justamente porque as expectativas de uma religação com a natureza vêm adquirindo força (a carga afetiva está aumentando).

## 6.2.4 Comentários finais sobre a etapa das expectativas

Uma grande vantagem do conceito de expectativa é que ela é consciente, o que facilita as pesquisas. As expectativas revelam as tendências das pessoas e dos grupos sobre as situações futuras, abrindo caminho para o desenvolvimento de produtos. Certas expectativas, como a de não perder tempo (originária das experiências de perda e de pressão de tempo), apesar de estabelecidas há décadas, ainda geram muitas inovações. A interligação entre as expectativas de uma pessoa e do grupo ao qual pertence permite que dados de pesquisas de entrevistas com algumas pessoas

---

[3] Há, aqui, uma questão sociológica que iremos apenas apontar. Se as pessoas que cercam o indivíduo possuidor desse automóvel sinalizarem que ele se tornou mais atraente, mesmo que haja falsidade lógica na conclusão, pode-se raciocinar que a promessa foi cumprida. Se uma mulher valoriza um homem pelo carro que ele tem (esse era o conteúdo da propaganda citada), o circuito está completo.

possam ser indicadores de movimentos de grupos maiores. Popcorn (1993), ao entrevistar pessoas que diminuíram a frequência de saídas de casa, inferiu a tendência do encasulamento, que é a expectativa que as pessoas têm de estar seguras dentro de casa. Algumas consequências positivas do conceito de expectativas, portanto, são:

- Como as expectativas são construções das pessoas, estas podem ser modificadas pelas ações de Marketing.

- Como uma componente da expectativa refere-se ao interesse do sujeito pelo assunto (a carga de emoção que ele coloca), pode-se perfeitamente influenciá-lo, como tentam frequentemente as propagandas que colocam emoções até mesmo em produtos bem distantes de causá-las, como o sabão em pó.

- Finalmente, como as expectativas se referem ao futuro, podem-se estudar o nascimento e a manutenção de conexões entre elas e os produtos e serviços. Por exemplo, como os *spas* evoluíram de lugares de regimes médicos para lugares de relaxamento? Que associações foram necessárias para que as expectativas de descanso e fuga do estresse colocassem o *spa* como solução, substituindo as tradicionais viagens?

As expectativas, portanto, constituem um passo importante do processo de consumo. Mesmo as expectativas triviais, como matar a sede (ou seja, o sujeito espera ter um corpo que não sofra os sinais de sede da experiência atual), podem ser estudadas na sua constituição ideativa, emotiva e dos produtos que a solucionam.

Alguns ramos de negócios competitivos, como o de limpeza, têm exagerado na promessa de resultados do uso do produto. É o caso da guerra do sabão em pó, um mercado de muitos milhões, com a participação de gigantes do ramo, que antes utilizavam apelos racionais (o poder de limpeza do seu produto, o lava "mais branco", a ação ativa) e agora se voltam para vantagens bem distantes da funcionalidade do produto, tais como liberdade e modernidade, que são expectativas valorizadas pelas mulheres.

Outro ramo muito competitivo é o de automóveis. Os apelos racionais, como potência e economia, têm aberto espaço para uma comunicação que parece veicular um estilo de vida. Temos visto algumas propagandas televisivas em que nada se afirma sobre o veículo, mas sim sobre o condutor.

Os profissionais de comunicação têm percebido que as expectativas dos consumidores têm um leque mais amplo do que os benefícios utilitários imediatamente relacionados ao produto e que os caminhos de realização dessas expectativas podem ser os mais diversos. O trabalho de casa, considerado por muitas mulheres uma escravidão da qual querem se livrar, pode se tornar menos penoso com aquele produto que prometeu liberdade.

## 6.3 A etapa da construção de alternativas para escolha do produto

Selecionando as experiências que lhe interessam e conhecendo suas expectativas, o consumidor inicia a busca das soluções para sua realização. Nessa busca e escolha entram em jogo os processos de aprendizagem, memória, razão, afeto e relacionamento. A partir da inter-relação dessas variáveis cria-se um leque de opções que pode incluir desde apenas um produto até uma gama diversificada deles. Neste item, procuraremos estabelecer as bases dessa construção e eliminação de alternativas. Para alguns ramos de negócios, como uma loja de sapatos em uma rua onde existem mais 25 concorrentes semelhantes, a escolha de alternativa é o ponto crítico.

### 6.3.1 Sobre o leque na busca de alternativas

Como construímos um leque de opções e chegamos a escolher uma alternativa? Conhecer os produtos e serviços à disposição não tem sido tarefa fácil para o consumidor, ainda mais nestes tempos, em que novidades aparecem todo dia. Digamos que o consumidor imagine uma série de benefícios (isto é, espere satisfazer expectativas) na compra de um carro. Mas qual carro? São dezenas de opções, novos, usados, nacionais, estrangeiros; de locais de compra, de planos de aquisição, de anúncios. Impossível conhecer a fundo todas elas. Uma das saídas do funcionamento humano, como já vimos, é buscar a ordem, limitando as alternativas e estabelecendo rotinas comportamentais.

Agora vamos imaginar um gerente de revenda de carros. Que ações ele pode implementar para que o consumidor chegue até sua loja? Em que ponto do caminho de escolha do consumidor esse gerente deverá interceptá-lo? Qual é o caminho que o consumidor faz? Como ele aprendeu a fazer esse caminho?

Nosso primeiro passo é comentar sobre a aprendizagem.

### 6.3.2 Alguns pontos básicos sobre aprendizagem

O campo da Psicologia Cognitiva, que envolve a observação sistemática de crianças, tem mostrado que estas aprendem manejando objetos e situações, experimentando e recordando seus efeitos no meio ambiente. Um exemplo comum ocorre quando uma criança ganha presentes com funções explícitas (uma corda de pular) e passa a utilizá-los das mais diversas formas (a corda pode virar um chicote, uma cobra rastejando, suas dobras podem formar letras etc.), *aprendendo usos variados*.

O aprendizado, portanto, ocorre com a experimentação, porém, é mais do que só experimentar. É necessário que a atividade seja considerada interessante e importante pelo sujeito. Se consumimos uma refeição vegetariana, por exemplo, mas os conceitos dessa alimentação não se relacionam em nossa consciência com algo considerado importante, tal como viver mais tempo, tal comportamento terá poucas chances de ser repetido, e essa alternativa de consumo não será tão valorizada.

Existe uma forma especial de aprendizagem que não depende de experiências: é aquela passada de boca em boca, na qual os *conceitos* são transmitidos. É o caso da imagem negativa de um produto, que vai se espalhando, para desespero do fabricante. Em certos casos, como ocorre com alguns modelos de automóveis, o conceito fica tão negativo que se gastaria mais tentando modificá-lo do que lançando um novo carro.

Voltando ao nosso exemplo da revenda de carros, uma pessoa irá selecionar determinada revenda se puder recordar-se de experiências positivas (atendimento, por exemplo), criativas (ter elaborado um plano de pagamento especial, por exemplo) e gratificantes (com contatos constantes da loja, por exemplo) ou puder recordar-se de relatos de amigos sobre experiências gratificantes.

Aprendendo com a própria experiência e/ou com o relato de outros e recordando-os, o consumidor vai formando padrões de conduta ao procurar produtos/serviços. Esses padrões de procura fazem parte do que chamamos de hábitos de consumo. É assim que alguns dos consumidores atuais do nosso exemplo da revenda, estando satisfeitos com o fornecedor, aos poucos deixam de procurar outras alternativas, simplificando o processo.

O gerente que conseguir criar um hábito de compra no seu consumidor deve se esforçar por não permitir nenhum erro na sua venda, nenhuma crise de qualidade ou abastecimento. Caso isso ocorra, um concorrente vigilante não perderá a oportunidade de entrar no circuito de estimulação dirigida ao consumidor, buscando reavivar sua memória sobre outras alternativas.

Qual a importância da memória no processo de compra?

### 6.3.3 Memória como criação

O conceito mais usual de *memória* afirma que é a capacidade de evocar situações passadas a partir de um estímulo presente. Observações cuidadosas das descrições de pessoas sobre os fatos de sua memória, porém, indicam que o processo é mais complexo do que recuperar o passado. Um fato interessante é que *o mesmo evento pode ser recordado, cada vez, de maneiras diferentes*. Esse fenômeno implica que a memória é mais uma *reconstituição* do que uma recuperação. Os romances contêm muitos exemplos de advogados que conseguem modificações nas recordações das testemunhas conforme adicionam informações ou questionam as condições em que os relatores estavam submetidos na ocasião.

Outra constatação refere-se ao fato de que o *modo de reconstrução do passado está ligado aos acontecimentos presentes e futuros*. Dito de outra maneira, existem evidências de que mudamos nossas recordações conforme nossas expectativas, nossos planos sobre o futuro. Posto de outro jeito, mais operacional: quando um consumidor está relatando uma experiência passada, também está, pelo que observamos, mostrando quais estímulos e experiências são importantes no presente e no futuro.

Certa vez, perguntamos a algumas pessoas quais gostariam de entrar em um consórcio de viagem à lua. Algumas, que recusaram o convite, explicaram que normalmente não se sentem bem em vôos. Questionadas, explicaram que nem sempre passavam mal e que continuavam a viajar de avião, mas uma ou duas recordações negativas lhes vinham à consciência e eram suficientes para a recusa. Na verdade, elas utilizavam uma construção (uma seleção) de experiências passadas para justificar sua recusa de um consumo futuro.

Se a memória é um processo mutável de reconstrução do passado, as passagens que se relacionam aos atos de consumo podem ser modificadas, desde que o consumidor seja corretamente estimulado. No relançamento do automóvel Fusca, há alguns anos, houve todo um trabalho de resgate da memória do público-alvo, ligando-o à situação presente. Nesse caso, o passado positivo recordado seria a justificativa para o consumo.[4]

No nosso exemplo de uma empresa revendedora de carros, estimular boas recordações associando-as com a empresa e os produtos pode ajudar no processo de seleção futura. Até mesmo um simples cartão de boas-festas ajuda na seleção de estímulos. É claro que uma única estimulação não é suficiente, pois, além da memória, existe a razão.

### 6.3.4 A razão e o processo de consumo

O levantamento de alternativas depende também do processo de razão que a pessoa executa, principalmente a análise e a síntese dos seus critérios de corte. Alguns critérios de corte bem conhecidos seriam o preço máximo aceito pelos produtos e o tempo que se pode esperar para tomar posse deles.

Em outras palavras, no comportamento de consumo, que demanda algum tempo de procura antes da compra, entra em jogo um processo de análise e síntese das vantagens oferecidas pelos fornecedores e seus produtos, conforme os critérios de seleção do consumidor. Não queremos dizer com isso que o processo seja só racional, mas, sem dúvida, ele está presente. Os profissionais de Comunicação utilizam, com frequência, textos de análise e síntese nas propagandas, comparando produtos concorrentes.

Com relação ao nosso exemplo de um revendedor de carros, além de proporcionar uma experimentação positiva do seu produto, com qualidade de atendimento, e de estimular a recordação da empresa, o gerente deve ser capaz de fornecer ao consumidor itens de comparação atuais. No caso do produto *carros*, não existem problemas, já que velocidade, resistência, assistência técnica, dirigibilidade e outros fatores são comentados em revistas especializadas, dando ao consumidor uma chance de comparar objetivamente os itens. No caso da loja, o gerente deve encontrar itens comparativos que a diferenciem das demais (por exemplo, com juros mais baixos que os dos concorrentes).

Alguns estudos sobre o processo de decisão (Plous, 1993) têm mostrado os efeitos do *frame* (o que está acontecendo na vida da pessoa) e do seu estilo cognitivo na solução de escolhas. Um *frame* muito simples de se entender pode estar relacionado ao dinheiro disponível para a compra, levando à solução da alternativa por esse critério de corte (*o que estiver acima desse preço está fora*). Processos de generalização do todo para a parte ou da parte para o todo podem influenciar a escolha por critérios de sinais (*se aqui tem esta marca famosa, então, a loja é boa*). Processos analíticos e comparativos podem ser responsáveis pela escolha por modo compensatório (comparando pontos negativos e positivos de uma lista de alternativas e decidindo-se por uma delas). Como se percebe, portanto, a parte racional está

---

[4] Este exemplo fica um pouco prejudicado já que foi o governo que sugeriu o relançamento do produto, e não os consumidores ou o fabricante, o que seria o caminho normal. O resultado em vendas, como já era esperado, não foi bom.

bem presente no processo de escolha de alternativas. Suponhamos, de outro lado, o exemplo de uma clínica médica, cujo negócio não possibilita a existência de itens tangíveis e racionais no núcleo da atividade. O consumidor não pode analisar a capacitação técnica do médico nem antes nem depois da consulta. Em que ele vai se basear? Os relatos têm demonstrado que, nesses casos, os aspectos tangíveis periféricos acabam entrando nesse processo da razão. Itens como localização do imóvel, estacionamento, tipo de revistas disponíveis, atendimento telefônico, limpeza do local e uniformes dos atendentes são utilizados na análise e na comparação, além dos resultados anteriores e da comunicação boca a boca. Entra em jogo, também, o aspecto intangível da qualidade de atendimento, o que comentaremos a seguir.

### 6.3.5 Sobre o relacionamento

Vamos supor que nossa empresa revendedora de carros esteja em uma rua onde existam mais dez concorrentes. Os fornecedores e demais custos são basicamente os mesmos, gerando preços bem semelhantes. O consumidor entrará em algumas lojas. Qual será seu critério de seleção? As pesquisas têm apontado um caminho: ele escolherá a loja que lhe oferecer o melhor atendimento. Nesse caso, a paciência, a explicação dos detalhes, a garantia de troca, a gentileza antes e depois da compra são itens valorizados.

Enquanto a conversa da compra e da venda vai acontecendo, o consumidor vai *aprendendo* que naquela loja ele é considerado uma pessoa, e não um objeto. *Sentir-se importante e reconhecido* é fundamental para qualquer pessoa, e o bom atendimento permite que os estímulos relativos àquela loja sejam colocados em um grau mais elevado na consciência. A pessoa se sente recompensada pelo atendimento e acaba gravando na memória essa solução para o plano de compra de um carro. Dessa forma, a loja torna-se uma alternativa mais provável que as outras.

O relacionamento está fundamentado em fatores chamados intangíveis, tais como confiança, garantia de qualidade e fidelidade. A única maneira de desenvolver estas qualidades consiste em ter pessoal treinado em Marketing de Valor, isto é, pessoas que compreendam os valores que os consumidores utilizam na escolha de um fornecedor.

Concluindo, o processo de levantamento de alternativas e de escolha apoia-se em alguns pontos básicos: a experiência de eventos passados (o fato real); a reconstrução dessas histórias (a recuperação pela memória); os relatos de outras pessoas sobre suas histórias; os atuais processos racionais de comparação e o relacionamento com os vendedores enquanto se realiza o atendimento.

Ao analisar o seu consumidor nessa etapa, portanto, você deve buscar algumas respostas para questões como:

- Neste negócio, a experiência pessoal é mais utilizada e valorizada do que a opinião de outras pessoas?
- Uma experiência negativa é suficiente para a pessoa abandonar o produto ou a empresa e buscar outro (a)?
- É uma busca de muitas comparações e análises racionais?

- O atendimento muda as opções ou a pessoa já chega decidida sobre o que quer?
- É necessário que esteja acontecendo algo especial na vida da pessoa para que ela venha nos procurar?

São questionamentos que, quando realizados, possibilitam uma compreensão dos processos de escolha.

## 6.4 A etapa das representações sociais e o julgamento do consumo

Selecionando suas experiências, conhecendo suas expectativas e escolhendo entre várias alternativas, no próximo passo, o consumidor julga se o consumo é aceitável, se vale a pena, se não há restrições morais ou consequências negativas. Em livros de Marketing, esse julgamento recebe o nome de *atitude*, mas neste capítulo daremos nossa contribuição para a substituição desse conceito pelo de *representação social*, mais explicativo.

Aqui poderemos entender por que alguns consumidores têm expectativas, têm o produto disponível, têm o recurso para a compra, mas não a realizam. A explicação está no julgamento, que é o resultado da influência das representações sociais sobre aquele consumo ou produto.

### 6.4.1 O conceito de representação social

Antes de entrarmos na compreensão dessa etapa de consumo, faz-se necessário explicar com algum detalhamento o conceito que fundamenta todo o processo, mesmo porque ele é novo e normalmente não aparece em textos de Marketing e de Comportamento do Consumidor, uma vez que os textos tradicionais utilizam o conceito de atitude.

Apesar de ser um conceito importante, existem mais de cem definições de atitude e uma grande confusão sobre como medi-la (Fishbein, apud Figueiredo, 1986, p. 8). Já no conceito de representação social encontramos uma convergência e uma capacidade explicativa bem superior ao outro conceito.

O conceito de representação social nasceu dos estudos de Moscovici (apud Guareshi e Jovchelovitch, 1994). Representações sociais são formas de conhecimento socializadas (isto é, partilhadas por grupos), tendo seu lado social e seu lado afetivo/simbólico. Como conhecimento social elas são grupais. Como resultado de processos afetivos/simbólicos elas são particulares, porque dependem da relação entre o sujeito e o objeto (por exemplo, os vários significados de um símbolo de um clube de futebol, como o porco, o santo ou o gavião).[5]

---

[5] Em um estádio de futebol, por exemplo, é interessante notar como as torcidas contrárias dão significados distintos para o mesmo símbolo em desenhos, frases e gestos. Um estádio é um local rico em nascimento de representações sociais, que depois se multiplicam em muitas formas e conteúdos. Movimentos de contestação, como o Movimento dos Sem-Terra, também criam condições de nascimento de muitas representações sociais.

As representações sociais têm vida independente, reproduzem-se e misturam-se, tendo como causas não só a estrutura social, mas também outras representações. Nessa condição, não existiriam representações falsas. Esse é um ponto importante para nós. Não importa se o julgamento do consumidor está equivocado; o que importa é que ele existe e pode ser compartilhado por um grupo. Se determinada marca de aparelhos eletrônicos tem uma imagem de baixa qualidade, mesmo que tecnicamente o julgamento não seja verdadeiro, é essa imagem que determina o posicionamento e a competitividade do produto no mercado. Ignorar tais julgamentos seria ingenuidade.[6]

O conceito de representação social fornece um princípio importante nas pesquisas sobre o consumidor, já que não separa o indivíduo do grupo, o universal do particular. O conceito também unifica as dimensões simbólica, afetiva e social, tão divididas na Psicologia Social tradicional. A representação social tem um aspecto social (surge e está presente nos vários segmentos), um componente simbólico (uma ideia norteadora) e um componente afetivo (a importância dela, para cada um, conforme suas experiências). Para o modelo em etapas, que privilegia cada ser humano, mas sabe da necessidade de conclusões e ações para grupos, o conceito cai como uma luva.

Tomemos um exemplo: por que as pessoas da terceira idade têm resistência a operar máquinas de automação bancária? Seria uma questão de treino? Pesquisas têm demonstrado que não. Diante de novidades, as pessoas criam julgamentos positivos ou negativos, que dispõem o sujeito (ou não) ao consumo. Pessoas da terceira idade parecem criar representações sociais bem negativas sobre o automatismo no atendimento (não só de bancos). A resistência é tão grande que alguns chegam a pensar que o banco está colocando máquinas de propósito para afastá-los. Máquinas e gerentes são colocados na mesma categoria negativa de insensíveis.[7]

Nesse exemplo de automação bancária, também há evidências de generalização. Pessoas idosas podem construir e compartilhar representações sociais de que tudo o que é automático não serve, não funciona, não é confiável. É claro que eles se esquecem das maravilhas tecnológicas de sua época, que aceitaram tão bem, como o telefone, o avião e o trem.

Tendo definido o conceito de representação social, podemos comentar a etapa do julgamento.

### 6.4.2 As representações sociais e o comportamento de consumo

Dissemos que, para ocorrer o consumo, não basta que o consumidor conheça suas expectativas, escolha uma alternativa de realização e queira comprar. É necessário que ele *aprove* o seu ato, e essa aprovação depende das representações sociais sobre

---

[6] Experiências de recuperação de marcas e produtos com representações negativas não costumam ter um final feliz. Podemos recordar os casos do carro Fiat 147, dos eletrônicos CCE e de candidatos políticos que são derrotados seguidamente.

[7] O leitor interessado poderá ver a pesquisa sobre a necessidade que pessoas idosas têm da presença física de um atendente em Costa et al. (1999).

os produtos e serviços, as quais determinam a disposição positiva ou negativa em adquiri-los. Em pesquisa por nós realizada (Giglio, 1998), verificamos que a escolha de um imóvel é influenciada por alguns símbolos, tais como o *status* do bairro. Alguns prédios simplesmente não vendem porque estão "no bairro errado". Essa imagem é a representação social (nesse caso, negativa) que impede a compra do produto, embora este possa ser adequado.

Simplificando, qualquer experiência de consumo ao nosso alcance (real ou imaginada) recebe um julgamento positivo ou negativo assim que se apresenta. É um daqueles fenômenos ditos inatos. Você pode fazer a seguinte experiência: pergunte a uma pessoa sobre os consumos mais absurdos (ela compraria uma viagem para Marte? uma máquina que trocasse o sexo? etc.) e verá que sempre há um julgamento – um sim ou não com um conteúdo que lhe dá base.

O profissional que ouve e analisa detalhes do consumo diário percebe que o consumidor tenta responder duas perguntas depois de ter escolhido e antes de comprar:

- *"Conforme minhas experiências anteriores, tal consumo neste momento é apropriado? Que imagens me vêm à mente quando penso estar consumindo este produto?"*

- *"Conforme o que os outros dizem sobre esse consumo e o que esperam que eu faça, ele é apropriado? Que imagens os outros têm sobre esse consumo?"*

Essas duas questões definem o processo de influência das representações sociais no consumo. Perceba que o sujeito pode querer e, ao mesmo tempo, considerar que não é bom para si ou para os outros. Se existe a expectativa e houve a escolha de um produto que a satisfaça, mas as representações são negativas, o pensamento final será: *"Eu quero e posso, mas acho que não devo (por mim ou pelos outros), então não compro"*. Na verdade, nós, como consumidores, podemos passar anos desejando produtos/serviços (um carro de luxo, uma viagem ao mundo), mas não nos permitimos tal gasto, colocando mil obstáculos e explicações para o nosso comportamento. Se, finalmente, realizamos a compra, é porque as representações mudaram e nossa disposição ao consumo também se modificou (por exemplo, após um problema de saúde, alguém pode passar a considerar que, em vez de poupar para a velhice, é melhor gastar no presente).

### 6.4.3 As representações sociais e o Marketing

O conceito de representação social pode ser utilizado em ações sobre o consumidor, já que é mensurável e está disponível imediatamente à consciência, ao contrário de outros conceitos, como o de desejo, que é etéreo, nebuloso e casuístico.

Vivemos, nas últimas décadas, um período de intensas mudanças nos valores da sociedade, e os valores são formas de representações sociais. A ideia (um valor, um julgamento) de *não se enraizar* com a família vem ganhando adeptos. Nos nossos jovens alunos, a imagem de estar casado, com filhos, de pijama, sábado a noite é extremamente negativa (essa imagem é a representação social do valor "não casar"). Nas esferas do amor, do sexo, da educação e da liberdade dos filhos, do significado da vida, também assistimos mudanças. Essas representações básicas constroem a moral, a ética de cada pessoa, e, quando um desses pilares muda, todo o comportamento da pessoa se altera.[8]

Com relação a objetos, como bem frisou Toffler (1971, p. 53-70), o homem está se relacionando temporariamente, aceitando todo tipo de descartável. Para que cada um de nós aceitasse utilizar o descartável, foi necessário construir uma *mentalidade do descartável*, isto é, precisamos criar representações sociais que aceitem o descartável, o que toca profundamente na questão da posse, que é um dos temas mais valorizados pela sociedade ocidental no pós-guerra.

Imagine a seguinte situação: uma mãe irá preparar a primeira festa de aniversário de seu primeiro filho. Por um lado, ela aprendeu e construiu valores de conservação, querendo que tudo fique preservado e disponível para as lembranças no futuro. Aqui entram os eletrônicos e o grande sucesso de vendas e de uso doméstico das filmadoras. Por outro, pensando no aspecto prático de festas de crianças, ela desenvolveu o valor do uso do descartável, isto é, já aceitou a relação com o passageiro, que se estende para todos os objetos da festa. Aqui entram os produtos descartáveis, que oferecem limpeza, rapidez e praticidade, e temos como resultado o sucesso das empresas que fazem a festa toda. Dessa maneira, essa mãe preserva o que lhe interessa – a relação com seu filho durante a festa e depois dela – e descarta o que não interessa – o trabalho de organizar a festa. A sociedade tem várias representações positivas da mulher moderna e prática que aproveita uma festa, que sabe organizar um encontro. Essas representações acabam dispondo as pessoas ao consumo dos eletrônicos e descartáveis.

Podemos mudar as representações?

Apesar de a ocorrência da representação ser inata, seu conteúdo pode ser modificado, e aqui está um dos trabalhos do Gerente de Marketing: *saber como se formam e como mudam as representações dos seus consumidores*. Com esse conhecimento, é possível tentar influenciar os caminhos. Se você tem uma loja com perucas para homens e sistematicamente perde vendas, apesar do interesse das pessoas, deve pesquisar quais são as representações sociais negativas sobre o produto e sobre quem o usa (por exemplo, *quem usa peruca é ridículo*) e buscar modificar o conteúdo (por exemplo, mostrando pessoas famosas que usem perucas e não sejam ridículas).

Se o gerente de marketing de uma loja de motos recebe clientes mulheres, mas percebe que sua consumidora tem resistência à compra, deve pesquisar as cinco características das representações:

- *Referência de alguém para alguma coisa*: O conteúdo da referência (por exemplo: moto é coisa para homem);

---

[8] Permitindo-nos mais um reducionismo, gostaríamos de explanar nosso ponto de vista de que a adolescência, explicada de muitas maneiras, tem como eixo central a reflexão e modificação de valores, tais como *"agora sou livre"*, *"sei o que quero"*, *"ninguém manda em mim"*, *"viver aqui e agora"*. Elas se contrapõem àquelas que dominaram os anos da infância, tais como *"quero minha mãe"*, *"quero ser bombeiro, não sei bem o que quero"*, *"obedeço pais e professores"*.

- *Seu caráter imaginativo*: Conforme o grupo, são adicionadas características míticas (para mulheres jovens, o homem em uma moto pode parecer mais atraente, corajoso, livre);

- *Sua autonomia*: O conteúdo existe independentemente da realidade social (não depende de quantas mulheres utilizam motos);

- *Sua criatividade*: Cada pessoa cria novas configurações, conforme suas experiências (pelo contato com *motoboys* que dirigem perigosamente, adultos maduros que viajam com motos no final de semana ou artistas que exibem suas máquinas);

- *Sua natureza social*: Como aparece a relação entre a pessoa e o produto nas várias manifestações culturais (músicas, *charges*, peças, propagandas), reforçando ou modificando o conteúdo (em propagandas ou filmes, mulheres em motos são passivas, viajando na garupa, ou têm alguns traços masculinos, como agressividade).

De posse dessas informações é possível iniciar um trabalho junto ao consumidor, buscando mudar suas representações sociais, e ao mesmo tempo, junto aos outros meios de divulgação da representação (o que exige um grande trabalho de relações públicas).

Nossos alunos têm dado alguns exemplos de produtos/serviços que podem ser desejados, mas que as pessoas têm resistência em comprar e usar: moto para mulheres; peruca para homens; plástica para homens; tintura para cabelos de homens; namoro pela internet; clube de *striptease*; agências de casamento; serviço de disque-namoro; seguro de vida para jovens; serviço de acompanhantes; tatuagem; clínica de urologia; clube das mulheres; acessórios eróticos; serviços de psiquiatria; jazigo; ida da mulher ao estádio de futebol; preservativo feminino; carro a álcool; *piercing*. Os gerentes de cada um desses negócios poderiam utilizar os conhecimentos da etapa de julgamento para diminuir as resistências.

### 6.4.4 Um caso de representação social e uma ação de Marketing correta – a megaigreja

O administrador que pretende conhecer as representações sociais que os seus consumidores constroem sobre seu produto/serviço/marca/empresa deve procurar no discurso das pessoas os adjetivos que se colocam sobre o consumo. Eles são as representações sociais, que devem ser listadas para se verificar quais são as positivas e quais as negativas. É claro que as negativas constituem o problema, como veremos no caso seguinte.

Um interessante artigo antigo de um pedaço de jornal desconhecido sobre um movimento religioso veio a calhar para exemplificar as representações sociais. Primeiramente, vamos reproduzir as partes importantes do texto, com nossos grifos, e depois o comentaremos.

Pastor monta mega-igreja

Cristianismo é um produto altamente vendável, desde que seja oferecido de forma *atraente, não ameaçadora e sem controvérsias* a um público consumidor ávido por alimento espiritual. O marketing religioso nem precisa recorrer à manipulação e demagogia dos televangelistas para atrair bens. Essa é a mensagem indolor e asséptica da megaigreja protestante Willow Creek, a 50 km do centro de Chicago.

À vontade com o rótulo de "congregação *yuppie*", comandada por um carismático pastor de 40 anos, Bill, que não promete curas rápidas nem o fogo do inferno, a igreja é a segunda maior dos EUA. A interpretação de um professor de Illinois é de que Willow Creek é *uma experiência reconfortante porque não oferece o salvacionismo caricatural, mas o resgate de uma vida sem significado e desamparada.*

Willow Creek não tem cara de igreja. Fica em uma propriedade de 50 hectares, cercada por mansões nas imediações de escritórios de grandes corporações. O local lembra mais um centro cívico. Não há cruzes, vitrais com motivos religiosos, púlpitos, altares ou batinas. Na definição de um dos pastores, *o objetivo é ter uma igreja desprovida das caricaturas do cristianismo.*

Nenhum recém-chegado é assediado por pastores, e há frequentadores que demoram cinco anos para se tornar membros e se converter. O templo, chamado de auditório principal, é um teatro com cadeiras estofadas, telões de vídeo e um palco de onde é conduzido o serviço religioso. O ponto alto é o sermão de 30 minutos de Bill. Não há histerismo, dedo em riste ou palavras soturnas. O objetivo é relacionar passagens da Bíblia com situações do cotidiano de famílias de classe média, como a educação dos filhos, o relacionamento do casal e a necessidade de crescimento profissional e pessoal de cada um.

Criada há três décadas, Willow Creek teve um crescimento meteórico e serviu de modelo para outras igrejas comunitárias. Segundo um dos pastores, a receita básica é *proporcionar um ambiente seguro para a propagação de uma mensagem tão inquietante quanto o cristianismo.*

Deixar os fiéis e forasteiros à vontade significa respeitar o anonimato de cada um, uma ação que tem boa acolhida entre os frequentadores. *A maioria deles retrata a obsessão americana com a privacidade e a não intromissão.* Outras marcas registradas são a ausência de órgão, muito *jazz* e coreografia, pois, como adverte um pastor, *o silêncio e a escuridão são ameaçadores.*

Há uma recomendação expressa para que os visitantes de primeira viagem não façam nenhuma contribuição financeira. A inexistência de pressões não cria problemas. Os frequentadores pertencem à classe média alta, e doam por volta de US$ 200 mil por semana, mais do que o suficiente para cobrir as despesas.

O pastor Bill Hybels descobriu o ovo de Colombo em meados dos anos 1970, quando era pregador no Meio-Oeste. Não queria fazer sermões para os convertidos nem roubar fiéis de outras congregações. Seu alvo passou a ser os *baby-boomers*, geração nascida no pós-guerra que mergulhou no consumismo material *ou na contracultura* e que não frequentava a igreja. A ideia central era não se envolver em ambiguidades teológicas ou litúrgicas, bem como não tomar partido em assuntos políticos controversos. Também se deveria absorver sem traumas os que tivessem opiniões contrárias às oficiais da Bíblia. Willow Creek, então, não se filiou a nenhuma das correntes protestantes, o que tornou mais fácil o seu raio de atração.

A receita da igreja é, sem dúvida, um sucesso. Em qualquer época, Willow Creek está sempre lotada. Famílias bem vestidas estacionam seus carros e têm certeza de que naquela igreja não sofrerão martírio. Ali é tão agradável quanto ir a um *shopping*. Existem salas especiais para amamentação, para troca de fraldas; voluntários cuidam das crianças (como em um hotel-fazenda) em um local especial. Os participantes têm dito que é muito bom não ser ameaçado em uma igreja, receber a mensagem de Cristo de forma suave, simples e cativante e, além disso, poder pensar e falar de temas relevantes para nossa vida atual.

O que podemos entender desse texto? Qual é o diferencial da congregação? Que experiências de vida poderiam levar uma pessoa a frequentar o local? Quais as expectativas dos frequentadores? Como chegaram a escolher essa igreja, e não outra? Quais as representações sociais negativas ligadas à igreja tradicional? Como o pastor combateu essas representações?

Dissemos que as representações sociais formam julgamentos positivos ou negativos sobre os produtos. Uma pessoa julga a Igreja cristã pelo que conhece ou ouve falar: um local com péssimas acomodações, um ambiente de seriedade, um ritual vazio de significados e um discurso sobre um tempo muito longínquo – nada animador. A nova geração não quer sofrer, não passou pela guerra e tem outros ideais sobre como deve ser a vida: fácil, leve, voltada para o aqui e agora. As representações sociais básicas que moldam a ética e o modo de vida se transformaram, e muitas das correntes religiosas não acompanharam essa mudança, perdendo adeptos.

O que Bill fez foi observar com mais cuidado o que as pessoas diziam e queriam. Recolhendo os dados, ele verificou que o velho paradigma, a velha teoria não servia mais. *Então, ele construiu uma teoria do presente, uma teoria do momento sobre as experiências, as expectativas, os processos de escolhas e as representações das pessoas*: elas esperam obter apoio espiritual sobre os problemas do presente (drogas, desemprego, por exemplo), querem estar em locais agradáveis aos sentidos, e não em locais de privação e sofrimento (são as variáveis importantes para o processo de escolha) e têm símbolos ou representações negativas sobre a religião, que não aparecem nesse local (lugares fechados, pessoas sérias e conteúdo de comunicação voltado para o sofrimento são algumas das representações frequentes). Ao contrário, querem uma religião leve, voltada para o presente, sem fantasias, que fale dos assuntos importantes de agora, em um local de facilidades.

Aquelas mesmas pessoas que têm uma disposição negativa com relação ao cristianismo sentir-se-ão tão confortáveis nessa nova igreja que não terão dúvidas em aprová-la e consumi-la outras vezes.

Não é nada complicado. Todos os manuais de Marketing ensinam que se devem pesquisar os pontos de insatisfação do consumidor quanto aos concorrentes para poder superá-los. A diferença é que a observação deve ser acurada o suficiente para permitir a criação de *novos modelos de compreensão*. O profissional que quiser superar seu concorrente utilizando o mesmo modelo ou paradigma (por exemplo, quando ambos acreditam que baixar os preços é o que o consumidor deseja) cairá em uma competição em círculo vicioso, pois sua vantagem pode ser superada.

Precisamos abrir os olhos para as transformações das novas gerações. Ao lado dos modismos, que são movimentos que se extinguem rapidamente, precisamos ver as grandes mudanças de representações que moldam a forma de viver das pessoas. O novo milênio traz novas experiências para a sociedade (como as doenças das grandes cidades); novas expectativas (como o encasulamento e a segurança da casa); novas formas de busca de soluções (como a internet) e novas representações sociais (como a valorização do egoísmo).

Por ser uma área nova que possibilita um enorme campo de pesquisas, abrimos um item especial para alguns comentários metodológicos sobre esse tema.

## 6.5 Instrumentos de pesquisa de representações sociais relacionadas ao consumo

Comentamos que uma das vantagens do conceito de representações sociais é a capacidade de gerar mensurações. Neste item, vamos discutir três ferramentas muito utilizadas na pesquisa de valores e atitudes. Enfatizamos que só é possível aplicá-las e compreender seus resultados quando conhecemos a teoria das representações sociais e a maneira como nossos consumidores as formam.

### 6.5.1 A capacidade de mensuração das representações sociais

O conceito de representação social resolve alguns problemas da dicotomia sujeito × grupo (que talvez seja um falso problema), já que ela é ao mesmo tempo individual e social. Utilizando essa hipótese, Wagner (apud Guareshi e Jovschelovitch, 1994, p. 151) discute que há duas formas básicas de pesquisa em representação social. Uma delas busca, em uma amostra homogênea, o ponto comum das representações de vários entrevistados – é a forma mais usual; a outra busca, pelo estudo da representação social no meio (documentos, mídia etc.), sua configuração e diversidade nas pessoas e nos meios de propagação.

No primeiro caso, podemos utilizar o recurso das escalas intervalares. Os consumidores constroem níveis de aceitação dos produtos e serviços de acordo com seus valores, suas experiências e suas influências sociais. Esses níveis podem ser mensurados. Likert, por exemplo, organizou uma escala de 1 a 7, que vai do ótimo ao péssimo, para medir a aceitação, a motivação, a disposição e outras variáveis de interesse no estudo do consumidor.

Para construir essa escala, procede-se da seguinte maneira: em primeiro lugar, devemos listar os itens que as entrevistas com os consumidores mostraram ser os mais importantes na construção das representações. Por exemplo, no caso da escola, os alunos costumam comentar que alguns itens importantes são a flexibilidade dos professores, a iluminação da sala, os sistemas de notas e a agilidade da secretaria.

Para cada item, construímos uma frase, como, por exemplo: "Com relação à iluminação da sala, você diria que ...". Após a frase, colocamos uma escala para escolha do entrevistado: É péssima ( ); É muito ruim ( ); É ruim ( ); É suficiente ( ); É boa ( ); É muito boa ( ); É ótima ( ). Caso necessitemos de alguma explicação, deixamos um espaço para a manifestação da pessoa.

Observe que só construímos as frases *após* termos ouvido as pessoas, pois assim garantimos que as representações listadas tenham relação com o processo de consumo, e não com as suposições dos pesquisadores.

Será assim tão simples conhecer as representações sociais e o consumo? Pesquisas posteriores à construção da escala de Likert revelaram que há correlação entre o julgamento (o uso da representação) e a compra propriamente dita. A partir dessas evidências, quase todos os questionários aplicados passaram a ter questões que medem as representações,[9] com as mais variadas escalas. Note, porém, que a escala apenas posiciona semanticamente os valores e as atitudes, já que seu processo de formação e influência só pode ser compreendido com entrevistas pessoais em profundidade. A aplicação da escala pode informar ao administrador quais atitudes positivas e negativas ocorrem com mais frequência, para que ele possa se dedicar mais detalhadamente a elas.

### 6.5.2 A equação da intenção comportamental de Fishbein

Tuck (1978) ressalta a importância das atitudes e crenças no processo de consumo e apresenta uma fórmula que possibilita prever, com uma margem estatística de segurança, a intenção de consumo, ou rejeição de um produto/serviço. Sua fórmula ainda utiliza o conceito de atitude, mas serve aos nossos propósitos, conforme veremos. Os componentes da fórmula são:

- *Intenção comportamental* (*IC*): Mede a maior ou menor disposição das pessoas em relação a certos comportamentos de consumo. A intenção tem duas variáveis: a atitude e a crença.[10]

- *Atitude*(*A*): É definida como o julgamento que o sujeito faz do ato de consumo, conforme suas experiências anteriores ou suas expectativas. Seria a resposta à questão: "É bom ou ruim para mim?".

- *Crença ou norma social* (*NS*): É definida como as normas do grupo ao qual o sujeito pertence ou quer pertencer. Seria a resposta à questão: "Levando em conta as pessoas importantes para mim, o que elas pensariam sobre esse meu consumo?".

A equação fica assim configurada:

$$IC = A\ ato_{p1} + NS_{p2}$$

onde

- $IC$ = intenção comportamental (disposição ou não para o consumo);

---

[9] Até o momento em que terminamos este trabalho, os livros consultados que tratam do assunto ainda usam a nomenclatura "atitudes". Como vimos, o conceito pode ser substituído por "representações sociais".

[10] Índices como IIC – índice de intenção do consumidor e ICC – índice de confiança do consumidor são, em parte, embasados no conceito de julgamento sobre o consumo. Esses índices foram apresentados no Capítulo 3, sobre o modelo econômico.

- A ato = atitude para com o ato é o conceito da atitude oriunda de experiências pessoais;
- p1 e p2 são os pesos relativos, isto é, a frequência com que aparecem em uma amostra;
- NS é a norma social, a crença; é o conceito de atitude oriunda de normas sociais ou expectativas dos outros. É a parte que mais se aproxima do nosso conceito de representação social.

Uma das vantagens de se utilizar essa fórmula está na divisão que ela faz de variáveis intervenientes pessoais e ambientais, facilitando o planejamento das ações sobre o consumidor. Tal como o instrumento anterior (escalas intervalares), a fórmula não pode esclarecer a formação das intenções de consumo, mas o faz com as relações entre as experiências e as normas sociais na formação da intenção de compra. O instrumento tem certa validade como facilitador no início de exploração dos itens que podem estar dificultando um negócio.

### 6.5.2.1 Exemplo do uso da equação e ação resultante

Para exemplificarmos o uso da equação de Fishbein, propusemos a um grupo de jovens a seguinte situação: "Você gosta de dançar e foi convidado para ir a uma balada, mas ficou sabendo que o local é ponto de encontro de programas homossexuais, tanto para homens como para mulheres. Não sendo homossexual, você deve decidir se vale a pena ir. Você vai ou não? Escreva sua decisão sem se identificar".

Os relatos escritos anônimos mostravam o seguinte quadro simplificado:

- 9 deles iriam, porque já conhecem locais assim e não têm nada contra; até gostam, porque lá encontram pessoas mais educadas.
- 11 deles iriam, porque imaginam que iriam se divertir com a turma, mas não gostam desses locais.
- 8 estão indo porque não querem perder contato com a turma, mas não iriam sozinhos.
- 15 deles não iriam porque já tiveram experiências desagradáveis, tais como se sentir mal no ambiente ou ser insultados.
- 4 não iriam por acharem que não é um local adequado, tendo por base o que ouviram falar.

Portanto, a intenção comportamental de *ir ao local* teria a seguinte equação:

$$IC\ (ir) = A\ ato\ (tem\ pessoas\ educadas)_{\times\ (peso\ 9)} + A\ ato\ (vou\ me\ divertir)_{\times\ (peso\ 11)} + NS\ (estou\ com\ a\ turma + mas\ não\ gosto/sozinho\ não\ iria)_{\times\ (peso\ 8\ +11)}$$

Com relação à variável atitude (A), a primeira linha (*tem pessoas mais educadas*) mostra o julgamento positivo sobre o tipo de pessoas que já se encontrou e se espera encontrar. A frequência foi de nove respostas. Um segundo julgamento refere-se à expectativa de diversão, com peso 11.

Com relação à variável norma social (NS), uma frase que poderia resumir o julgamento seria: "*É bom estar com esta turma, mesmo em programas de que eu não gosto muito*". O peso é igual a 19, incluindo as 11 respostas de vou me divertir. Todos eles colocaram uma atitude negativa (*não gosto/não iria só*), mas estão indo por influência da turma. Significa que a norma social (*o que os outros esperam que eu faça*) é o fator mais importante para esse subgrupo. O peso 11 que aparece no A ato (*vou me divertir*) é o mesmo da NS, pois são os mesmos respondentes. Nós os separamos porque essa frase implica uma expectativa importante (de ser aceito pelo grupo), a ser levada em consideração nas ações.

Os resultados das influências das variáveis indicam que o gerente de um negócio com essas características pode focar sua ação de Marketing na compreensão e na manutenção das normas do grupo, ao mesmo tempo em que procura criar detalhes (atendimento, ambiente, música etc.) para que as experiências positivas de cada um sejam modificadoras das atitudes negativas.

A intenção comportamental de *não ir ao local* teria a seguinte equação:

$$IC \text{ (não ir)} = A \text{ ato (experiência desagradável)}_{\times \text{ (peso 15)}} + NS \text{ (ouvi dizer que não é bom)}_{\times \text{ (peso 4)}}$$

O maior peso está nas experiências desagradáveis passadas. A norma social (por exemplo, uma norma familiar ou religiosa) não tem influência maior na decisão. Para o gerente, esse segundo caso implica um trabalho de abordagem mais complexo e individualizado, pois, além de conhecer em detalhes o que exatamente é esse "desagradável", deve tentar encontrar meios de alterar o julgamento, seja por meio de experiências agradáveis, seja por meio da influência de um grupo.

O exemplo esclarece alguns pontos. Em primeiro lugar, essas medições só têm validade se repetidas com frequência, já que o conteúdo dos julgamentos pode mudar com outras experiências. Em segundo lugar, mostra que uma única experiência negativa pode criar uma resistência à repetição. Em terceiro lugar, os dados nada informam sobre o conteúdo originário das atitudes. Como já dissemos, tais informações só vêm com entrevistas.

### 6.5.3 O mapa perceptual

Um instrumento bastante utilizado no estudo do consumidor é o mapa perceptual, que mostra o julgamento do consumidor sobre determinadas características de produto ou marca em relação aos concorrentes.

O mapa perceptual é um instrumento que une a descrição das características perceptuais propriamente ditas (as características sensoriais dos produtos e serviços) com o julgamento das qualidades associadas a eles, o que inclui as representações sociais. Veja o exemplo a seguir, retirado do endereço www.ctc.ufsc.br/produto/artigosEN/artigo1/artigo1e.htm (que não está mais disponível).

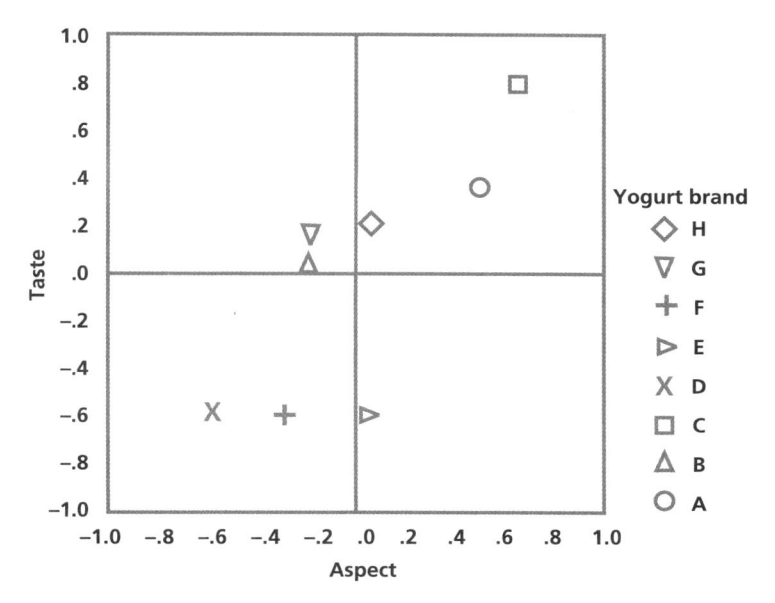

*Figura 6.1* – Exemplo de mapa perceptual.

O exemplo mostra o resultado da avaliação de seis marcas de iogurte quando se cruzam as variáveis aspecto e gosto. Vale lembrar que essas variáveis não são estímulos perceptuais puros, mas dependem de representações sociais. Os símbolos têm representações positivas e negativas.

Outro exemplo interessante e mais elaborado, pois pode ser modificado on-line e seus resultados visualizados, pode ser encontrado no endereço http://www.dssresearch.com/PerceptualMap. Trata-se de um comparativo de quatro marcas de automóveis, considerando-se variáveis do produto, tais como velocidade, e do atendimento, como cortesia.[11]

Os mapas perceptuais, portanto, podem ser criados a partir de *n* variáveis, desde que você tenha um programa em que possa colocar a posição relativa de cada eixo. Caso não tenha um programa específico, crie os mapas com duas variáveis de cada vez, iniciando por aquelas que considerar mais importante. Os julgamentos que os entrevistados relatam são suas representações sociais para aquele produto.[12]

### 6.5.4 Análises quantitativas e qualitativas de entrevistas buscando as representações sociais

As representações sociais têm um caráter eminentemente qualitativo, tratando-se de imagens ou símbolos que podem ser descritos em pesquisas. Existem algumas formas estabelecidas de análises qualitativas, e, em trabalho anterior (Giglio, 1998), utilizamos uma delas, denominada *análise de conteúdo* (Bardin, 1977). Segundo

---

[11] Os exemplos do endereço são modificados no tempo.

[12] Para os leitores interessados na origem e no desdobramento do mapa perceptual e outros instrumentos semelhantes, recomendamos a leitura de Hooley e Saunders (1996), principalmente a Parte 3.

**DSS Researcg Market Visioner ™ – Percectual Map Demo**

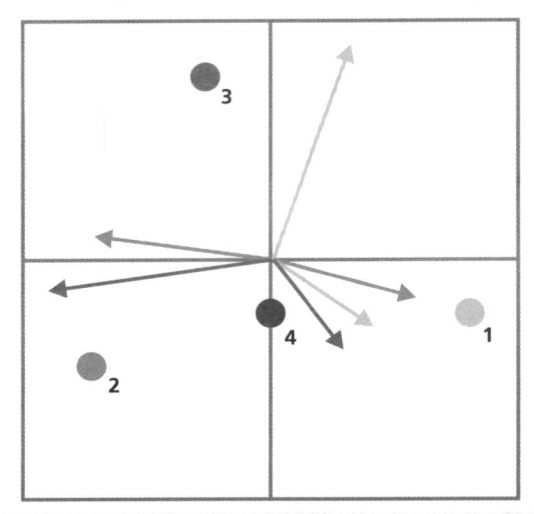

|  | Brand 1 | Brand 2 | Brand 3 | Brand 4 |
|---|---|---|---|---|
| Price | 8.5 | 6.7 | 5.9 | 7.3 |
| Service | 8.9 | 7.2 | 6.5 | 6.7 |
| Quality | 8.4 | 5.9 | 9.6 | 7.3 |
| Courtesy | 6.1 | 9.2 | 7.9 | 7.5 |
| Style | 5.6 | 7.9 | 7.6 | 7.5 |
| Speed | 9.2 | 6.5 | 7.1 | 8.6 |

Recalculate Percectual Map

***Figura 6.2*** – Mapa perceptual *on-line*, que permite ver as alterações de posição conforme se alteram as notas.

Bardin, é possível encontrar no discurso das pessoas as categorias (incluindo as representações sociais) que nos interessam, separá-las e analisá-las. Uma única entrevista pode fornecer importantes pistas sobre as categorias existentes sobre determinado assunto.

Quando diante de uma entrevista gravada, também é possível realizar uma análise quantitativa, e existem até *softwares* que pesquisam quantas vezes uma palavra aparece no discurso.[13] Essas análises, associadas com teorias atuais de neurolinguística, podem ser muito úteis na compreensão das crenças e dos valores relativos a produtos e serviços.

Como conclusão desse item, ressaltamos que existem outras formas, testadas e validadas, de busca e análise de representações sociais, sem necessariamente ter de cair no modelo tradicional de escalas de Likert e medição de atitudes.

---

[13] Um deles chama-se Sphinx e é vendido pela internet; recebemos dos autores um demonstrativo que funcionou adequadamente na análise de uma entrevista.

Encerrando esse tema sobre as representações sociais, gostaríamos de relembrar o caminho percorrido até aqui, preparando a próxima etapa, que é a compra propriamente dita.

Um processo de consumo inicia-se bem antes de a pessoa pensar em algum produto específico. Suas expectativas de vida mais básicas (*quem eu quero ser*) nascem como resultado de suas experiências em quatro níveis: com seu corpo, com suas ideias, com os objetos e com as pessoas. Essas expectativas desdobram-se em outras, mais diretamente relacionadas com ações (*o que farei hoje e amanhã*). Para realizar as expectativas, muitas vezes é necessário ter produtos ou requerer serviços de outras pessoas. Antes de comprar e consumir, porém, há um caminho que vai desde o levantamento das alternativas e os processos de seleção de uma alternativa até chegar ao julgamento da validade do consumo. Só depois é que vem a compra propriamente dita. É por esse motivo que, se o nosso revendedor de automóveis simplesmente abrir a porta e esperar que os consumidores venham comprar, já que ele tem produtos especiais, cairá no mesmo sonho frustrado de muitos empresários que entendem o consumo basicamente como uma situação de compra.

Os processos nas etapas, incluindo aquela sobre representações sociais, podem ser pesquisados, analisados e até transformados pelos profissionais, desde que compreendam a teoria que suporta cada etapa. Cada etapa está inserida em um momento de consumo diferente e é compreendida por variáveis diferentes. Atentar para essas diferenças já será um grande passo para saber o que fazer ao final.

## *Referências Bibliográficas*

BARDIN, L. *Análise de conteúdo*. Tradução de Luís Antero Reto. Lisboa: Edições 70, 1977.

CLEMEN, R. *Making hard decision*. 2. ed. Duxbury: Belmont, 1996.

COSTA, B.; PLONSKI, G.; SBRAGIA, R. *A influência da cultura no consumo de serviços automatizados. IV SEMEAD – Semana de Administração*. Universidade de São Paulo, out. 1999.

COSENZA, J. Resgatando o marketing. *Revista da ESPM*, v. 7, ano 6, n. 1, fev. 2000.

FIGUEIREDO, M. A. *Algumas tentativas de caracterização de aspectos afetivos, cognitivos e comportamentais das emoções através de aplicação do modelo teórico de Fishbein Ajszen sobre atitudes*. São Paulo, 1986. Tese (Doutorado em Psicologia) – Universidade de São Paulo, 1986.

GIGLIO, E. *Um estudo exploratório sobre as representações sociais presentes no processo de decisão de compra de imóvel*. São Paulo, 1998. Dissertação (Mestrado) – Pontifícia Universidade Católica de São Paulo, 1998.

_____. *Contribuição ao desenvolvimento de um modelo de estratégia orientada para a satisfação do consumidor no ramo imobiliário*. São Paulo, 2002. Tese (Doutorado) – Faculdade de Administração e Economia, Universidade de São Paulo, 2002.

GIGLIO, E. Queremos aventura... queremos segurança... afinal o que queremos? *Revista da ESPM*, v. 2, n. 3, p. 98-106, nov. 1995.

GUARESHI, P., JOVCHELOVITCH, S. (org.) *Textos em representações sociais*. Rio de Janeiro: Vozes, 1994.

HOOLEY, G.; SAUNDERS, J. *Posicionamento competitivo*. Tradução de Luiz Liske. São Paulo: Makron Books, 1996.

KARSAKLIAN, E. *Comportamento do consumidor*. São Paulo: Altas, 2000.

MOSCOVICI, S. Notes towards a description of social representations. *European Journal of Social Psychology*, v. 18, p. 211-250, 1988.

PLOUS, S. Effects of question wording and frame. In: _____. *The psychology of judgement and decision making*. Nova York: McGraw-Hill, 1993.

POPCORN, F. *O Relatório Popcorn*. Tradução de Outras Palavras. Rio de Janeiro: Campus, 1993.

TOFFLER, A. *O choque do futuro*. 3. ed. Rio de Janeiro: Record, 1971.

TUCK, M. *Como escolhemos*: psicologia do consumidor. Rio de Janeiro: Zahar, 1978.

# Capítulo 7

# As etapas da compra e pós-compra

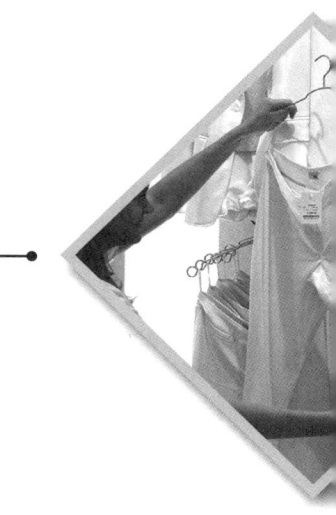

Como vimos, antes da etapa de compra, existem experiências importantes que determinam *o que* esperamos do futuro, *com qual carga de importância* esperamos, *o que* selecionamos como possível de satisfazer essas expectativas e *como* validamos a compra e o consumo. Finalmente chegamos à compra. Depois da etapa da compra, também existem momentos importantes, como o uso, a avaliação dos resultados e o destino final dos possíveis restos do consumo, além do reinício ou não do ciclo.

## 7.1 A etapa da compra – os princípios

Facilitar ao máximo o processo de compra – esta tem sido a frase-chave para as técnicas de vendas. Em nosso meio, difundem-se as lojas de conveniência, os bancos 24 horas, os mercados 24 horas, as compras por telefone e pela internet, todo tipo de serviços e comodidade. Por que tudo isso? Porque a competitividade tornou obrigatório um diferencial no atendimento, cujo ponto alto é justamente o momento da compra. Mais do que colocar serviços/produtos no mercado, a ordem é encantar o consumidor e dar-lhe todas as vantagens, não só para que ele se torne fiel, mas também um influenciador. Nas palavras de McKeena (1993) et al., "*a compra é apenas um dos resultados de um relacionamento positivo com o consumidor*".

A frase indica que o acompanhamento do consumidor deve ocorrer antes e depois da compra. Conhecemos um fabricante de máquinas industriais que presta assessoria aos seus possíveis consumidores durante meses, às vezes iniciando no projeto de ampliação da fábrica do consumidor sem ter nenhuma segurança de que ao final haverá uma compra. Os empresários da fábrica sabem, porém, que estão construindo uma boa imagem, um julgamento positivo na mente de todas as pessoas envolvidas na assessoria.

A compra é o momento da troca de valor, quando *duas partes* negociam a satisfação de suas expectativas. Esse ponto implica que a situação *presente* das duas partes é o fator que determina o modo de compra. Ao chegar em uma feira de automóveis às 8 horas, observaremos um modo de relacionamento das duas partes; chegando às 13 horas, veremos um modo bem diverso, porque ambas as partes modificaram sua situação, embora o vendedor seja a mesma pessoa nos dois horários.

O momento da compra é, portanto, o momento mais importante do relacionamento entre o fornecedor e o consumidor, e, por esse motivo, as empresas estão investindo em seus técnicos para que também se tornem profissionais do relacionamento. Os consumidores, principalmente quando são empresários, querem pessoas com conhecimentos. Um exemplo muito claro desse movimento é o número de técnicos que se inscrevem nos cursos de pós-graduação.

O momento da compra deve ser aproveitado pelo profissional, pois ele oferece três níveis de informação e atuação:

- Ao conversar com o consumidor no momento da compra, o gerente pode se informar sobre como se processaram as etapas anteriores: que experiências levaram à compra; que expectativas o consumidor quer alcançar; que características do produto/serviço lhe chamam a atenção; como chegou até a empresa (avaliação das alternativas); que julgamentos tem sobre o consumo desse produto (representações). Caso as informações não venham espontaneamente, a pessoa pode ser estimulada a dá-las (formal ou informalmente).

- O momento da compra também pode informar quais são os mecanismos de avaliação pós-compra normalmente utilizados: o consumidor comenta o resultado de compras passadas, sobre amigos e conhecidos, que testes irá fazer para saber se obteve o que queria ou não. Também nesse caso a pessoa poderá ser estimulada a comentar.

- O terceiro nível de informação e atuação refere-se à oportunidade que o momento da compra propicia para se estabelecer um relacionamento positivo, embasado na confiança e na troca de informações, possibilitando a modificação das etapas anteriores e posteriores. No momento da compra, é possível ajustar as expectativas ao produto e vice-versa; modificar julgamentos por meio da experimentação; treinar o uso do produto e mudar critérios de avaliação da qualidade. Por exemplo, vamos supor a compra de um produto ou serviço que não seja conhecido em detalhes pelo consumidor (um computador, um roteiro turístico mundial, uma cirurgia plástica etc.). Na etapa da compra, pode-se diminuir a influência das representações negativas (geralmente histórias de decepção de amigos ou situações imaginadas) e redirecionar as expectativas sobre os resultados (esclarecendo realmente o que será obtido com o uso do produto), diminuindo a margem de decepção. Criando-se um ambiente de confiança e dando-se informações relevantes, aumenta a probabilidade da compra.

Como se vê, no momento da compra, mesclam-se todos os outros passos anteriores e os resultados esperados dos posteriores.

## 7.1.1 Modelos de compra

Existem muitos artigos sobre o momento da compra, mas boa parte deles está mais orientada para o *momento da venda*, isto é, para os processos de persuasão. Aqueles que tratam do comprador geralmente utilizam os princípios da tipologia. Classificam-se os consumidores conforme sua compra: se é racional ou impulsiva, rápida ou demorada, com detalhamento ou sem detalhamento e outras variáveis presentes na negociação. Conforme dissemos no capítulo sobre tipologia, parte-se do pressuposto de que o passado se repete. É um pressuposto que tem sua força principalmente quando utilizamos o conceito de ordenação, mas não podemos esquecer da outra vertente, a busca da superação. Além disso, não se pode esquecer de que a dimensão do futuro está presente em todas as nossas ações, criando o campo da incerteza no comportamento. Podemos e devemos, portanto, exercitar a criação de teorias mais flexíveis, adaptáveis às mudanças e coerentes com a imprevisibilidade.

Um dos modelos de processos mais conhecidos no momento da compra é o de Assael (1998, p. 67), reproduzido em todos os manuais de Marketing (Kotler, 2000, p. 199), também um dos mais utilizados no meio acadêmico. Segundo o modelo de Assael, é possível categorizar o comportamento de compra conforme algumas variáveis, tais como o grau de envolvimento e o de diferenciação de marca (pode-se cruzar com o grau de informação necessária ou lealdade à marca, com o grau de hábito construído e outras variáveis).

Nesse cruzamento específico, coloca-se como *grau de envolvimento* a importância que o consumidor dá ao consumo, isto é, o quanto ele imagina que a sua vida poderá mudar após a compra e o quanto ele está disposto a se esforçar para realizá-la. Para um casal jovem, que vem economizando há anos, o envolvimento na compra de um imóvel é bem grande, enquanto, para um investidor, é apenas mais um negócio. A outra categoria refere-se à percepção que o consumidor tem de *diferenciação de marcas.* Graficamente, o modelo que cruza essas duas variáveis apresenta-se assim:

*Quadro 7.1* – Modelo de Assael sobre comportamento de compra, cruzando envolvimento com grau de diferenciação entre marcas

|  | Alto envolvimento | Baixo envolvimento |
|---|---|---|
| Diferenças significativas entre as marcas | Comportamento complexo de compra, possibilidade de forte dissonância cognitiva<br><br>Por exemplo: carros importados | Comportamento de compra à procura de variedade<br><br>Por exemplo: roupa de uso cotidiano |
| Poucas diferenças entre as marcas | Comportamento de compra com dissonância reduzida<br><br>Por exemplo: imóvel | Comportamento habitual de compra<br><br>Por exemplo: artigos de higiene |

Naturalmente, o modelo gera alguns questionamentos, tais como sobre a técnica de se medir o grau de envolvimento e o que significa comportamento habitual de compra (é comprar sempre os mesmos produtos ou é comprar da mesma maneira produtos diferentes?).

O modelo de negociação de Cohen (1999) apresenta uma organização mais completa e adequada das variáveis que estariam em jogo na negociação. Ele coloca três fatores que estruturam o momento do encontro: o uso do poder, o uso da informação e o uso do tempo. Cada um deles tem algumas variáveis, conforme ilustrado na Figura 7.1.

O *poder* pode ser definido como a capacidade de fazer com que as coisas sejam realizadas, de exercer controle sobre as pessoas, os acontecimentos, as situações e sobre si próprio. O poder não é bom nem mau – ele é neutro (Cohen, 1980, p. 51). Para ser efetivo, porém, o poder precisa ser percebido pelos outros. Do lado do consumidor, pode-se comentar que algumas variáveis que lhe dão poder são: o poder do dinheiro, o poder de escolher, o poder de pressionar por melhores condições e o poder de disfarçar suas reais expectativas. Do lado do vendedor, pode-se comentar que algumas variáveis que lhe dão poder são: o poder da especialização, o poder da persistência e o poder de correr riscos.

Sobre o *tempo*, Cohen (1980) afirma que normalmente as partes envolvidas em uma negociação têm um tempo limite e que as maiores concessões ocorrem sempre ao final. Uma negociação ficará desbalanceada se uma das partes tiver tempo limitado e a outra não – a que não tiver limite estará em vantagem. Sobre a *informação*, ele afirma que é comum as pessoas negarem informações em uma negociação, porque informação é poder. Esses fatores contêm variáveis, apresentadas na Figura 7.1.

O processo interpessoal significa a presença (ou ausência) da empatia e da confiança entre os participantes.

O conflito de interesses ocorre quando o consumidor ainda está em uma fase anterior do processo de consumo (por exemplo, pesquisando preços, modelos e usos) e o vendedor insiste em um compromisso de compra em vez de ajudar o consumidor a resolver suas dúvidas.

A atividade voluntária determina o interesse na compra. Um adolescente obrigado a alugar um terno para uma festa tem um comportamento de compra muito diferente do que um adulto que compra peças usadas em um chá beneficente.

Elementos tangíveis e intangíveis referem-se à presença (ou ausência) de elementos tangíveis valorizados pelo consumidor. Uma tela de computador que recria um ambiente de sala com os móveis que o consumidor está imaginando tangibiliza suas ideias e pode facilitar a compra. Em alguns negócios em que a marca é muito importante, ocorre o inverso. A força da marca é um intangível que valoriza o tangível (a marca de uma roupa, por exemplo). Demonstrativos, filmes e experimentações são exemplos de tangibilidades que facilitam as vendas.

A natureza e o tipo de informação determinam o poder de condução do encontro. Se o produto é complexo e o consumidor não o conhece, o vendedor conduz a negociação. Se for ao contrário (um engenheiro pedindo uma reforma na sua casa), a negociação estará na mão do consumidor.

```
                    ┌─────────────────────────────────┐
                    │          Consumidor             │
                    ├─────────────────────────────────┤
                    │     Processo interpessoal       │
                    ├─────────────────────────────────┤
                    │     Conflito de interesses      │
                    ├─────────────────────────────────┤
                    │      Atividade voluntária       │
                    ├─────────────────────────────────┤
                    │  Elementos tangíveis e intangíveis │
                    ├─────────────────────────────────┤
                    │   Natureza e tipo de informação │
                    ├─────────────────────────────────┤
                    │             Tempo               │
                    ├─────────────────────────────────┤
                    │         Legitimidade            │
                    ├─────────────────────────────────┤
                    │         Alternativas            │
                    ├─────────────────────────────────┤
                    │      Qualidades pessoais        │
                    ├─────────────────────────────────┤
                    │   Influência de outras pessoas  │
                    ├─────────────────────────────────┤
                    │          Fornecedor             │
                    └─────────────────────────────────┘
```

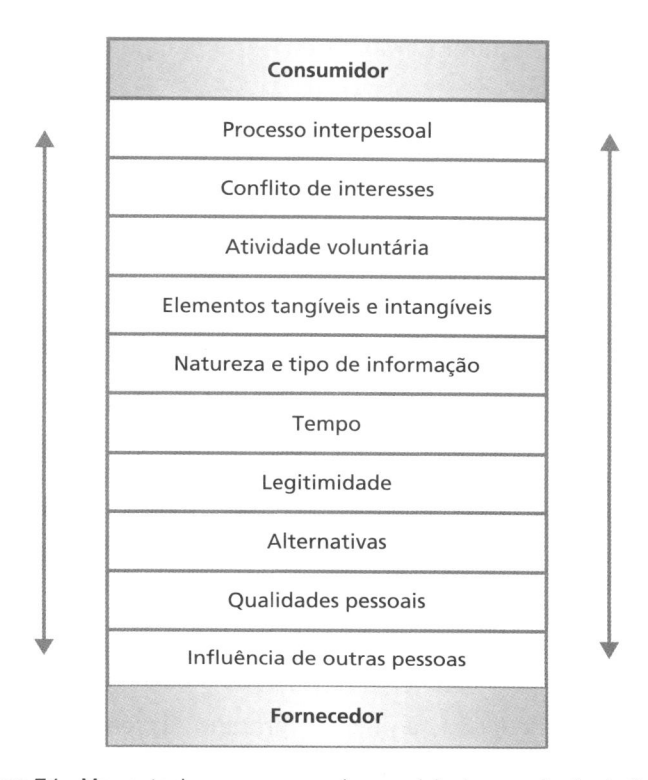

*Figura 7.1* – Momento da compra segundo o modelo de negociação de Cohen.

O tempo disponível dos participantes influencia a qualidade do relacionamento. O consumidor apressado em uma oficina mecânica pode determinar baixa qualidade de serviço. Já uma pessoa que está passeando em um *shopping* pode ter a tarde toda para escolher uma roupa.

A legitimidade é a autoridade que o consumidor percebe na pessoa que o está atendendo. Se, por qualquer problema, um gerente é chamado e propõe a mesma solução que o atendente, a situação de aceitação do consumidor se modifica por causa da legitimidade do emissor da informação.

As alternativas de aquisição e de características do produto aparecem quando o consumidor ainda não tem definição clara das características do produto escolhido e do modo de aquisição (à vista, a prazo). Nesses momentos, a compra se aproxima da etapa de levantamento de alternativas, embora o consumidor já esteja decidido a adquirir.

As qualidades pessoais referem-se a alguns traços de personalidade e comportamento das partes envolvidas que estruturam o relacionamento. Uma vendedora de carros extremamente sedutora e intimista altera a situação profissional de relacionamento e pode comprometer uma compra. Um comprador impulsivo e agressivo pode não dar chance ao vendedor de realizar seu trabalho de relacionamento.

Finalmente, a presença de outras pessoas influentes, como os pais de um casal que está comprando um imóvel, cria campos de negociação distintos. Quando um corretor de imóveis atende um casal acompanhado de seus pais, ele sabe que aquelas pessoas, quando se manifestarem, irão modificar o campo e a estrutura do relacionamento criado.

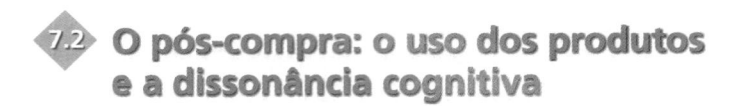

## 7.2 O pós-compra: o uso dos produtos e a dissonância cognitiva

Temos discutido, até aqui, o processo de consumo, que vai se completando. Inicialmente, as experiências da pessoa fazem nascer as expectativas; em seguida, o consumidor busca os modos de alcançar esses objetivos e escolhe um caminho, julga a adequação do consumo, compra e usa o produto. Durante e após o uso, o consumidor analisa sua situação presente, incluindo o processo todo e os resultados obtidos, chegando a uma decisão sobre o acerto, ou não, do seu consumo. O resultado desse processo será uma satisfação ou uma frustração. Quando existe uma diferença entre o que se esperava e o que se pensa ter obtido, surge o fenômeno da dissonância cognitiva.

### 7.2.1 Questões relativas ao uso do produto

Na análise das variáveis relativas ao uso do produto, devemos levar em consideração três itens: as situações de uso, a complexidade de uso e o treinamento de uso.

Compreender as situações de uso de um produto/serviço é muito importante para um gerente, de um lado porque isso pode mostrar oportunidades a serem exploradas (em uma comunicação, por exemplo) e, de outro, mostrar que o produto está sendo mal utilizado e pode resultar em insatisfação. No início de seu ciclo de vida no Brasil, os fornos de micro-ondas eram utilizados de maneira errônea (com os recipientes errados, por exemplo), gerando insatisfação. Um acordo com uma apresentadora de culinária da televisão fez com que os modos corretos de uso pudessem ser ensinados, aumentando a satisfação com o produto.

Com o desenvolvimento tecnológico, o consumidor se vê diante de tarefas cada vez mais complexas para utilizar os produtos de seu cotidiano. São celulares, gravadores, programas de computadores, automóveis e serviços automatizados os mais diversos, que exigem conhecimento, atenção e decisão, o que nem sempre está acessível ao consumidor. Essas exigências de uso podem ser um dos motivos de as pessoas de terceira idade resistirem às tecnologias, como serviços bancários automáticos.

O treinamento está ligado ao item anterior. Um celular multifuncional, portanto destinado a várias situações de uso, com complexidades envolvidas (senhas, controles, funções pré-programadas), necessita de treinamento do usuário e pode não ser satisfatório. Exemplos de possíveis insatisfações são os programas de gerenciamento de empresas, como hospitais, extremamente complexos.

A realização de pesquisas de acompanhamento (em vez de um questionário sobre satisfação), nas quais o pesquisador observa o uso do produto, pode mostrar os problemas de uso, possibilitando, dessa forma, criar programas de melhorias contínuas.

## 7.2.2 O conceito de dissonância cognitiva

Dissonância cognitiva é um termo que Festinger (1957) cunhou há várias décadas e que foi posteriormente utilizado pelo Marketing.

Façamos uma experiência simples. Podemos recordar algum dia de nossa vida em que tudo o que queríamos que acontecesse realmente aconteceu? Caso consigamos recuperar essa experiência da memória, iremos nos lembrar de que é uma felicidade indescritível quando os fatos se sucedem conforme nossas expectativas, embora seja uma experiência rara. Pensando no nosso cotidiano, constataremos rapidamente que é mais comum não acontecer o que esperamos, o que, afinal de contas, leva-nos a novos esforços e confere graça e emoção à vida.

Dissonância cognitiva refere-se exatamente ao processo e ao resultado final cognitivo e emocional da verificação da diferença entre o que se esperava e o que ocorreu. Festinger colocou o conceito de maneira ampla, incluindo toda e qualquer discordância entre as experiências que estão ocorrendo (com o corpo, as ideias, emoções, atitudes, relacionamento) e os resultados esperados. Por exemplo, no nível das experiências corporais pode ocorrer dissonância na comparação entre o resultado imaginado (*"Essa roda gigante deve dar muito frio na barriga."*) e o resultado obtido (*"Não senti nada."*). Desempenhos sexuais e esportivos podem estar entre as maiores fontes de dissonância dos rapazes. No nível das ideias, a diferença poderia estar entre as emoções esperadas (*"Esse show deve deixar a gente muito emocionada."*) e as ocorridas (*"Fiquei longe do palco, não ouvi nem vi direito, só senti raiva de quem estava me empurrando."*).

Posto dessa forma, observando-se o cotidiano de qualquer pessoa, verifica-se que estamos frequentemente entrando em dissonância. Cada vez que isso ocorre, tentamos criar mecanismos que eliminem a frustração presente, pois, afinal de contas, não queremos ficar sofrendo.[1] Essas soluções que a pessoa cria para resolver sua dissonância cognitiva eram o foco das pesquisas de Festinger.

Conforme a teoria de Festinger, um profissional de Marketing não pode eliminar a dissonância cognitiva negativa, mas pode compreender os mecanismos que o consumidor cria para lidar com ela e, portanto, como interferir neles. A existência da dissonância cognitiva negativa após um consumo cria um ambiente psíquico (predisposição positiva ou negativa) em relação aos produtos utilizados, o que pode influenciar um novo processo de etapas, já que as alternativas, os julgamentos e os processos de compra podem ser alterados pelo consumidor.

Devemos pontuar que essa comparação entre o esperado e o obtido não é um processo apenas racional, mas uma união dos elementos de todo o processo de consumo, isto é, as experiências que estão ocorrendo até o ponto de uso (lembrando que o processo é longo), as expectativas, os acontecimentos no levantamento de alternativas e na compra, a aprendizagem durante o consumo, enfim, o fluxo de acontecimentos. Tudo vai se unindo naquele período de uso do produto e análise

---

[1] Festinger também pesquisou as situações nas quais o resultado é muito melhor do que se esperava, porém, o nosso interesse está naquelas situações em que o consumidor julga ter obtido menos do que esperava.

de seus resultados. Um consumidor que tenha problemas na sua viagem, mas encontre uma companhia agradável pode minimizar a força dos problemas, enquanto outro consumidor, que passa pelos mesmos problemas, mas perde uma companhia (em uma briga de casal, por exemplo) pode inflacionar esses problemas. É por esse motivo que esse modelo em etapas sugere um acompanhamento individual.

### 7.2.3 As soluções quando experimentamos a dissonância e as relações com o consumo

Pesquisas no campo da Psicologia Social têm demonstrado que, ao sentir uma dissonância cognitiva negativa, as pessoas utilizam três soluções básicas:

A. Distorção das percepções e da memória (*"Quem o feio ama, bonito lhe parece."*)

Ao sentir uma dissonância negativa, a pessoa altera as percepções e seleciona os registros de memória. Essa solução consiste, em termos simples, em "só ver e lembrar o que interessa", no sentido de o que *os olhos não veem, a consciência não sofre com as incoerências*. Um exemplo típico é o esforço que uma pessoa faz para defender alguém contra o juízo negativo de outra pessoa ou grupo. Ela pode se tornar seletiva na sua percepção de modo a só considerar fatos e sentimentos que concordem com o juízo positivo.

Um caso muito interessante de estratégia de Marketing ocorre nas empresas de tabaco. Conscientes dos males do fumo, procuram estimular os consumidores em aspectos opostos a eles, como esportes, alegria e energia. Tais estímulos visariam propiciar um quadro de justificativas para o consumo, ressaltando os fatores positivos(e as lembranças do fumante).

Vamos supor que uma pessoa tenha sonhado com um cruzeiro marítimo, tenha economizado, tenha imaginado várias situações de prazer e, finalmente, iniciado sua viagem. Por inexperiência, porém, essa viagem é muito diferente daquilo com que havia sonhado, com desconforto e pouco prazer. Para não sofrer com a decepção (em razão de todo o dinheiro gasto e dos esforços físico, mental e social), essa pessoa pode selecionar seus estímulos, supervalorizando os fatos que são coerentes com suas expectativas e procurando nem pensar nos contrários. O simples consumo de drinques na beira da piscina pode ser relembrado como um momento excepcional da viagem.

Se a pressão tornar-se maior (por exemplo, se o número de experiências contrárias aumentar) e não for mais possível anular os estímulos na consciência, nosso consumidor poderá recorrer à segunda resposta, ou seja, depreciar a fonte da dissonância.

B. Depreciar a fonte da dissonância (*"Mas quem foi que disse isso?"*)

Às vezes, os fatos não podem ser negados, em função da sua evidência. Por exemplo, se compramos uma roupa extravagante com o objetivo (conteúdo da expectativa) de fazer sucesso em uma festa, mas na hora do uso somos ridicularizados, surgindo a dissonância, não podemos negar que a roupa está no corpo, pois ela é o estímulo evidente. Nesses casos, a pessoa deprecia o conteúdo que originou a dissonância (a idéia de ridículo e quem trouxe esta ideia). Nesse exemplo da roupa, a pessoa tentaria mudar a própria idéia de "ser ridículo" ou atacaria como ridícula a pessoa ou o grupo que exprimiu a idéia. Em termos bem simples, consiste no mecanismo muito utilizado de "encontre algum culpado por isso". A pessoa poderia argumentar que quem criticou não entende nada de moda, por isso, não merece atenção.

Em alguns casos, a dissonância é criada pela oposição entre uma expectativa (por exemplo, querer fazer parte de um grupo) e as relações sociais entre o sujeito e o grupo (aquele grupo rejeita a pessoa). A pessoa percebe a oposição entre sua expectativa e a receptividade do grupo (quando surge a dissonância). Uma das soluções possíveis é depreciar o grupo, mudando o conceito de positivo para negativo. Tal processo poderia ser traduzido pela seguinte frase: *"Quem foi que disse que eu quero ficar com esses esnobes?"*. Dessa maneira, a expectativa inicial continua a existir (fazer parte de um grupo), mas o sofrimento por não pertencer àquele grupo diminui.

O exemplo do fabricante de cigarros é elucidativo. Nesse caso, tanto as empresas quanto os consumidores se unem para atacar os grupos contrários (não fumantes, médicos etc.), reforçando a opção do consumidor. Uma marca conhecida do público brasileiro dizia claramente que fumar é uma ação de liberdade.

Uma solução mais radical estaria na mudança do próprio desejo. No exemplo de aceitação em um grupo, tal processo poderia ser traduzido na frase: *"Agora eu não quero mais saber de grupo nenhum"*.

Repare que cada uma dessas soluções tem consequências diferentes no comportamento de consumo, principalmente se a pessoa parece modificar a si própria (*"Agora eu mudei, agora não quero mais..."*) ou se prefere colocar a culpa em fatores externos (*"O vendedor é o culpado."*).

Nossa mesma pessoa da viagem, agora com uma carga de estímulos contrários às suas expectativas, poderá começar a mudar de ideia sobre tudo o que esperava do cruzeiro. Essa mudança das expectativas, com sua colocação mais próxima aos estímulos percebidos (isto é, à realidade da viagem), diminui o sofrimento da decepção. Frases como *"Já estou me acostumando."* e *"Agora eu sei como é."* seriam reveladoras desse processo em andamento. A pessoa tenta, por exemplo, valorizar seu conhecimento, sua experiência.

Outro mecanismo muito utilizado em sociedades onde o individualismo é valorizado consiste em buscar alguém culpado. No nosso exemplo, a pessoa irá reclamar com a agência de viagens, com o hotel, com a viação aérea e com todos os que puderem ser responsabilizados pela sua decepção. Além de se livrar, em parte, do desconforto da dissonância (já que a culpa não é dela), a pessoa ainda se valoriza por fazer valer seus direitos.

Quando nenhum dos dois mecanismos anteriores funciona, ainda resta a busca de um apoio social.

C. Buscar apoio social (*"Você também caiu nessa? Puxa, então não sou o único..."*)

Existem situações de dissonância em que as duas respostas anteriores não são possíveis, tanto porque os estímulos são fortes demais para serem negados, quanto porque a própria pessoa não consegue reunir depreciações adequadas. Nesses casos, ela busca o apoio de algumas pessoas de seu meio. Os exemplos mais comuns referem-se a situações de exposição coletiva, tais como um grupo inteiro de pessoas que é enganado por uma empresa. O grupo pode se unir e tentar encontrar um bode expiatório. As inúmeras associações de grupos de pessoas lesadas possibilitam essa situação de "*menos mal, já que não sou o único*". É como se mentalmente elas dissessem: "*Não fui só eu que errei, olha quantas outras pessoas.*".

Por vezes, a associação também utiliza o recurso de buscar culpados. Um grupo lesado pela quebra de um banco pode culpar o governo. A sociedade degradada, o capitalismo selvagem, o trânsito, os políticos e os imigrantes são alguns "culpados externos" frequentemente citados.

Nosso consumidor da viagem inesquecível pode vir a ficar doente em boa parte dela e não terá o que ou a quem culpar. Poderá, eventualmente, contar com a solidariedade de outras pessoas que estejam com o mesmo problema. Talvez esse grupo busque uma explicação, como o atraso tecnológico dos navios.

Em uma reunião sobre o destino de um empreendimento imobiliário cuja construtora havia falido, os consumidores daquele empreendimento já não se lamentavam sobre o dinheiro perdido, mas se uniam para comentar suas histórias de ingenuidade.

Existem, portanto, três respostas básicas para a frustração dos resultados de um consumo. Na primeira, em que a pessoa seleciona os pontos positivos, o gerente de marketing pode auxiliar no processo, lembrando ao consumidor tudo o que há de positivo no uso do produto e nos seus resultados. Na segunda, em que a pessoa busca um culpado externo, o gerente deve atentar para a possibilidade de a culpa recair no seu produto ou não. Em caso negativo, pode-se reforçar a crítica aos outros (buscar um culpado); no caso de a culpa recair sobre o produto e a empresa, a situação exige um contato mais aprofundado com o consumidor, buscando mudar o conteúdo da etapa que mais contribuiu para a origem da frustração (por exemplo, se a pessoa reclama demais que os vendedores não explicaram direito no momento da compra). A terceira resposta, de buscar ajuda social, pode ser incrementada pelo gerente de marketing. Uma empresa de bebidas, por exemplo, pode associar-se com uma ONG que preste socorro aos alcoólatras, diminuindo a possibilidade de sua empresa ou produto ter sua imagem prejudicada. Se a associação, porém, formar-se exatamente para brigar contra a empresa (um grupo contra um banco, por exemplo), resta aos responsáveis aceitar a máxima do marketing – o consumidor está em primeiro lugar –, ao contrário do que ocorre nas leis brasileiras de falência, em que os consumidores estão bem no fim da fila.

A intensidade da dissonância e o tipo de resposta para eliminá-la dependem do grau de importância dada ao consumo (a carga afetiva colocada na obtenção das expectativas). Em consumos de rotina, com produtos de baixo valor, esse processo de comparação e nascimento da dissonância praticamente desaparece.

### 7.2.4 As ações para anular ou diminuir a dissonância cognitiva

Ao voltar desse cruzeiro inesquecível, nosso consumidor fala com a empresa e com todos os seus conhecidos sobre a imagem negativa que criou sobre o produto. Ele está com a razão? Devemos adotar o lema "*O consumidor sempre tem razão*"? Em uma linha de raciocínio, tem-se colocado que é necessário mostrar os limites aos consumidores para evitar abusos de reclamação, reposição e trocas de produtos. Existe, porém, uma outra maneira de encarar a frase. Quando pensamos que o consumidor está buscando livrar-se da sua frustração sobre o consumo e procurando as alternativas possíveis (inclusive as três respostas básicas que descrevemos no item anterior), podemos não mais julgá-lo como incompetente ou queixoso. Fica claro, por essa perspectiva, que não é o caso de discutir com o consumidor para ver quem tem razão. É óbvio que ele tem razão em procurar não sofrer e é óbvio que a empresa busca sua sobrevivência e seu lucro. Para alcançar esse lucro, deve ajudar o consumidor a se livrar do seu incômodo.

A dissonância cognitiva é o resultado a que o consumidor chega após uma comparação entre o que se esperava e o que se obteve. Caso haja frustração, o gerente poderá ajudar seguindo dois caminhos. Esquematicamente, teríamos a seguinte figura:

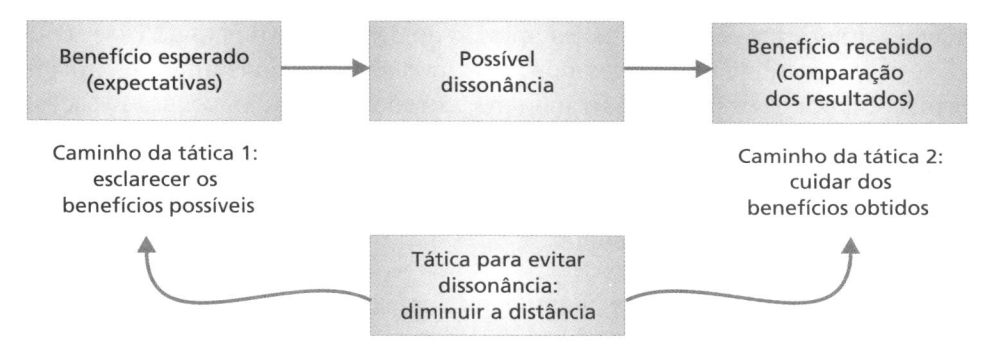

*Figura 7.2* – Duas táticas para atuar na dissonância cognitiva.

Vimos, na Figura 7.2, que o caminho da tática 1 consiste em influenciar o conteúdo e a carga emocional das expectativas. Isso pode ser realizado tanto na etapa da compra quanto na da pós-compra. Em outras palavras, seria esclarecer detalhadamente quais resultados o consumidor pode esperar após o uso do produto/serviço e sua relação com as expectativas. O que efetivamente será (ou foi) oferecido nessa viagem ao redor do mundo? No caso da venda de um *software*, o que ele realiza? No caso de uma assistência médica, como funciona esse serviço de fato?

Como se percebe, trata-se de desenvolver uma tática de prestação de serviços em substituição às táticas tradicionais de venda e pós-venda.

O caminho da tática 2 consiste em valorizar os resultados obtidos. Isso pode ser realizado com o treino da pessoa no uso do produto, auxiliando seu mecanismo mental de valorizar os fatores positivos (por exemplo, por meio de contatos telefônicos), auxiliando-a na busca de possíveis fatores externos que expliquem a decepção (por exemplo, o mau tempo na viagem) ou levando-a a participar de grupos (por exemplo, promovendo um encontro entre as pessoas que realizaram a viagem).

Na verdade, para que um gerente diminua as chances de ocorrência da dissonância, deve estar atento em todas as etapas e agir quando necessário. Vejamos algumas dessas ações.

A. Com relação às expectativas, o profissional deve conhecê-las para poder orientar o consumidor. Deve conhecer seu conteúdo e sua carga emocional, além do projeto de futuro que o consumidor busca alcançar por meio do produto. Conhecendo essas expectativas, pode antever se seu produto/serviço é adequado ou não a essa pessoa.

B. Com relação à etapa de levantamento de alternativas, temos presenciado o sucesso de algumas empresas em *construir junto com o consumidor as alternativas de fornecedores e produtos*, tornando-as mais coerentes com os benefícios buscados e obtidos. Essa ação será mais facilitada quanto mais técnico for o negócio e quanto mais planejada for a compra. No ramo da Informática, por exemplo, temos orientado os vendedores a visitar seus consumidores acompanhados dos técnicos, os quais podem informar os limites e as capacidades dos equipamentos, bem como as alternativas de produtos e serviços disponíveis.[2]

O levantamento de alternativas tem dois processos básicos: a lembrança de experiências anteriores semelhantes e a opinião de pessoas influentes. Nesse segundo caso, seria interessante tomar providências para que vários consumidores trocassem informações, por exemplo, organizando mesas-redondas com oito a dez pessoas. No ramo turístico, para continuar no nosso exemplo de viagem, temos visto empresas que dão ao possível consumidor uma lista de ex-consumidores para quem pode ligar e trocar informações sobre problemas, roteiros etc., adequando suas expectativas e refinando seus processos de escolha.

C. Com relação à etapa de julgamento, com suas representações sociais sobre o produto/serviço, a ação mais eficaz é conhecer a origem dos julgamentos negativos e utilizar no presente outras representações contrárias e experiências que possam modificá-los ou abrandá-los. Se o marido comprar um cruzeiro pressionado pela esposa, mas tiver uma série de julgamentos negativos sobre o produto, estará predisposto a selecionar as experiências negativas. Um esforço para tentar mudar esses conceitos antes da viagem seria um bom caminho. Pode-se argumentar, por exemplo, que muitos casais se reencontram (amorosamente) nessas viagens.

D. Na etapa da compra (negociação), as duas ações mais evidentes são: criar um ambiente positivo de atendimento (conforme as variáveis vistas naquele item) e esclarecer e treinar o consumidor sobre o uso do produto e seus resultados. Nada mais justo e reconhecido por todos os consumidores do que um vendedor que diz claramente o que seu produto faz ou não. Mesmo que a pessoa não compre, isso cria uma imagem tão positiva sobre o vendedor e a empresa que acaba gerando algum retorno de venda. É uma das melhores maneiras de lidar com a possibilidade de dissonância cognitiva.

---

[2] Alguns gerentes de empresas prestadoras de serviços nos ramos de banco de dados, sistemas de informações e gerenciamento de redes têm nos afirmado que a decepção do consumidor é inevitável, porque ele sempre imagina mais do que o equipamento comporta, por mais que seja informado. Talvez eles tenham alguma razão sobre o insondável da imaginação, mas informações e testes de realidade fazem parte dos mecanismos de adaptação dos seres humanos. Podemos não eliminar a dissonância, mas podemos diminuí-la, o que fará diferença para o consumidor.

E. Acompanhar o consumidor no pós-venda. Várias empresas entram em contato com seus consumidores após a compra, ressaltando as qualidades do produto adquirido e as facilidades de atendimento, caso necessite de assistência técnica. No ramo automotivo, é comum que o fabricante entre em contato com o comprador para obter informações sobre sua satisfação e a qualidade de atendimento da concessionária. Essas ações acabam agradando muitas pessoas, que valorizam esses aspectos, no combate à dissonância. O empresário brasileiro, porém, ainda não está acostumado com o acompanhamento a longo prazo, por exemplo, uma faculdade acompanhar a trajetória de seus ex-alunos. Todas essas ações de pós-venda visam eliminar a insatisfação do consumidor, ou, se ela surgir, canalizá-la para a própria empresa. Um consumidor reclamando é uma importante (e gratuita) fonte de informação, e tudo que pudermos fazer para que ele reclame conosco, e não com outras pessoas e concorrentes, será útil.

Como se percebe aqui e em outros momentos do texto, a rotina de pesquisa é fundamental para se entender e atender os consumidores. É proveitoso conversar frequentemente com as pessoas, monitorando as fontes de dissonância que podem atrapalhar o negócio. Atualmente, poderíamos citar o trânsito, a violência, as greves, os modos egoístas de relacionamento afetivo e a independência precoce dos jovens como algumas das maiores fontes de dissonância dos moradores das grandes cidades. Elas atrapalham negócios que estão estreitamente vinculados a esses fenômenos, como restaurantes ao ar livre, transporte público e venda de imóveis em regiões mais violentas. Tais fontes, de outro lado, aumentam a demanda por uma série de produtos/serviços, como todas as formas de entrega a domicílio, produtos e serviços de segurança, produtos para o lazer e o trabalho enquanto se está no trânsito, serviços de encontros, lazer doméstico, entre outros. Empresas orientadas para o consumidor entendem não só as pessoas, mas também os movimentos sociais amplos em que elas estão inseridas. Às vezes, além de entender, devem também agir, como é o caso de pressões para a melhoria do trânsito ou o policiamento.

## 7.3 O caso de uma fábrica muito honesta

O autor é consumidor de aquecedor a gás de parede. Econômico, funcional (não necessita de um tanque para aquecimento anterior), de assistência técnica fácil e rápida, ajustou-se às expectativas racionais que cercaram a compra do produto. Após a compra, não houve nenhuma decepção que criasse uma imagem negativa.

O primeiro modelo foi comprado há muitos anos e chegou o momento de substituição. Não houve dúvidas em adquirir o mesmo modelo. A surpresa ocorreu ao ler o manual de instruções do novo modelo. Simplesmente é um dos documentos mais honestos de que temos conhecimento. Reproduzimos algumas frases, literalmente, inclusive com as aspas originais:

- *Sobre o botão que liga o aparelho*: ... se deixar o mesmo botão na posição piloto, não acontecerá o acendimento do queimador principal; a única vantagem (!?!) de manter o botão nessa posição será o de evitar o uso de fósforo... O autor da frase coloca em dúvida sua própria afirmação sobre a vantagem.

- *Sobre a instalação*: ... não obstante "no crea en brujas, pero que las hay las hay", se entender necessário, chame o serviço autorizado... Um ditado com interpretação dúbia sobre a origem dos problemas no equipamento.

- *Se não ligar, verifique*: ... se falta água ou se não foi "devidamente" esquecido um registro fechado... Afirmando a possibilidade de esquecimento ou ignorância do consumidor.

- *Sobre não mandarem um manual técnico*: ... a assistência técnica tem conhecimento suficiente para proteger bem tão valioso, por isso o usuário não recebe um manual técnico. Entendemos que essas são tarefas para mãos mais competentes para isso do que as suas... Alertando sobre a incompetência do consumidor.

- *Sobre instalação, logo após o parágrafo anterior*: ... ainda que partamos do pressuposto que a instalação seja efetuada por profissional, sabemos que no nosso País ainda se confiam tarefas a pessoas não habilitadas; certifique-se de que este não seja o seu caso... lembre-se: o barato sai caro e qualidade tem preço... Sobre as decisões de instalação do consumidor.

- *Em um capítulo sobre dicas*: ... sempre que iniciar um cozimento, aproveite a água quente do aquecedor... ao cozinhar, não se esqueça de usar as tampas nos respectivos recipientes... escolha o recipiente adequado para cozinhar...

- *Sobre rendimento do aparelho*: ... a empresa não se responsabiliza se o rendimento do aquecedor não corresponder ao "desejo" do usuário... por exemplo, se o usuário adquiriu um aquecedor de 6 litros e o considera insuficiente para suas pretensões, nenhuma culpa poderá atribuir à empresa, que coloca outros modelos à disposição...

- *Sobre a vazão*: ... conforme a norma, a expressão litros por minuto significa uma temperatura 20°C superior à ambiental... na prática, se verificam variações de temperatura conforme a quantidade de água, logo, mesmo sendo "leigo", percebe-se que a temperatura depende de fatores subjetivos...

De maneira simples e direta, são colocadas algumas verdades sobre a ignorância dos consumidores, que poderiam resultar em reclamações ou na imagem negativa da empresa.[3] A leitura atenta do manual deixa perceber os vários problemas de insatisfação de que a empresa tomou conhecimento, bem como a verdadeira origem de alguns problemas, alheios à qualidade técnica do produto.

Esse é um exemplo de ação pós-venda fundamentada na realidade do produto e na ignorância do consumidor. Uma abordagem corajosa e pouco utilizada, porém, com resultados. Pelo menos para este consumidor que vos escreve.

---

[3] Por mais que tentássemos, não conseguimos entrar em contato com a empresa, por isso, abstenho-me de dar maiores detalhes sobre sua origem.

## 7.3.1 Sugestão de exercício para professores e gerentes

Reúna grupos com quatro ou cinco pessoas. Pegue folhas grandes e distribua-as entre eles. Para cada grupo, peça a redação de todas as reclamações possíveis e imagináveis sobre algum produto ou serviço. Por exemplo: Grupo 1: hospital; Grupo 2: computadores; Grupo 3: escola; Grupo 4: aeroporto; Grupo 5: loja de roupas. Após os grupos terem escrito as reclamações, faça uma troca dos papéis, de modo que cada um deles fique com uma folha que não a original. Peça a cada grupo para escrever que soluções dariam àquelas reclamações. Os grupos podem trocar informações e esclarecimentos sobre as reclamações.

Normalmente, é possível relacionar cada reclamação com uma fonte específica de dissonância e discutir se o grupo está propondo uma solução que de fato a atinge. Deve ficar claro que a "ponta" da reclamação (por exemplo, no hospital, perde-se tempo com a burocracia) pode estar escondendo outros fatores (por exemplo, o hospital só pensa em dinheiro, por isso tem primeiro de preencher os papéis).

## *Referências Bibliográficas*

ALMEIDA, S.; JOLIBERT, A. A influência do humor sobre a compra impulsiva. *Revista de Administração*, v. 28, n. 4, p. 36-50, out.-dez. 1993.

ASSAEL, H. *Consumer behavior*. 6. ed. Cincinatti: South Western College Publishing, 1998.

COHEN, H. *Você pode negociar qualquer coisa*. 5. ed. Tradução de Siu Ching Han. Rio de Janeiro: Record, 1980.

_____. *MBAs: curso prático*. Tradução de Maria José L. Monteiro. Rio de Janeiro: Campus, 1999.

FESTINGER, L. *A theory of cognitive dissonance*. Evanstone, III: Row Peterson, 1957.

KOTLER, P. *Administração de marketing*. Tradução de Bazan Tecnologia e Linguística. São Paulo: Prentice-Hall, 2000.

McKEENA, R. *Marketing de relacionamento*. Rio de Janeiro: Campus, 1993.

POPCORN, F. *Click*. Tradução de Ana Gibson. Rio de Janeiro: Campus, 1997.

# Capítulo 8

## Um caso que integra os conteúdos: a indústria do cigarro e o caso do cigarro sem fumaça

Para ilustrar os modos analíticos e interpretativos do modelo de processo em etapas, apresentaremos um caso e comentaremos o passo a passo da interpretação. Trata-se da história do fracassado lançamento do cigarro sem fumaça Premier, da R. J. R. Nabisco, de seu relançamento sete anos depois e da indústria dos cigarros alternativos. Na verdade, a busca, a compra e o consumo do produto cigarro não se encaixam nos padrões de consumo de alto envolvimento que caracterizam os estudos do modelo em etapas, mas mostraremos que é um exemplo útil.

Nos últimos anos, tem-se comentado sobre a possível queda do negócio de tabaco, em função das inúmeras pressões exercidas pelo público interessado. Os dados, porém, não confirmam essas previsões. Gráficos de vendas do produto apontam que um grande número de adolescentes inicia seu hábito de fumar exatamente como nos velhos tempos, quando a necessidade de pertencer a grupos era imperiosa. Notícias também dão conta de que os fabricantes estão se esforçando para criar produtos que tenham menor toxicidade. A história do Premier está nessa linha de cigarros mais "limpos".

### 8.1 História do caso[1]

A R. J. R. Nabisco lançou, em 1988, um novo cigarro que não expelia fumaça. Ele tinha baixo teor de nicotina e praticamente não soltava fumaça. O cigarro não queimava como os outros, tinha um funil de metal, que não se consumia, e a queima se dava dentro desse funil. A pessoa não via o cigarro queimando, não sabia se estava no fim e não soltava fumaça.

O *slogan* do Premier era "*A fumaça mais limpa*". Para estimular o consumidor, foi apresentada uma mensagem que pontuava a falta de fumaça, o baixo nível

---

[1] O caso é relatado em vários artigos, como o de Kotler (1993). Quem tiver interesse em se aprofundar, pode consultar o *The Wall Street Journal*, edições de 8 set. 1988, 30 set. 1988, 22 jan. 1990, 20 fev. 1990 e 26 fev. 1990.

de nicotina e outros componentes ditos perigosos à saúde. Nesse ponto, a mensagem era de comparação e utilizava fatores racionais. Outro fator racional referia-se à "inovação tecnológica", o que incluía um extenso folheto de instruções.

Quem era o público a que a R. J. R. Nabisco visava? Fumantes com mais de 25 anos, principalmente os que tentavam parar de fumar e procuravam uma alternativa. O grande problema do lançamento, segundo o que conhecemos dos textos, é que não houve diálogo com os consumidores. Foi realizada uma pesquisa de teste de conceito[2] e chegou-se à conclusão da adequação do lançamento.

Por meio da pesquisa informal de uma repórter, que conversou com pessoas em um saguão de aeroporto, após elas terem experimentado o produto, emergiram alguns dos problemas de sua recusa. Eles começavam no preço, que era significativamente mais alto que o dos cigarros comuns (25%), e seu diferencial não era percebido como suficiente para justificá-lo. Isso significa que os consumidores percebiam a diferença (em um processo analítico), mas julgavam que não valia a pena pagar mais (não viam valores que justificassem o preço).

Outro aspecto negativo apontado estava no gosto e na estranheza. Ele tinha um gosto metálico e seu modo de operação era totalmente diferente. Além disso, alguns entrevistados alegavam que a falta de fumaça tirava o prazer de fumar. Essa resposta indica que o ritual incluía a fumaça, justamente o aspecto relegado pela empresa.

Um aspecto interessante dessa pesquisa informal entre aqueles que gostavam do cigarro é sua conclusão de que poderiam consumi-lo em situações especiais (em um restaurante, por exemplo). O cigarro assumiria uma posição de produto substituto, um segundo cigarro para situações especiais.

Finalmente, por seus aspectos tecnológicos, o produto necessitava de muitas explicações, o que irritava o consumidor e consumia verbas do fabricante em instruções. Os consumidores diziam que o produto era muito complicado, que não se podia utilizar acendedor de carro e que o cigarro não queimava (ele continuava inteiro, pois sua queima era interna, protegida por um filtro de alumínio). Dessa maneira, o fumante não sabia quanto ainda restava do cigarro. Um dos entrevistados relatou que a falta de cinza também era estranha, pois ele teria de se acostumar com novos movimentos. E o que fazer com o cigarro quando terminasse? Ele não se dobrava, nem amassava.

Um dos aspectos que queremos ressaltar é que, na pesquisa tradicional da empresa, nenhum desses pontos havia aparecido. Ela revelou que a formação do hábito só ocorria após certo tempo (não especificado). Entendemos, pelo subtexto, que esse tempo era maior, em comparação com o lançamento de marcas comuns.

---

[2] É um tipo de pesquisa em que se questiona o conceito do produto ("*o que você acharia de um produto que fosse assim e assim...*") ou, no máximo, pesquisa-se a experimentação controlada do produto (não em uma situação de compra). Análises metodológicas têm demonstrado que as conclusões sobre vendas retiradas dessas pesquisas podem ter uma margem de erro acima da aceitável. Um método mais adequado de pesquisa para esse caso seria o de teste de mercado com uma verdadeira situação de venda, em um sistema de *feedback*, isto é, retroalimentação, envolvendo os aspectos de Marketing.

A empresa vinha desenvolvendo o produto desde 1981 e já havia gasto algumas centenas de milhões de dólares. Apenas alguns meses depois de seu lançamento (isto é, em meados de 1990), porém, ele estava sendo retirado do mercado.

Afinal, o que ocorreu de errado com o Premier, já que a idéia parecia tão boa?

## 8.2 Nossa interpretação utilizando o modelo em etapas

Nossa interpretação, utilizando as observações e conceitos discutidos, é de que a empresa partiu de alguns pressupostos, que podemos chamar de teorias preexistentes, que se revelaram incongruentes com a realidade atual dos consumidores.

Por exemplo, a empresa considerava que a escolha e o consumo do cigarro tinham um fundo racional e que um apelo racional seria estímulo suficiente para a mudança. Como ficou claro pelas entrevistas da pesquisa informal, o ritual de fumar envolve aspectos não racionais (conforme veremos mais adiante), que determinam a pouca importância dada ao fato lógico da não existência da fumaça. Hábitos e rituais normalmente não são modificados por apelos lógicos.

Outro pressuposto da empresa, que também foi aceito pela agência de pesquisa, é que o teste de conceito era suficiente para se concluir sobre o processo de compra e uso. São situações bem diversas, como as entrevistas revelaram, já que experimentar de graça leva a um julgamento, enquanto pagar para experimentar leva a outro.

Considerando capítulos anteriores sobre o processo de etapas, vamos analisar a sequência toda. Uma das primeiras tarefas é definir o público-alvo. No caso do Premier, eram sujeitos acima de 25 anos, já com hábito de fumar estabelecido e que tinham alguma preocupação com sua saúde, isto é, procuravam alternativas para deixar o hábito. Tendo em vista esse sujeito, iniciamos os questionamentos básicos.

### A. Sobre os modos de relação do sujeito e as experiências

Devemos questionar as experiências corporais de um fumante e como ele as valoriza. Tendo compreendido esse ponto, precisamos refletir sobre quais experiências poderiam levar a pessoa a buscar um cigarro sem fumaça. Nessa linha de raciocínio, fica claro que experiências de debilidades resultantes do uso do cigarro normal poderiam gerar expectativas de uma vida mais saudável, mas sem o abandono do cigarro, aí entrando o Premier. Tecnicamente, ele contém os mesmos elementos dos cigarros comuns, só que em menor concentração.

Paralelamente às experiências do corpo, as pessoas têm experiências sobre suas ideias, suas emoções e seus valores. Quais seriam elas em um fumante? Predominam planos racionais? Quais as emoções associadas? Estará preocupado com seu futuro? Tem como filosofia viver do prazer imediato? Pensa em largar o hábito de fumar? Em qualquer caso, que ideias deveriam predominar para que surgissem expectativas que levariam ao consumo do Premier? Basicamente de preocupação?

Relatos de fumantes indicam que o consumo do cigarro ocorre após experiências de ideias e emoções ligadas a eventos de tensão (paralelos aos sinais do corpo), tais como ideias negativas sobre como se sair em uma apresentação ou em um encontro. O fato de o Premier ser um cigarro sem fumaça não oferece uma vantagem clara quanto a esse aspecto do efeito desejado, ou seja, o fato de ele não ter fumaça não o fará acalmar mais o sujeito do que o cigarro comum.

De outro lado, experiências ideativas de desvalorização, como, por exemplo, alguém se recriminar por não conseguir ser um bom exemplo para o filho, podem encontrar no Premier um caminho de redenção. Temos a impressão de que aqui estaria um ponto central do cigarro sem fumaça. Pela sua característica de menor teor de nicotina, ele teria chance de criar no sujeito ideias e julgamentos positivos sobre estar cuidando de seu corpo, sobre o futuro, sobre ser inteligente e outras variantes.

Devemos questionar como o sujeito se relaciona com os objetos. O cigarro sem fumaça pode alterar essa relação? Em caso positivo, essa alteração seria desejada?

Pelo que entendemos do caso, não há alterações visíveis nesse nível. Talvez se pudesse pensar no uso do objeto cigarro ocupando as mãos e brincando com a fumaça, controlando a queda das cinzas e equilibrando o cigarro no cinzeiro. Nada disso seria possível no novo cigarro, portanto, seria uma alteração indesejável.

Devemos questionar como o sujeito se relaciona com outras pessoas. Tem preocupação? Procura superá-las? É amigo? É egoísta? O cigarro sem fumaça pode alterar essa relação? Em caso positivo, essa alteração seria desejada?

Acreditamos estar aí outro diferencial do produto. O cigarro proporciona ao sujeito a possibilidade de um grau de aceitação social maior que os fumantes tradicionais, justamente por não estar incomodando ninguém com a fumaça.

Resumindo, portanto, no quadro de relações do sujeito com os quatro níveis básicos que originam as experiências aparecem dois pontos principais: as experiências de relações com as ideias e as experiências de relações com as outras pessoas.

### B. Sobre as expectativas

Considerando os planos básicos que surgem das experiências anteriores, quais poderiam ser as expectativas que cercam o consumo de um cigarro sem fumaça? O que um fumante espera obter após o consumo do produto?

Não é muito fácil responder essa questão, já que os malefícios parecem ser tão óbvios que os benefícios são considerados racionalizações. Em todo caso, procuremos os benefícios nos quatro modos de relações.

Com relação ao corpo, fumantes costumam descrever sensações do trato digestivo, principalmente na boca e na faringe, como extremamente agradáveis. O contato das substâncias químicas do produto com essas regiões causaria essa sensação. Também são relatadas sensações agradáveis do olfato, com o odor da fumaça sendo o estímulo percebido. Em termos fisiológicos, alguns componentes do cigarro são vasodilatadores, o que explicaria certos efeitos relaxantes do produto, sentidos como alívio do corpo. Um cigarro sem fumaça, dependendo de seus componentes, pode perder alguns desses benefícios.

Com relação ao psiquismo, é onde encontramos o ponto mais forte do produto cigarro. Relatos de fumantes sobre os benefícios de ficarem mais calmos em situações de ansiedade (antes de reuniões, por exemplo) ou de terem ideias mais claras sobre determinados assuntos são frequentes. O cigarro Premier não parece ter elementos que alterem para melhor esses benefícios.

No modo de relação com os outros, o hábito de fumar tem sido descrito como um comportamento grupal que insere o sujeito dentro de um grupo. O cigarro sem fumaça apresenta vantagens evidentes nesse ponto, porque propicia o envolvimento do sujeito em grupos que antes o rejeitavam (por causa da fumaça). Finalmente, no modo de relação com os objetos, não parecem existir evidências de benefícios óbvios do cigarro normal ou com fumaça.

Com relação às expectativas, portanto, o Premier tem sua grande vantagem nos efeitos dos relacionamentos sociais. É possível especular que as expectativas dos consumidores referem-se a uma mudança positiva no seu círculo de relacionamentos pessoais.

### C. Sobre as alternativas para compra do cigarro

A distribuição de cigarros é feita em inúmeros pontos, tais como bares, restaurantes, padarias, lanchonetes e casas noturnas. Não há nenhum problema em encontrar as várias marcas nesses locais. Sobre as alternativas de produtos e marcas, as diferenças técnicas situam-se na composição dos componentes (nicotina, alcatrão etc.), embora nas peças publicitárias as marcas sejam apresentadas como alternativas de estilos de vida diferenciados (a liberdade de escolha, o mundo da aventura, o cigarro inteligente etc.).

Pelas informações sobre o caso, vemos que o cigarro sem fumaça seguiu a mesma distribuição.

### D. Sobre as representações sociais ligadas ao consumo de cigarro

Pelo que vimos até agora sobre as experiências, as expectativas e o levantamento de alternativas, o produto Premier não apresentava um conjunto satisfatório de diferenciais para o consumidor. Esse exemplo mostra que não podemos deixar de conversar com os consumidores sobre os motivos e o processo de suas escolhas. Tais conversas e pesquisas, mesmo informais, diminuem as margens de erro.

Que julgamentos cercam o cigarro e o fumante? É óbvio que a maior parte dos julgamentos é negativa. O cigarro faz mal à saúde, o sujeito fumante é um viciado, o cigarro polui o ambiente, mães fumantes geram crianças com problemas etc. O próprio fumante provavelmente carrega todas essas representações.

De outro lado, há também uma lista razoável de representações sociais positivas sobre o cigarro e o fumante. O cigarro dá prazer, está associado aos momentos de prazer, ao pós-prazer, dá identidade à pessoa, cria sociabilidade e acalma. Todos os fumantes também carregam essas representações.

O cigarro sem fumaça era destinado a pessoas que queriam parar de fumar (portanto, influenciadas pelas representações ligadas à saúde) e estavam preocupadas com o incômodo da fumaça para os outros (portanto, influenciadas pelas representações ligadas à rejeição que o fumante sofre). Todas as outras representações – e aqui só listamos algumas – não foram trabalhadas ou não o puderam ser.[3] Nesse sentido, o novo produto utilizava e atacava poucos pontos de apoio nas representações sociais. Em outras palavras, o produto poderia ser politicamente correto para todas as pessoas, mas para o fumante acrescentava pouco e não tocava em seus julgamentos do que era certo ou errado.

### E. Sobre o momento da compra do cigarro

A situação de compra de um cigarro pode ser entendida como um hábito de reposição de estoque. O produto está disponível em uma ampla rede varejista, implica pouco desembolso a cada vez e tem muitas marcas desenvolvidas. É muito fácil comprar um cigarro, e não há nenhum problema na sua negociação. Nesse sentido, o produto cigarro sem fumaça não tinha nenhuma diferença para os outros, pois seria distribuído e comercializado da mesma forma.

### F. Os modos de uso do cigarro

O acompanhamento dos modos de uso dos cigarros em geral parece sugerir um leque bem amplo de situações. Em grupo, o consumo do produto está associado a eventos prazerosos, tais como estar em uma festa, em bares, em reuniões esportivas e em relações afetivas (antes, durante e depois). Já os usos solitários referem-se a um leque maior: antes de eventos que causam ansiedade (reuniões, exames, pré-encontro) ou em pausa de trabalho de qualquer natureza, como complemento alimentar ou mesmo como hábito, sem situação específica (logo ao acordar, por exemplo).

Nesse enfoque, o cigarro sem fumaça dizia respeito muito mais às situações de grupo social mais amplo, isto é, o sujeito em lugares públicos, podendo fumar sem incomodar e sem ser incomodado. Para os usos solitários, ele não fazia sentido.

O consumo do objeto cigarro parece estar associado a um ritual. Comportamentos tais como segurar o cigarro, rodá-lo na mão e fazer movimentos circulares são formas de se relacionar com o objeto, enquanto ele é consumido. Observar o objeto desaparecendo aos poucos parece também exercer alguma importância no ritual do fumante, no que se refere à passagem do tempo. A fumaça também exerce seu papel no ritual, pois é frequente que o fumante brinque com ela e a observe.

Em relação ao cigarro sem fumaça, lembremos que alguns entrevistados relataram achar estranho não saber quanto do cigarro ainda havia para queimar, acharam complicado seu funcionamento, estranharam não ter fumaça (e este era considerado um dos mais fortes diferenciais do produto) e não sabiam o que fazer com o objeto ao final, pois ele continuava inteiro. Considerando esses dados, o cigarro sem fumaça não tinha diferenciais positivos no uso.

---

[3] As leis norte-americanas da época não permitiam que uma propaganda de cigarro exibisse o conceito de que ele era mais saudável que os outros.

### G. O pós-compra do consumo de cigarro

Tendo fumado um cigarro, o sujeito alcançou o que queria? Nas situações de grupo, ficou integrado? Nas situações solitárias, ficou menos tenso? Nas situações de hábito, concluiu que está tudo certo e igual? Essas questões básicas devem definir o pós-consumo para o fumante.

No item *grupo social,* o Premier tem chance de ser avaliado como melhor que os outros. No item *benefícios solitários*, ele não tem diferencial; ao contrário, sua tecnologia e sua complexidade de uso podem atrapalhar o ritual que o fumante espera realizar. No item *hábitos*, os indícios são de que ele não será bem avaliado, pois há certa complexidade no seu uso (para acendê-lo, por exemplo), e ele necessita da quebra do ritual do fumar (olhar o cigarro queimando, brincar com a fumaça etc.). Novamente, temos mais pontos negativos que positivos.

Essa análise, embasada nos processos em etapas, fornece elementos para se criar uma explicação do porquê de o produto ter sido um fracasso. Considerando a sequência de etapas e algumas variáveis que as acompanham, pode-se comentar que é necessária a predominância das experiências de preocupação com a saúde e com o relacionamento para levar à busca do produto. As expectativas girariam ao redor desses dois pontos, mas o cigarro não tinha poder nem de melhorar a saúde da pessoa, nem de modificar seu círculo de relacionamento. Como alternativa (de preço, de praça, de comunicação), ele não tem nenhuma vantagem valorizada. Os julgamentos que cercam o produto e o ritual de fumar não lhe dão vantagem. Os usos de qualquer cigarro mostram situações grupais e individuais ritualísticas, portanto, fora do campo da razão de consumo; a propaganda do Premier apelava para a razão, área que está longe das motivações do fumante. O pós-consumo não oferece vantagens. A pesquisa de conceito, no lugar da pesquisa de mercado, acabou não sendo conclusiva (*você gostaria de*...). O preço era bem mais alto que o dos outros cigarros.

Conclusão: antes de comprar o cigarro sem fumaça, o possível consumidor não via os aspectos positivos do produto. Isso se repetia no uso e no pós-uso, o que originava dissonância cognitiva. Resultado: poucos compraram e, desses, alguns raros formaram o hábito.

## 8.3 A busca de um cigarro mais saudável

Publicações de jornais de novembro de 1996 e a página da R. J. R. Nabisco na internet dão conta de que o produto foi relançado, com as mesmas características básicas de pouca fumaça, porém com o nome de Eclipse e algumas diferenças químicas. Segundo os dados, os pesquisadores da R. J. R. Nabisco resolveram os problemas de gosto e aroma que tinham sido rejeitados pelos consumidores no Premier. Também eliminaram a parte de alumínio que causava má impressão. Colocaram um adicional de tabaco para dar gosto e gerar alguma fumaça e utilizaram o aspecto de saúde na comunicação, colocando o cigarro como opção para quem quer parar de fumar ou sofrer menos pelos seus efeitos. A tendência, portanto, seria aproximar o produto dos atuais sem as novidades tecnológicas colocadas na primeira comunicação.

Não temos informações sobre suas vendas, mas um crescente número de artigos mais atuais (de 2000 em diante) em veículos de massa tem dado notícias sobre o empenho dos fabricantes de cigarro em encontrar fórmulas menos nocivas. Nesse movimento de conscientização dos consumidores e pressão dos governos, é possível que haja uma mudança lenta nas expectativas, nos julgamentos e nas formas de uso do cigarro. Quando isso acontecer, cigarros como o Premier/Eclipse terão sua chance.

A lição básica que se extrai desse caso é que a aplicação de pesquisas de acompanhamento, mais do que pesquisas de intenção de compra, pode revelar todo o caminho social e psicológico que os consumidores percorrem no processo de busca, compra e uso dos produtos, o que fornece dados para melhor planejamento de lançamento de produtos.

## *Referência Bibliográfica*

KOTLER, P. *Princípios de marketing.* 5. ed. Tradução de Alexandre S. Martins. Rio de Janeiro: Prentice-Hall, 1993. p. 94-95.

# PARTE IV

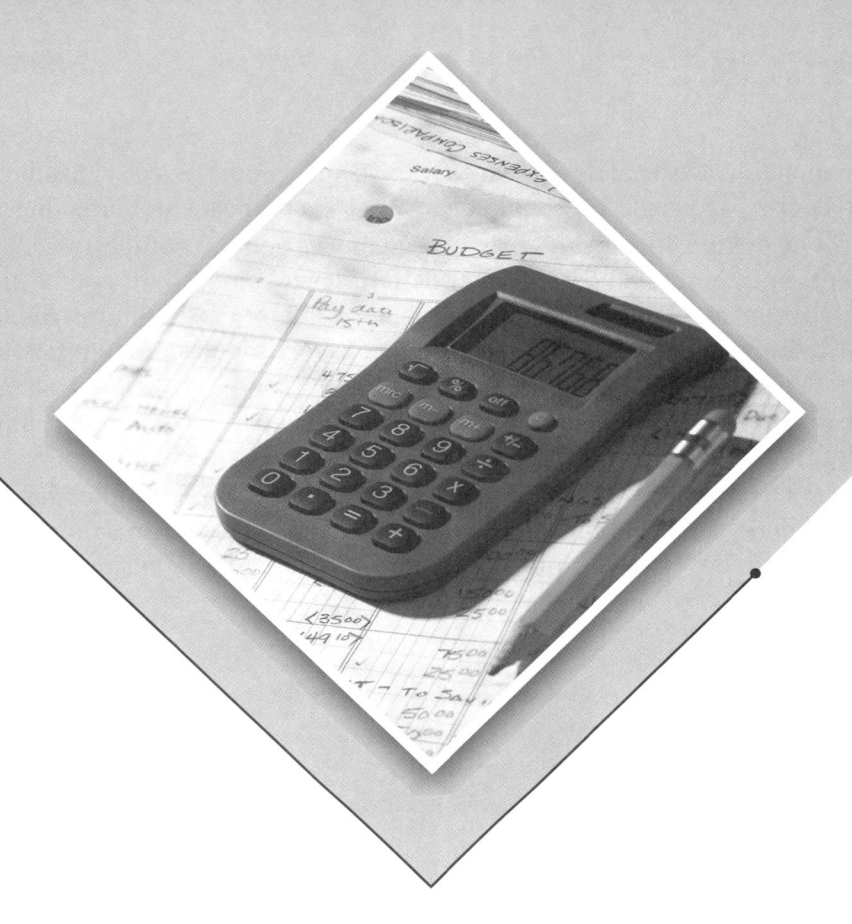

## Atualidades, pesquisas, aplicações e revitalização das teorias sobre o comportamento do consumidor

**N**esta Parte, abordaremos alguns temas atuais que têm gerado discussões e sobre os quais apresentaremos algumas considerações, bem como as ideias que têm originado um campo de pesquisas para a emergência de novas teorias sobre o comportamento do consumidor. Seria proveitoso que profissionais que necessitam da compreensão do consumidor (por exemplo, em programas de qualidade) abandonassem alguns conceitos já ultrapassados na Sociologia e na Psicologia, mas amplamente repetidos e praticados em salas de aula de Administração. Sobre esse e outros pontos, propõe-se uma agenda de pesquisas na área.

O Capítulo 9 aborda os temas do consumismo, consumerismo e o Marketing Social. O consumismo é definido principalmente como o consumo sem necessidade e o consumerismo é a consciência sobre o consumismo. No mundo inteiro, existem organizações que ajudam as pessoas a criarem consciência sobre o pouco valor de certos produtos e serviços. Sobre o Marketing Social, discute-se a máxima que determina a satisfação completa do consumidor. Podemos levar o lema ao pé da letra? Os profissionais de Marketing não têm uma função social de ensinar as formas mais produtivas de consumo e as formas não nocivas ao sujeito e à comunidade? Essa é a proposta do Marketing Social.

O Capítulo 10 traz algumas considerações sobre o comportamento do consumidor na internet. Uma pergunta que tem levantado pesquisas é: a internet pode tornar-se mais do que um canal de procura e compra e ser um instrumento de mudança de estilo de vida, tal como o rádio e a televisão nas décadas passadas?

O Capítulo 11 traz algumas considerações sobre o consumidor-empresa. Será que podemos utilizar o mesmo raciocínio explicativo quando o consumidor é uma empresa? Defendemos que o ponto de partida deve ser outro.

O Capítulo 12 trata do atual estado de pesquisa na área do comportamento do consumidor, defende o conceito de teoria do momento e comenta uma agenda de pesquisa brasileira. Nesse capítulo de fechamento, faremos alguns comentários finais.

# Capítulo 9

## O consumismo, o consumerismo e o Marketing Social

*"Eu sou tanto mais importante, quanto mais rico for o meu lixo."* (Frase que exemplifica a sociedade de consumo, conforme o sociólogo Baudrillard.)

**N**este capítulo, discutiremos duas palavras semelhantes, mas de conteúdos opostos: o consumismo e o consumerismo. O *consumismo* é definido genericamente como a compra sem necessidade. O *consumerismo* é definido como o movimento de consciência sobre o consumismo. Em seguida, discutiremos os princípios do Marketing Social, em que se amplia a visão de quem é o consumidor.

Esses temas tornam-se cada vez mais atuais, já que alguns problemas de escassez tornam-se mais dramáticos e se expande a consciência dos consumidores sobre seus modos de consumo. Mesmo autores clássicos do Marketing, como Kotler (1993, p. 430), têm afirmado que o sistema de Marketing pode ser um gerador de falsos desejos e demasiado interesse em posses materiais. As pessoas são julgadas pelo que possuem, e não pelo que são. Nesse mesmo artigo, o autor comenta que, em pesquisa realizada entre moças adolescentes norte-americanas, 39% listaram *compras* como seu passatempo favorito.

Para definir cientificamente o consumismo, vamos utilizar os modelos vistos até agora: o modelo econômico, o modelo de tipologia, o modelo de etapas e o modelo de influência social.

### 9.1 O consumismo no modelo econômico

Em uma explicação econômica clássica, por exemplo, de acordo com Alderson e Halbert (1971), o consumismo estaria ligado a ciclos de disponibilidade financeira e de produtos nos seus vários cruzamentos. Ao receber um 13º salário, por exemplo, uma pessoa compraria itens que não são normais na sua rotina de consumo, como frutas de Natal importadas, ou anteciparia compras (por exemplo, comprar presentes de Ano-Novo no mês de novembro). Em uma situação de possibilidade de desabastecimento (em São Paulo são comuns as notícias sobre falta de gás, gasolina, leite, fraldas, cerveja), o consumidor faria estoques de proteção, caracterizando o consumismo. Nesses exemplos, estamos no primeiro nível do modelo econômico, isto é, quando o consumidor tem informação exata sobre o preço final e escolhe o que lhe aprouver.

No segundo nível do modelo, o preço final não é conhecido, e o processo normal consiste em diminuir as incertezas (ver item 3.3.). O consumismo seria caracterizado pela compra sem uma reflexão mais apurada sobre essas incertezas. Os exemplos são tantos que basta falar de maneira genérica. Milhões de brasileiros assumem dívidas de financiamentos, aproveitando uma oportunidade (por exemplo, comprar um imóvel sem entrada), sem planejar os pagamentos e tornam-se inadimplentes. A inadimplência também é alta nos ramos automotivo e moveleiro.

No terceiro nível do modelo econômico, surgem influências do meio social. O consumismo seria caracterizado pela adoção dos modismos sem reflexão sobre a realidade da pessoa e da economia. Por exemplo, na década de 1990, em São Paulo, construíram-se muitos *flats* (apartamentos com serviços), alardeando-se que era o melhor investimento da época. Pessoas que se endividaram para adquirir o imóvel estão, na década de 2010, obtendo retornos bem inferiores aos prometidos na época (prometia-se algo em torno de 1,5% do valor do imóvel ao mês e, na realidade, alguns empreendimentos mal chegam a 0,5%, por causa da baixa taxa de ocupação).

O consumismo no modelo econômico, portanto, é basicamente a quebra de uma rotina de entradas e saídas e planejamento financeiro.

## 9.2 O consumismo no modelo de tipologia

Como vimos em capítulos anteriores, a tipologia está subdividida em demografia, traços de personalidade e estilos de vida.

Sobre o consumismo embasado na demografia não existem muitos estudos conclusivos, apenas afirmações e interpretações de pesquisas de mercado. Afirma-se, por exemplo, que crianças são mais consumistas, tendo por base os critérios de volume comprado, frequência, falta de raciocínio de escolha, ou seja, no fundo, a explicação não é a demografia (o fato de serem crianças), mas as características que a acompanham (impulsividade, falta de lógica etc.). Outras afirmativas seguem pelo mesmo caminho: as mulheres são mais consumistas que os homens; a classe média é mais consumista; os jovens são mais consumistas que os adultos; os urbanos são mais consumistas que os rurais etc.

É na tipologia por traços de personalidade que encontramos o maior volume de trabalhos científicos e de mercado. Entre os assuntos mais pesquisados, está o tema da compra por impulso. Sobre esse tema, Almeida e Jolibert (1993) realizaram uma compilação de estudos, verificando que existem quatro correntes básicas sobre a palavra, cada qual definindo um tipo de consumismo. Quando o impulso é considerado compra não planejada, por exemplo, tudo o que estiver em um carrinho de supermercado mas não havia sido listado anteriormente caracteriza a *compra por impulso*. Se o conceito de impulso deriva de uma teoria da compulsão, ou seja, da falta de controle da pessoa, então, as compras sem necessidade, das quais a pessoa se arrepende mais tarde, caracterizariam uma *compra impulsiva*.

Considerando nossa divisão de traços de personalidade em traços cognitivos, emocionais e atitudinais, o maior interesse recai sobre os traços emocionais. Na tipologia de Jung, o consumismo estaria mais estreitamente relacionado ao tipo extrovertido, dominado pela emoção, mais sensorial e mais perceptivo. É o tipo de pessoa ainda imatura, que vive o presente e é muito influenciável.

Na terceira divisão da tipologia, os estilos de vida, os estudos mais abundantes são os de mercado. Os trabalhos buscam explorar o consumismo associado a modos de vida que mostrem uma futilidade no comportamento de compra e uso. O tema também é explorado fora da área acadêmica, com filmes como *As patricinhas de Beverly Hills* (expressão que se tornou sinônimo de moça rica e fútil) e *Legalmente loira*.

O consumismo no modelo de tipologia, portanto, tem mais estudos científicos sobre a divisão dos traços de personalidade, enquanto há mais estudos de mercado sobre as divisões da demografia e dos estilos de vida.

## 9.3 O consumismo no modelo de processo em etapas

O processo em etapas é um modelo descritivo, e não normativo, por isso, a noção de consumismo deriva ao mesmo tempo das causas e das consequências. Por exemplo, se um rapaz compra um carro imaginando (criando expectativas) que irá conquistar mulheres, essa expectativa é consumista, pois não tem relação lógica com as consequências do uso do produto. Os argumentos de falta de relação com os fatos e falta de processo normal nas etapas caracterizariam o consumismo.

As expectativas têm dois componentes: o conteúdo ideativo e o conteúdo emocional. O consumismo sobre o conteúdo ideativo seria caracterizado por se esperarem resultados impossíveis para as condições do sujeito no uso dos produtos. O conteúdo emocional seria caracterizado por se colocar uma carga emocional desproporcional sobre a realização das expectativas. Vamos supor que uma noiva considere que toda a sua felicidade depende de dar tudo certo na sua festa de casamento. Essa desproporção emocional interfere no processo de consumo, podendo gerar consumismo, por exemplo, comprar dois bolos, caso dê algum problema em um deles.

O processo normal na etapa de alternativas consiste em considerar as experiências de buscas e compras anteriores e o relato de outras pessoas, que auxiliam no processo de escolha das alternativas. O consumismo seria caracterizado pela ausência desses fatores orientadores, o que levaria a escolhas sem critérios ou a decisões sem o levantamento de nenhuma alternativa. Por exemplo, vamos supor que um consumidor vá a uma feira de informática e entre na primeira loja e compre algum artigo. Mais adiante, ele poderá encontrar muitas outras lojas com o mesmo artigo, talvez com condições melhores. Sua compra seria caracterizada como consumista, por não ter processos elaborados de alternativas.

A etapa do julgamento é caracterizada pela influência de representações sociais que valorizam ou não a intenção de compra e as expectativas que a ela se referem. O consumismo, nesse caso, seria caracterizado pela ausência de julgamentos, como, por exemplo, falta de senso de ética ou de senso de ridículo. O diretor de uma empresa que aparecesse com uma peruca colorida e uma senhora gorda que aparecesse em uma festa de minissaia seriam exemplos de consumismo na etapa de julgamento.[1]

A etapa da compra é definida como um jogo de negociação no qual algumas variáveis, tais como o tempo disponível e o conhecimento das partes envolvidas, moldam a dinâmica da negociação. O consumismo seria caracterizado pela ausência de negociação, com o consumidor aceitando passivamente todas as condições de venda sem negociar.

A etapa do uso é o momento em que a adequada operação do produto leva aos resultados esperados. O consumismo seria caracterizado por um uso inadequado do produto ou mesmo pelo não uso. Comprar um eletrodoméstico de multifunções e só utilizá-lo como liquidificador seria um exemplo de consumismo nessa etapa. Objetos comprados e não utilizados, tais como joias, carros e coleções, seriam outros exemplos.

Na etapa de avaliação pós-compra, o consumidor conclui se suas expectativas foram satisfeitas, em uma comparação entre o que se esperava e o que foi obtido. O consumismo seria caracterizado pela ausência de conclusão sobre os resultados ou por uma baixa consciência destes. Pessoas que adquirem produtos, como carros, objetivando resolver expectativas emocionais ou sociais podem ter dificuldades em definir se os resultados foram obtidos ou se têm relação com o uso do produto. Outra possibilidade de entender o consumismo no pós-compra seria a ausência de reclamação quando a qualidade ou funcionalidade do produto é prejudicada.

Como podemos ver, é possível definir o consumismo em todas as etapas do modelo, menos nas experiências, é claro. Como o modelo não é normativo, por vezes o resultado sobre o que é consumismo parece estranho, pois todos nós identificamos situações pelas quais já passamos e não queremos nos sentir consumistas. A solução dessa estranheza é fácil, bastando pensar que são *situações* de consumismo, e não um rótulo de consumista. Nesse sentido, uma pessoa pode ter um comportamento consumista em uma feira de informática, por exemplo, e, alguns minutos depois, lembrando-se de seu comportamento anterior, pode exibir um comportamento de compra normal.

---

[1] Conforme dissemos alguns parágrafos antes, o consumismo no modelo em etapas não é normativo no sentido de certo ou errado, mas definido pelas causas ou consequências que encerra. Se uma pessoa compra um acessório ou uma roupa objetivando ficar mais bonita, nada há de errado nisso, mas, se o uso do produto ferir algumas normas sociais, éticas ou estéticas, as consequências serão opostas às esperadas, caracterizando o consumismo.

## 9.4 O consumismo no modelo de influência social

O modelo de influência social coloca que as pessoas seguem regras, incluindo sobre o que consumir, para fazer parte de um grupo. Nesse esforço de integração com os outros, podem se alienar de suas próprias vontades ou nunca desenvolvê-las. Essa alienação é a condição que levaria ao consumismo, pois a pessoa não compraria o que precisa, mas o que as regras de grupo determinam.

Acontece que algumas regras da sociedade ocidental dizem respeito à identidade marcada pela posse. Baudrillard (1995) coloca a questão de maneira clara ao definir que o consumo transformou-se na moral do mundo contemporâneo. A identidade de uma pessoa acaba sendo dada pela regra dos bens que possui, e essa forma de definição de *quem sou eu* constitui o âmago do consumismo.

Em seu livro *Ter ou ser?*, Fromm (1987) examina alguns dos aspectos psicossociais que levam as pessoas a deixarem de lado as evidências de suas experiências para seguir as regras sociais. Em uma viagem, alguém estaria mais interessado em *ter* fotos e filmes do que em conversar com as pessoas e experimentar o modo de vida do lugar. Por que isso aconteceria? Sua explicação, mais detalhada em outra obra (Fromm, 1980), considera que as pessoas podem desistir de sua liberdade de pensamento e ação, deixando-se levar pelas regras de grupo. Essa opção diminui a angústia da liberdade e da responsabilidade, já que a pessoa fica imersa em uma multidão.

A mesma linha de raciocínio é desenvolvida por Canclini (1995, p. 53) quando afirma que o consumo de acordo com as regras do grupo definiria o consumismo.

Fica claro, então, que o consumismo é, na visão desses autores, a posse de produtos e serviços pelo que representam em termos de inserção em grupos, de identidade e de posição social, e não pelo que eles oferecem tecnicamente. Um carro importado, por exemplo, não seria comprado por sua dirigibilidade ou segurança, mas porque coloca o sujeito em um grupo especial de possuidores daquele veículo. Aliás, a propaganda sobre alguns veículos importados no Brasil é clara quanto a essa mensagem de o sujeito pertencer a um grupo especial.

A gama de produtos que classificam grupos varia desde simples revistas com preços diferentes, filmes e cigarros até imóveis, carros, clubes e jóias. Para que esses produtos sejam vistos como signos de segmentação de grupos, é necessário que haja uma comunicação e aceitação desses signos. Uma vez aceitos pela sociedade, teremos o grupo dos que pertencem porque têm o produto e dos que desejam, mas ainda não têm o produto.

Nessa linha de raciocínio, segundo Canclini (1995, p. 56), a lógica que regula a distinção de classes não está na satisfação de necessidades das pessoas, mas na escassez dos bens e na impossibilidade de muitos os possuírem.

Um outro aspecto do consumismo, nesse modelo, diz respeito à alienação dos processos de produção, ou seja, ao desconhecimento de como fazer objetos e do seu valor de uso. Segundo Fromm (1980), o homem ocidental apartou-se do cotidiano de fazer coisas e, portanto, perdeu a noção de valor e de uso. Se uma obra de arte é comprada com o propósito de fazer um investimento, para revenda futura, perde-se a noção da arte e de como se faz pintura. O consumo de obras de arte é, segundo Bourdieu (1994), um dos exemplos mais claros de incorporação de signos que dividem classes. Quem tem uma obra de arte inacessível aos demais é imediatamente lançado em um grupo seleto, com signos de autoridade, cultura e riqueza.

A alienação sobre a produção seria o desconhecimento das cadeias primárias. Muitas crianças brasileiras de 6 anos, consumidoras habituais de leite e queijo, não saberiam identificar uma vaca no pasto, muito menos dizer como é que o leite sai dela e se transforma em queijo. O produto fica sem valor, porque o trabalho associado a ele é desconhecido. Seu valor vem da posse, e não do trabalho nele colocado. Dessa forma, jogar fora não causa culpa nenhuma, seja alimento ou um eletrônico que ainda funciona.

Como as pessoas perderam a noção do trabalho necessário na produção e como se alienam de suas próprias capacidades produtivas (pagando para que outros façam o que elas mesmas poderiam fazer), deixam de conhecer seus limites, regularidades e potencialidades, buscando a felicidade no que o grupo social coloca como importante, e não nas suas realizações. Assim, uma pessoa pode se convencer de que é absolutamente necessário ter um carro, mesmo que suas necessidades de transporte sejam perfeitamente supridas por outros meios. Por que ela precisa de um? Sua resposta talvez racionalize as necessidades de segurança no trânsito (que não se justificam tecnicamente) e de rapidez (no trânsito da cidade de São Paulo isso não ocorre).

Tomemos um exemplo mais radical. Uma jovem pode se convencer de que precisa de produtos dietéticos e de programas de dieta, mesmo que seu peso esteja biologicamente normal. Por que deve fazê-lo? Porque já não conhece seu corpo e pensa necessitar de um controle que os sinais corporais evidenciam não ser necessário. Um exemplo ainda mais forte de alienação de necessidades provém do consumo de cigarros. Iniciado geralmente na adolescência, por influências grupais, o jovem fumante não tem conhecimento de suas necessidades mais essenciais de proteção ao seu corpo, do exercício de sua liberdade de expressão, de sua liberdade no exercício de suas relações sociais. Premido por pressões de grupo e circunstâncias favoráveis, adquire um hábito que vai lhe custar caro na maturidade. As propagandas de cigarros procuram mostrar uma vida saudável, livre, até esportiva, exatamente o contrário de seus resultados no organismo. Os estímulos que vêm do corpo e das idéias da pessoa, que lhe dariam informações sobre suas necessidades, são substituídos por estímulos (na forma de sugestões e regras) que vêm dos grupos e dos meios de comunicação.

Quando realizamos o raciocínio do consumismo nos quatro modelos, portanto, podemos obter respostas próximas de um conceito popular, como a compra sem controle, nos traços de personalidade, mas também chegamos a respostas mais elaboradas, como no processo em etapas, em que o consumismo é uma prática de pessoas normais, cotidianas.

Para esclarecer as pessoas sobre o consumismo, existem os movimentos consumeristas.

## 9.5 Definição de consumerismo

A palavra consumerismo refere-se a todas as ações de indivíduos ou grupos, buscando desenvolver a consciência sobre os males do consumismo. Consumerismo é portanto, exatamente o contrário de consumismo.

Os movimentos consumeristas tiveram grande impulso nos Estados Unidos, buscando os interesses dos consumidores, na década de 1960. Uma revista norte-americana, a *Consumer Reports*, sem intenção comercial, é publicada por um grupo de voluntários, que, com métodos sofisticados e a ajuda de analistas, testa inúmeros produtos e serviços, compara marcas e orienta o comprador sobre aspectos técnicos e jurídicos. É uma das expressões mais populares do consumerismo. Na internet, basta você digitar a palavra *consumerism* e terá dezenas de páginas sobre os mais diversos assuntos, desde os mais óbvios, como associações de proteção aos alcoólatras, até os menos evidentes, como páginas sobre os males do protetor solar.

Nas páginas da internet, notamos que o termo consumerismo aparece com dois significados diferentes. Alguns o colocam como equivalente ao consumismo, resultando em títulos como "chega de consumerismo". Outros o apresentam como o definimos aqui, ou seja, como a consciência do consumismo. No final dos anos 1990, no Brasil, algumas emissoras de televisão desencadearam programas de análise de produtos e serviços, mas a qualidade dos programas e os resultados ainda estão longe dos movimentos norte-americanos e europeus.

## 9.6 O consumerismo conforme os modelos básicos de comportamento do consumidor

Tendo analisado o consumismo conforme os modelos desenvolvidos no livro, fica fácil raciocinar sobre os movimentos consumeristas, que são o espelho do consumismo.

No modelo econômico, em que o consumismo é definido como a ausência de processos lógicos de decisão e uso do dinheiro, as ações consumeristas visam ensinar a pessoa a lidar com o dinheiro. Uma ação interessante, que por vezes é adotada até em colégios de São Paulo, consiste em propor problemas financeiros para as crianças resolverem (por exemplo, uma contribuição proporcional ao que cada um tem de dinheiro disponível para comprar algo coletivo).

Em textos dirigidos aos adultos que não têm controle sobre seu dinheiro, o movimento consumerista procura alertar para os tempos de falta de recursos, buscando a valorização do comportamento de poupança (por exemplo, próximo ao Natal, procura-se alertar as pessoas para guardarem o décimo terceiro salário, que foi criado justamente para se ter uma poupança, e não para gastar). No campo prático, alerta-se para se definir anteriormente o quanto se pode gastar ou, quando sair para comprar, para não levar nenhum cartão de créditos ou cheques; assim, a pessoa terá de voltar para casa e terá tempo para pensar.

No modelo de tipologia, em que o consumismo é caracterizado pela predominância de alguns traços emocionais e impulsivos e um estilo de vida fútil, o consumerismo segue por dois caminhos básicos: agindo para que a própria pessoa se modifique ou encaminhando-a para um grupo de ajuda.

No primeiro caso, quando se considera o traço de personalidade de pessoas muito influenciáveis, o consumerismo costuma alertar sobre os enganos nas propagandas. Schewseriner (1995) comenta a possibilidade de as propagandas informarem a verdade. Na internet, uma das páginas mais visitadas refere-se às explicações sobre os males do sanduíche do McDonald's.

Quando se consideram os estilos de vida, o movimento procurar alertar as pessoas sobre as mentiras de propagandas que prometem uma forma de vida que o produto não pode oferecer. Um exemplo seria atacar determinado cartão de crédito que coloca pessoas em estilos de vida absolutamente impossíveis para os padrões brasileiros. Ainda nesse tópico, um movimento poderia alertar as pessoas para a futilidade de certos estilos de vida associados com marcas. O ataque às marcas é frequente em artigos consumeristas, com argumentos como: *"por que você vai pagar o dobro pelo mesmo produto, só porque foi adicionada uma marca no fim da produção?"*.

No segundo caso, em que se considera que a pessoa não poderá se modificar sozinha, os movimentos consumeristas, espalhados pelo mundo todo, orientam a procura de grupos de apoio. Os mais conhecidos são os grupos anônimos, que buscam conscientizar (e apoiar) as pessoas sobre o consumismo de bebidas, drogas, jogos e vícios os mais diversos, incluindo a compulsão para comprar.

No modelo em etapas, como o consumismo pode aparecer em todos os pontos, o consumerismo seguiria na mesma trilha. Na prática, os movimentos têm se concentrado nas etapas de expectativas, de alternativas e de compra.

Sobre as expectativas, procura-se alertar as pessoas para não terem sonhos de uma vida impossível de ser alcançada com o uso de produtos. Há inúmeros movimentos que procuram mostrar que a vida é mais simples e que nossos desejos podem ser mais realistas, o que nos trará felicidade. Popcorn e Marigold (1997) colocam a tendência das 99 vidas, ou seja, as pessoas querem fazer tantas coisas e atingir tantos objetivos que deixam vários pela metade.

Sobre as alternativas, o primeiro passo tem sido levar as pessoas a refletirem sobre se realmente necessitam comprar algo para alcançar seus objetivos. Para se ter uma vida saudável, por exemplo, talvez não seja necessário comprar equipamentos esportivos, bastando algumas rotinas de exercícios.

Se for mesmo necessário comprar algum produto, os movimentos consumeristas buscam conscientizar as pessoas a não se deixarem influenciar por propagandas e buscarem alternativas, porque sempre se pode encontrar uma melhor condição. Existem muitos endereços de internet que auxiliam as pessoas na procura de alternativas. Um muito interessante é o www.womanmotorist.com, que, apesar de ser comercial, ajuda as mulheres nas questões relacionadas a automóveis. Um truque muito simples para quem não tem muito controle na etapa de alternativas é sair sem nenhum dinheiro quando for procurar um produto. A impossibilidade da compra sempre dá um tempo importante para que a pessoa pense ou procure outra alternativa.

Na etapa de julgamento, os consumeristas tentam mostrar os males que os produtos causam à natureza e à própria pessoa, tentando construir uma imagem negativa. Artigos derivados de materiais em extinção ou de animais são dois dos temas preferidos desses movimentos.

Na etapa de compra, os movimentos consumeristas buscam alertar as pessoas para pedir explicações, demonstrações, comprovantes, descontos e outras ações de negociação.

Finalmente, na etapa de pós-compra, os direitos do consumidor lhe são lembrados para que ele se habitue a reclamar quando o produto apresentar defeito, quando as promessas não foram cumpridas ou quando o atendimento não for positivo.

No modelo de influência social, o consumerismo aparece com força. Como a pessoa está consumindo em virtude de influências de grupo, o movimento consumerista procura mostrar, em primeiro lugar, as determinações sociais em que estamos inseridos, conscientizando-a sobre a falsa liberdade na escolha dos produtos. Um dos lemas é que *a liberdade é um estado de espírito, e não a posse de produtos*. Toda a pressão consumerista se destina a quebrar o paradigma de que *ter* é importante e ainda tentar substituí-lo pelo paradigma de que *experimentar fazer* é mais importante.

Uma das técnicas de conscientização mais conhecidas afirma que você mesmo pode construir vários produtos que compra. Por exemplo, cerâmica, cerveja, *chantilly* etc. Por que pagar por algo que você mesmo pode fazer e ainda ter o prazer de fazer? Em uma outra linha, se discutem os princípios do capitalismo, com sua regra de acúmulo. Livros como o de Durning (1992) – *How much is enough?* – discutem alguns desses tópicos, embora sem uma clara orientação consumerista.

Os movimentos consumeristas estão se expandindo à medida que a escassez da matéria-prima vai aumentando e as crises econômicas e sociais vão se instalando. Aos poucos, as pessoas estão procurando os melhores preços, buscando os recicláveis, pensando bem antes de entrar em dívidas. Para os internautas, há um imenso campo de leituras na internet. Basta digitar *consumerism* em qualquer portal de busca e surgirão centenas de endereços, alguns sérios como www.verdant.net, e outros que parecem piada, tais como http://br.geocities.com/euodeioabritneyspears. Ao final deste livro, você encontrará uma lista de endereços pesquisados na ocasião em que este livro estava sendo editado.

## 9.7 O Marketing Social e a satisfação total do consumidor

Neste item, discutimos a validade e a extensão da aplicação da máxima em Marketing, conhecida como *satisfação total do consumidor*. Um de seus desdobramentos é a questão: "*Podemos e devemos produzir e vender tudo o que os nossos consumidores desejam?*".

Os livros de Marketing, como em Semenik (1995, p. 3), afirmam que a função básica de um gerente consiste em conhecer e satisfazer as necessidades do consumidor.

As ações decorrentes têm colocado o consumidor como um rei inquestionável, centro de todas as atenções, e influenciado os rumos da empresa. Esses mesmos livros contam resumidamente que, por algumas décadas, o consumidor foi tratado como o último elo de uma cadeia, que começava na produção e terminava na propaganda. Em uma inversão histórica, o consumidor tornou-se o principal elo da cadeia, levando ao compromisso das empresas com sua satisfação ou à responsabilidade por problemas no seu consumo. Agora ele sempre tem razão, e a empresa é culpada ou incompetente quando não consegue satisfazê-lo.

Propomos aqui uma reflexão sobre os desdobramentos da máxima "Satisfazer o consumidor em primeiro lugar".

Em um período como o nosso, de deterioração ambiental, escassez de recursos, dificuldades econômicas, perda de valores morais, aumento da criminalidade e outros índices de degradação da qualidade de vida, parece-nos inevitável surgirem dúvidas sobre a adequação da orientação das empresas em satisfazer o consumidor. O ponto básico dos que advogam uma mudança de paradigma está na evidência de que, em alguns casos, a satisfação do consumidor é contrária aos interesses da sociedade a médio e a longo prazos. O argumento contra o paradigma básico do Marketing (satisfazer o consumidor em primeiro lugar) critica a falta de ética ou mesmo o desconhecimento dos empresários sobre os conflitos potenciais entre as expectativas do consumidor e o bem-estar social. Em alguns itens, como o cigarro, os danos são óbvios. Em outros, como o setor bioquímico, os limites não são muito claros.

Vamos abordar alguns exemplos que mostram esses limites, desde o evidente até o duvidoso.

Se analisarmos o negócio de fabricação de armas, concordaremos que o produto satisfaz exigências de alguns consumidores quanto ao preço, ao tamanho, ao peso e à capacidade de passar incólume pelos detectores de metais, porém, fica evidente que seu uso não traz nenhum bem à sociedade. Nesse caso, o julgamento da maioria das pessoas é contrário ao negócio, o que, contudo, não tem impedido sua existência.

Se focarmos o produto sinalizador de detector de velocidade – um aparelho que, colocado no carro do consumidor, acusa se há um detector de velocidade na estrada –, veremos que ele satisfaz as exigências de alguns consumidores quanto à liberdade de correr na estrada sem ser multado. Nesse caso, apesar da existência inequívoca de um julgamento negativo quanto ao produto e sua condenação, alguns leitores poderiam identificar uma ponta de simpatia pelo seu consumo (um julgamento positivo) e imaginar que, em alguns casos, ele até poderia ser útil. Essa pequena aceitação do produto significa, para os defensores do Marketing Social,[2] que ultrapassamos a linha que demarca o benefício de um indivíduo sobrepondo-se aos benefícios ou segurança de um grupo.

O foco do Marketing Social é considerar que os consumidores não são apenas os que buscam, compram e utilizam os produtos, *mas também todas as pessoas que*

---

[2] Utilizaremos o termo Marketing Social em um sentido diferente do uso comum, o qual identifica uma área de atuação da empresa junto à comunidade, mantendo creches, ruas e jardins próximos, bem como programas de educação, saúde e meio ambiente. Nossa análise estará focada no conceito de Marketing Social como estudo das consequências de uso dos produtos e serviços oferecidos.

*entram no circuito dos resultados do uso desses produtos.* No nosso caso do sinalizador de detector de velocidade, o consumidor não seria apenas o comprador, mas também todas as pessoas que estivessem no carro com ele e todos os motoristas e pedestres que cruzassem com ele, pois estariam sofrendo as consequências do uso do produto.

Os exemplos podem chegar aos menos evidentes. A indústria de alimentos rápidos, um dos grandes negócios na atualidade, oferece gosto, mas não oferece nutrição, pois a maioria dos alimentos tem amido e gordura, mas não tem proteínas. A indústria de carros inunda o mercado com variedade e preço, provocando poluição, acidentes e perda de tempo no trânsito. A indústria de embalagens aposta no descartável com um conceito de moderno, porém, essa embalagem é custosa (para todos) e geralmente poluente, ao contrário do vidro, que é 100% reciclável. A indústria de detergentes oferece um produto que torna as roupas claras, porém polui os rios. Antes de se construir o Aeroporto Internacional de Cumbica em Guarulhos, o Aeroporto de Congonhas, em São Paulo, operava a noite toda. Os vizinhos não descansavam nem de dia, nem de noite. Demorou anos para que a legislação fosse modificada, isto é, para que se admitisse que a satisfação de alguns passageiros não compensava o sacrifício de não passageiros.

A discussão desses e outros exemplos mostra um campo teórico que estaria reclamando um novo conceito de Marketing, no qual o lado humano, inteligente e ecológico estivesse presente. Algumas empresas, utilizando o conceito de posicionamento de Ries e Trout (1993), têm veiculado anúncios sobre sua preocupação em preservar o meio ambiente e as pessoas. Alguns autores conhecidos, como Kotler (1998, p. 24), têm afirmado que as empresas devem assumir a responsabilidade pelo meio ambiente, atendendo a três critérios quanto aos seus produtos: satisfação do consumidor, *interesse público* e lucro da empresa. A novidade aqui está no interesse público. A série ISO 14.000 trata das questões relativas à proteção ambiental e pode ser encarada como o resultado dessa corrente de preocupação. Como se vê, o assunto vem ganhando terreno.

Nessa abordagem, propõe-se que o gerente de Marketing, além de conhecer o seu consumidor em todos os detalhes que levantamos nos capítulos anteriores, deve construir uma visão de futuro sobre o destino final dos usos ou consequências do consumo de seus produtos e serviços. Mais do que vender, ele deve ter sua parcela de educador e orientar seus colaboradores e consumidores para a conjunção dos interesses pessoais e coletivos. Como sugestão, uma pergunta que o profissional deveria responder seria: "*Como meu produto/serviço entra na cadeia de relacionamentos do meu consumidor com o público e com o meio ambiente? Como seu uso pode afetar outras pessoas?*".

Não se trata de responder sobre os benefícios esperados (isso seria continuar pensando só no consumidor), mas sim sobre os efeitos reais que, ao longo do tempo, os produtos têm causado ou poderão causar. Por exemplo, um empresário fabricante de carros que se voltasse para as questões sociais deveria se concentrar nas excepcionais mudanças de comportamento que seu produto causou. Para exemplificar uma delas, no cenário brasileiro, podemos citar a sensação de liberdade que o carro dá à mulher, isto é, ele ajudou a alterar o comportamento das mulheres em relação aos homens (Giglio, 1998). Outras consequências, tais como a poluição e os acidentes de trânsito, também poderiam ser consideradas para que os empresários do setor criassem esforços para modificar seu produto, dirigindo-o gradativamente às necessidades da coletividade.[3]

Acreditamos que as ciências da Administração e do Marketing encontram-se exatamente nesse limiar: as consequências das formas de produção e o uso de produtos e serviços levaram a qualidade de vida a uma tal degradação que os profissionais começam a perceber que não se podem utilizar velhos paradigmas.

### 9.7.1 Os três vetores do Marketing Social

Defendido como uma nova orientação que quebra a equação tradicional de lucros, o Marketing Social propõe o conhecimento de três vetores para o planejamento e as ações no mercado: *os lucros da empresa, a satisfação do consumidor e o interesse público*. A mudança de paradigma, aqui, exige uma estratégia de longo prazo.

Nesse novo enfoque, a opinião pública passa a ser um elemento tão importante quanto os fornecedores e concorrentes. Em um excelente artigo, Peter Drucker (1993, p. 70) afirma que a empresa deficitária é um ônus para toda a sociedade, e não apenas para seus acionistas. Muito mais do que cuidar de jardins ou manter uma creche, seria responsabilidade de uma empresa ter competência no que faz e produzir valores consoantes com as preocupações sociais da maioria. Fica claro que, nesse enfoque, o consumidor nem sempre tem razão e nem sempre pode ser atendido nas suas expectativas.

Sabemos que esse tópico toca na questão da consciência dos empresários quanto ao valor do público na aprovação e na propaganda de seu produto. Como já ressaltamos, temos observado empresas que se comunicam tanto com seus consumidores quanto com o público. Essa comunicação torna-se relevante se considerarmos que as transformações tecnológicas estão muito rápidas e os consumidores simplesmente não conseguem acompanhá-las, o que pode gerar falsas interpretações sobre os malefícios dos produtos. É o que ocorre, por exemplo, com os alimentos transgênicos ou com as emissões perigosas dos telefones celulares, só para citar dois exemplos de muito mito e poucas provas.

Nosso ponto de vista é de que o relato da verdade acaba sendo um bom instrumento na construção da confiança nos relacionamentos. A confiança, como já vimos, é uma das representações sociais mais positivas no consentimento do consumo. Se a meta do Marketing futuro é criar e manter relacionamentos, não vemos melhor alternativa que as pessoas da linha de frente educarem seus consumidores, explicando-lhes os limites e as possibilidades dos produtos e serviços.

---

[3] É claro que estamos exemplificando uma situação que exigiria uma mudança do objetivo de negócio e, é claro também, que temos consciência do padrão de relacionamento comercial na atualidade. Repetimos que estamos apenas vislumbrando a possibilidade de uma quebra de paradigma nos modelos de Marketing. De qualquer modo, os carros elétricos e a legislação sobre antipoluentes parecem correr nessa direção.

## 9.7.2 Algumas reflexões sobre os usos do Marketing Social

A. Para os profissionais que consideram válidos os argumentos do Marketing Social e querem aprender a planejar nesse enfoque, recomendamos a leitura sistemática de artigos que analisam tendências, tais como os de Naisbitt (1990)[4] e Popcorn (1993). Deve-se, contudo, aproveitar os exemplos, mas não aceitar todas as teorizações sobre eles. Cada um pode criar suas próprias teorias do momento.

B. Apesar de festejada, a onda ambientalista ainda não se desenvolveu na sociedade brasileira. Pesquisas constantes com adolescentes têm demonstrado que este item não é dos mais importantes no *ranking* de preocupações. Esses dados podem indicar que as empresas que estão planejando seu sucesso contando com tal representação positiva podem se ver diante da tarefa de ter de estimular todo um público (gastando verba não planejada) para tentar criar o valor da proteção ambiental. Para grandes empresas que já destinam verbas regulares para programas de relações públicas, essa falta de consciência não é um problema, mas para pequenas empresas que querem entrar no ramo de recicláveis, por exemplo, pode ser um grande obstáculo.

C. A emergência de empresas de recicláveis parece ser o protótipo perfeito desse novo conceito de Marketing. Elas apostam no seguinte raciocínio do consumidor: *"Como não apoiar uma empresa que está resolvendo o problema do lixo (um problema social), gerando empregos (outro problema social) e criando produtos mais baratos (satisfazendo seus consumidores)?"*. A questão crucial é saber quando teremos uma massa crítica que incremente as vendas sem os enormes esforços de estimulação.

D. Uma maneira prática de analisar possíveis consequências do uso de produtos e serviços consiste na técnica de mesa-redonda já discutida, com algumas pequenas variações. O gerente deve considerar, em primeiro lugar, que pessoas não consumidoras entram no circuito de relações dos seus consumidores. Por exemplo, uma escola pesquisaria não só os grupos referentes aos alunos e pais dos alunos, mas também os vizinhos da instituição, as empresas de serviços (livraria, lanchonete, segurança, papelaria etc.), as empresas de transporte coletivo do local, as pessoas que estacionam nas redondezas. Todos são influenciados pelo serviço da escola, alguns positiva, outros negativamente. Pode-se reunir um ou mais grupos representativos dessas categorias e utilizar a mesma metodologia já explicitada. Um dos temas de discussão poderia ser: *"Qual é a imagem que esses públicos têm da escola e qual é o impacto futuro de um possível aumento do número de alunos...?"*.

Outra forma de pesquisa seria acompanhar o consumidor no uso do produto. Se você vendeu um carro para um homem casado, com filhos, passe algumas horas com eles dentro do carro. Veja o comportamento do motorista, do acompanhante, das crianças no banco de trás e vá analisando o que pode ser melhorado no produto.

---

[4] Recomendamos principalmente os livros que decorreram do sucesso do Megatrends 2000, tais como *Megatrends for women* e *O paradoxo da aldeia global*.

Tocamos superficialmente na questão do Marketing Social, mas uma espiada nas capas de livros lançados recentemente mostra que a expressão vem sendo mais utilizada. Em uma vertente, o Marketing Social é entendido como o marketing de empresas com fins sociais, sem fins lucrativos. Em uma outra, alguns livros referem-se mais a uma estratégia competitiva (um diferencial que a empresa e o produto podem apresentar, por exemplo, contribuindo para sustentar uma escola). Em uma terceira vertente, aparecem livros com os conceitos que esboçamos.

## Referências Bibliográficas

ALDERSON, W.; HALBERT, M. *Homens, motivos e mercados*. Tradução de Auriphebo Berrance Simões. São Paulo: Atlas, 1971.

ALMEIDA, S.; JOLIBERT, A. A influência do humor sobre a compra impulsiva. *Revista de Administração*, v. 28, n. 4, out.-dez. 1993.

BAUDRILLARD, J. *A sociedade de consumo*. Tradução de Artur Morão. Rio de Janeiro: Elfos, 1995.

BOURDIEU, P. *Sociologia*. São Paulo: Ática, 1994.

CANCLINI, N. *Consumidores e cidadãos*. Rio de Janeiro: UFRJ, 1995.

DRUCKER, P. *A sociedade pós-capitalista*. Tradução de Nivaldo Montingelli Jr. São Paulo: Pioneira, 1993.

DURNING, A. *How much is enough?* Nova York: Norton, 1992.

FROMM, E. *O medo à liberdade*. 12. ed. Tradução de Octávio Alves Velho. Rio de Janeiro: Zahar, 1980.

_____. *Ter ou ser?* Tradução de Nathanael C. Caixeiro. Rio de Janeiro: Guanabara, 1987.

GIGLIO, E. A compra de imóvel na planta por mulheres solteiras e sua relação com a identidade. *Revista da ESPM*, v. 5, n. 4, p. 16-22, nov.-dez. 1998.

KOTLER, P. *Princípios de marketing*. 5. ed. Tradução de Alexandre S. Martins. Rio de Janeiro: Prentice-Hall, 1993.

_____. *Administração de marketing*. 5. ed. Tradução de Ailton Bomfim Brandão. São Paulo: Atlas, 1998.

NAISBITT, J. *Megatrends 2000*. 5. ed. São Paulo: Amana Key, 1990.

POPCORN, F. *O Relatório Popcorn*. Tradução de Outras Palavras. Rio de Janeiro: Campus, 1993.

POPCORN, F; MARIGOLD, L. *Click*. Tradução de Ana Gibson. Rio de Janeiro: Campus, 1997.

RIES, A.; TROUT, J. *Posicionamento*: a batalha pela sua mente. 4. ed. Tradução de José Roberto Whitaker Penteado. São Paulo: Pioneira, 1993.

SCHEWSERINER, M. Crazy people e Benetton: sim, temos muita coisa em comum. *Revista da ESPM*, v. 2, n. 3, p. 15-20, nov. 1995.

SEMENIK, R. *Princípios de marketing*: uma perspectiva global. Tradução de Lenke Peres. São Paulo: Makron, 1995.

# Capítulo 10

## O comportamento do consumidor na internet

Neste capítulo, discutiremos o assunto atual do consumidor na Internet. Será que o comportamento desse consumidor pode ser explicado pelos mesmos parâmetros utilizados nas páginas anteriores? Ou haveria necessidade de um outro modelo que pudesse, por exemplo, entender as relações interpessoais virtuais?

Essa é a questão que pretendemos discutir aqui, retomando o princípio orientador de sempre buscar novas teorias quando for possível e necessário.

As compras (e o consumo) pela internet são o protótipo do movimento do encasulamento desenvolvido por Popcorn (1993). A ideia básica do encasulamento é de que as pessoas estão cansadas e inseguras com o mundo lá fora e, por isso, aceitam toda facilidade que lhes permita ficar em casa, no carro ou no escritório. De nossa parte, acrescentaríamos que a internet oferece a segurança do encasulamento e do anonimato, tendo como enorme vantagem a possibilidade de estar em contato com o mundo inteiro sem colocar o pé para fora de casa. Não é confortável você ligar seu computador na hora em que bem entender e fazer suas compras de supermercado, comprar um livro, realizar operações bancárias ou visitar um museu?

A internet é um excepcional canal de venda ou devemos ir mais longe, entendendo sua influência como a oportunidade de adotar um novo estilo de vida, tal como ocorreu com a televisão, que tirou as pessoas das calçadas e da cozinha para colocá-las na sala? Ao acessar determinado *site* para encontrar uma companhia, um jovem está apenas substituindo um canal (um barzinho, por exemplo) ou está iniciando uma nova forma de relacionamento?

Vamos começar definindo a internet nos pontos que nos interessam.

### 10.1 O conceito de internet como informação imediata, a qualquer hora, em qualquer lugar

A internet nasceu como um canal de informação utilizado basicamente para fins militares e para pesquisas universitárias. Com a popularização do computador e dos sistemas, porém, tornou-se rapidamente um canal de informação aberto ao público. Não demorou para que os profissionais de Marketing percebessem que um local onde se encontra muita gente é bom para se anunciarem e venderem produtos. Nascia, assim, o Marketing Eletrônico.

Como a palavra *marketing* está associada a um grande conjunto de ações dirigidas aos consumidores, em pouco tempo desenvolveu-se na internet toda uma gama de ferramentas para informar, persuadir, vender, atender e conversar com os consumidores, tanto pessoas físicas quanto consumidores organizacionais. A informação estava se tornando o centro das ações de Marketing. Conforme Drucker (1993), a era da tecnologia é a era da informação. A matéria-prima das empresas é a informação, e sua maior característica é o curtíssimo prazo de validade. Imagine, por exemplo, acessar um *site* que informe a situação do trânsito em São Paulo em uma segunda-feira de manhã. Você terá uma informação instantânea, mas de curta validade.

Tudo nesse mercado é tão rápido que, com um engenhoso sistema de cadastro e de informações sobre os acessos, as empresas são capazes de levar a informação até o consumidor, em vez de esperar que ele a acesse. Uma livraria, por exemplo, não fica mais esperando sua visita – reinventou a "visita do vendedor", informando o consumidor sobre lançamentos que lhe interessam.

Os artigos e comentários sobre produtos vendidos na internet parecem apontar que o consumidor dá preferência a produtos não perecíveis, tais como serviços (bancários, por exemplo), que possam ser comparados (como preços de um mesmo carro) e que tenham alta tecnologia envolvida (como *softwares*). Esses dados parecem apontar para busca e compra mais racionais. Em pesquisas, o consumidor aponta a praticidade e a rapidez como os fatores mais positivos da busca e da compra na internet, e cita o risco de uso do cartão de crédito e a dúvida sobre os serviços de pós-compra como os fatores mais negativos.

Feitas essas primeiras considerações, vamos colocar o tema dentro dos quatro modelos de comportamento de consumidor estudados.

## 10.2 O consumidor virtual conforme o modelo econômico

O modelo econômico de explicação do comportamento do consumidor busca identificar os processos que norteiam as trocas de valor. Em um nível bem simples, o consumidor conhece o preço final e busca a melhor alternativa. Nesse ponto, a internet é uma excelente ferramenta de busca dos melhores preços ou condições com o menor esforço físico. Não é para menos que consumidores internautas têm apontado a praticidade e a rapidez como dois dos fatores mais positivos da internet.

Em um nível um pouco mais complexo, o consumidor não conhece o resultado financeiro final e suas consequências, e o modelo busca explicitar os processos de diminuição das incertezas. Aqui a internet ainda precisa se desenvolver, porque o consumidor necessita de uma negociação e de garantias adicionais, normalmente customizadas. É claro que os *callcenters* poderão dirimir muitas dúvidas, mas ainda não podem promover alterações. É o caso da compra de cursos de especialização pela internet, que causa muita incerteza, e não há mecanismos virtuais para diminui-las.

O modelo econômico, portanto, tem condições de explicar o comportamento do consumidor virtual e indica que as variáveis importantes nesse modelo, os processos de decisão sobre o dinheiro, são otimizadas na internet, pois a pessoa tem o tempo que quiser, pesquisa na hora que quiser e pode interromper a busca quando bem entender.

## 10.3 O consumidor virtual conforme o modelo de tipologia

Como a internet é um canal de enorme massa, a tipologia vem sendo bem aplicada, com bons resultados. Poderíamos dizer que a internet é basicamente *data base* e diálogo. Pela ferramenta *data base*, é possível conhecer com detalhes os consumidores de um produto e cada consumidor em particular, o que facilita o diálogo, seja porque este está solicitando, seja porque a empresa entrou em contato com ele.

Uma tipologia completa deve incluir a demografia, os traços de personalidade e de estilos de vida. Quando se considera a divisão de consumidores conforme o tempo que levam para decidir comprar um produto que foi lançado, aparecem os inovadores (compram no lançamento e querem novidades em produtos e processos de compra), adotantes (também buscam novidades, mas esperam um pouco mais após o lançamento), seguidores (só compram quando o produto virou moda e muitos já experimentaram) e retardatários (só compram quando o produto está no fim do seu ciclo de vida). No mercado normal, os inovadores são uma minoria em comparação com os outros três. Na internet, porém, os inovadores parecem ser maioria.

O rótulo de "inovador" poderia ser o princípio orientador para o consumidor atual na internet. Ele implica algumas características demográficas, tais como ser predominantemente do sexo masculino (embora no *e-mail* predomine o sexo feminino), jovem na faixa de 25 a 30 anos, de classe média, com nível superior e solteiro. Quanto aos traços de personalidade, ele seria mais orientado para o futuro (nos traços cognitivos), mais funcional, mais introvertido, mais pensamento, mais julgamento (nos traços emocionais), buscando ganhar tempo (nos traços de atitudes). Em relação aos estilos de vida, seria uma pessoa que usa com frequência o computador e a internet, tornando a busca e a compra habituais.

O grande desafio da internet no Brasil, portanto, seria atingir o outro grupo, os adotantes, para criar uma massa crítica.

A construção da tipologia na internet segue o mesmo padrão de raciocínio da tipologia no mundo físico. Em primeiro lugar, deve-se definir claramente quais são as variáveis demográficas, de traços e de estilos de vida que importam para aquele negócio específico. Em seguida, deve-se buscar construir um banco de dados o mais completo possível sobre cada consumidor e os agrupamentos. Finalmente, devem-se utilizar modelos de reação dos consumidores típicos conforme estejam diante de estímulos, tais como novidades, queda de preços ou promoções. Um pouco de tentativa e erro também pode fazer parte do jogo, de modo que a empresa aprende a cada jogada (ou a cada visita do consumidor).

Já existem muitas pesquisas de mercado sobre o perfil do comprador na internet, mas estudos mais científicos ainda são raros. Gonçalves (1998) descreve que a literatura sobre o assunto tem destacado que:

- Grande parte dos consumidores rejeita compras na rede e as diversas causas disso são apontadas de forma pouco conclusiva.

- O nível de satisfação dos compradores é uma variável pouco abordada.

- Os principais motivadores de compra na rede são citados, porém, não se tem uma pontuação precisa sob a óptica dos clientes.

- Muitas pesquisas têm traçado o perfil do usuário da internet, porém, o perfil específico do comprador da rede tem sido pouco pesquisado.

O tema da tipologia na internet, portanto, está aberto aos pesquisadores.

## 10.4 O consumidor virtual conforme o modelo de processo em etapas

O modelo em etapas é mais apropriado para compras de alto valor financeiro, alto valor emocional ou que demandam muito tempo de procura, informações e negociações, como é o caso da compra de imóveis, de viagens de lua de mel e de máquinas industriais. As compras pela internet não parecem se adaptar a esses casos, e existem poucos estudos a respeito. A maioria deles refere-se à etapa de alternativas, considerando a internet um canal mais apropriado para informações sobre preço, linha de produtos e locais de compra. Vieira (1998) afirma ser possível identificar sete dimensões características do processo de compra na rede: 1) comodidade, 2) atendimento pessoal, 3) conteúdo informacional do *site*, 4) apresentação e interface da *home page*, 5) segurança, 6) taxa e tempo de entrega e 7) oferta de produtos. O estudo também mostra que os fatores de apresentação e interface da *home page*, segurança e atendimento pessoal são os que mais influenciam a *não compra*.

De nossa parte, consideramos que há possibilidades de aplicar o modelo inteiro, porque certas compras, tais como carros, viagens, joias e iates, podem começar e terminar pela internet. A venda de carros, especificamente, já é uma realidade bem estabelecida no Brasil.

Vejamos, portanto, como poderia ficar cada fase do processo na busca e na compra de um produto qualquer.

Como vimos, tudo começa com as experiências da pessoa, que criarão as expectativas. Aqui, a experiência de uso da internet é apenas mais uma entre milhares de outras possíveis. No entanto, sua presença na vida da pessoa irá determinar, lá na frente, que ela seja considerada parte do processo. Situações de vida da pessoa, como horários de trabalho que impedem a visita aos locais de venda, acesso ilimitado à internet ou experiências negativas de contatos pessoais em lojas, são experiências que podem criar uma disposição positiva para o uso da internet.

Suponhamos que a pessoa esteja às voltas com inúmeras experiências que se relacionem ao transporte. Se for alguém acostumado a olhar páginas da internet sobre automóveis, viagens e trânsito provavelmente irá procurá-las nas etapas posteriores.

As expectativas são criadas a partir do pano de fundo das experiências. Nosso sujeito envolvido com experiências sobre transporte pode criar a expectativa de se locomover com maior rapidez que a atual, com conforto e segurança, o que provavelmente irá recair na busca de um automóvel potente, confortável e seguro. O conteúdo dessas expectativas pode estar sendo influenciado pelas propagandas, incluindo as veiculadas pela internet.

Tendo criado uma expectativa, o sujeito começa sua busca pela solução, primeiro elegendo caminhos alternativos. No nosso caso, o problema do transporte pode ser resolvido, por exemplo, com a mudança de residência, a contratação de um táxi ou de um motorista particular, a mudança da situação de origem do problema (trabalhar um tempo em casa, por exemplo) ou a aquisição de um automóvel (supondo-se que a pessoa ainda não tenha um). Se houver o hábito de uso da internet (portanto, as experiências pessoais determinando o caminho de busca das alternativas), ela será muito utilizada na construção de toda essa etapa, ou seja, no levantamento de alternativas, na escolha de algumas conforme os critérios de seleção e na escolha final. Caso a pessoa não tenha esse hábito de uso, terá mais experiências de busca pessoal e, com isso, talvez a influência de outros não tenha tanta força. De qualquer forma, aqui parece ser a etapa em que a internet mais se coloca como alternativa de busca interessante, pelos motivos já expostos. No nosso exemplo, o sujeito terá centenas de endereços em que procurar carros, informações, alternativas de compra, peças e tudo o mais que se relacionar com o assunto.

Tendo se decidido por uma alternativa, vem a fase do julgamento, em que a internet perde terreno, pois, apesar de o sujeito aprovar a compra do produto (o carro, no nosso caso), existem algumas representações sociais negativas sobre o veículo tais como a impressão de que alguém está querendo roubar seus dados pessoais ou de que a empresa do outro lado pode ser fantasma e de que não haveria a quem recorrer no caso de problemas. A existência de alguns golpes de bandidos na internet (coincidentemente, a maioria relativa à venda de automóveis) inflaciona essas representações negativas. Como resultado, muitos compradores, após terem se decidido pelo produto, iniciam uma busca presencial.

Alguns continuam pela internet, chegando à etapa de compra. Como já vimos, essa etapa consiste na negociação de algumas variáveis, entre as quais a empatia, a simpatia e as qualidades de personalidade, que ainda não estão presentes na internet.[1] Quando a empresa é conhecida, porém, como os fabricantes de automóveis,

---

[1] Em todo caso, é só uma questão de tempo para que a maioria dos computadores já venha com o item de câmera, que vai possibilitar a visão do interlocutor quando o consumidor desejar.

essas variáveis podem se tornar secundárias e outras, como legitimidade, tempo, facilidades e quantidade de informações, se tornarem mais importantes. Em alguns casos, a pessoa fica de posse de um número de pedido e pode acessar a empresa a qualquer momento para ter informações adicionais sobre sua compra.

Na etapa de uso do produto, a internet pode ser novamente utilizada, pois o comprador pode obter informações adicionais, tirar dúvidas, solicitar serviços, comprar manuais, peças, treinamento e tudo aquilo de que necessitar. A internet é, portanto, uma fantástica caixa de diálogo entre os participantes do negócio.

Finalmente, na etapa sobre avaliação, se a pessoa quiser, poderá colocar suas ideias na página da empresa ou em milhares de outros endereços que recebem sugestões, reclamações, relatos e desabafos.

É possível, portanto, aplicar o modelo de processo em etapas considerando a intervenção da internet. Podemos afirmar que ela está presente e pode exercer influência em todas as etapas. As observações e o acompanhamento dos compradores parecem indicar que as etapas de alternativas, julgamento e compra seriam as mais críticas, isto é, as mais utilizadas e as mais decisivas para a continuidade ou não do processo. Nas etapas iniciais, de experiências e expectativas, a internet é apenas mais uma das fontes de influência; nas etapas finais, de uso e avaliação, ela vem adquirindo importância.

Sobre a etapa de alternativas, em reuniões e debates têm surgido argumentos de que a falta de tangibilidade do produto sempre será um problema na internet. Em alguns itens, tais como perfumes, roupas e bijuterias, o consumidor precisa ver e tocar no produto. Isso pode ser verdadeiro, mas tais itens já são vendidos na internet e, além disso, a próxima geração de consumidores estará acostumada a escolher produtos sem proceder ao teste dos sentidos, uma vez que já lida com objetos virtuais.

A etapa do julgamento deve ser a mais fácil de se resolver, pois boa parte da resistência e da propagação de conceitos negativos vem de pessoas que não aceitam a realidade virtual ou tiveram alguma experiência negativa que foi inflacionada. Como o uso de computadores tende a se tornar rotina para grande parte dos consumidores (e em todas as atividades, tais como estudo e trabalho), as imagens negativas tendem a desaparecer, tal como aconteceu com aviões comerciais, televisão e brinquedos automatizados. É uma questão de tempo.

Sobre a etapa da compra, tem-se colocado que a presença física do vendedor é fundamental na negociação, principalmente quando são vendidos itens que exigem explicações, experimentações e persuasão, tais como eletrônicos e programas de computador, ou produtos não procurados, tais como seguros de vida. De fato, o marketing tradicional tem muita literatura sobre o *momento da venda*, mas tem pouca literatura sobre o *momento da compra*, ou seja, o momento da negociação do ponto de vista do consumidor. Relatos informais levam a pensar que não são poucas as pessoas que se sentem incomodadas pela presença de um vendedor e que preferem o sossego da busca e da compra na internet.

Ficam lançadas essas observações para os pesquisadores interessados. Deixamos a compra da internet propriamente dita para o próximo modelo, que é mais apropriado.

## 10.5 O consumidor virtual conforme o modelo social

O modelo social afirma que a escolha, a compra e o uso de produtos por uma pessoa podem ser entendidas a partir das regras do seu grupo de referência. Se uma senhora de classe média alta pertence a um grupo que compra roupas em uma rua chique da cidade de São Paulo, como a rua Oscar Freire, podemos afirmar que ela se comportará da mesma maneira, escolhendo esse local para suas compras.

Formas de consumo, incluindo lugares, podem ser explicadas pelo modelo social. Na década de 1960 e no início da década de 1970, a rua Augusta, em São Paulo, durante o dia era um local de lojas de roupas caras e, de noite, local de encontro de jovens, que paravam o trânsito da avenida Paulista até a rua Estados Unidos. Trata-se de uma moda que se foi. A nova moda de compra e lazer (que também já começa a mudar) é o *shopping*.

Os textos sobre os valores e as atitudes dos jovens nos grandes centros urbanos indicam a existência de novas regras que ditam o comportamento. Entre eles, podemos citar: viver o presente, manter relacionamentos afetivos superficiais e sem compromisso, ser independente dos pais nas ações (mas não financeiramente); buscar ações fora do padrão; viver para si em primeiro lugar; estar conectado a uma rede de pessoas (de maneira superficial).

Esses valores sociais que ditam o comportamento podem ser seguidos graças aos eletrônicos e à internet. Assim, um jovem com telefone celular conectado à internet está em condições de realizar todos os comportamentos que dizem respeito ao viver aqui e agora, sem preocupação com o futuro. Páginas pessoais da internet, endereço de correspondência, grupos de discussão, *chats* e ICQs são formas eletrônicas de comportamento de consumo que envolvem os valores mencionados. Para esses jovens, relacionar-se algumas horas com alguém do outro lado do mundo tem o mesmo peso que estar com uma pessoa real em casa. As regras do eu-mesmo e da superficialidade não fazem grande distinção entre as duas experiências.

O *consumo* da internet, portanto, parece apontar para um novo código social de relacionamento profissional (compra e venda, trabalhos conjuntos, reuniões), social (troca de informações entre pessoas do grupo) e afetivo (encontros, namoros). Com seu imenso volume de informações, também é um referencial para várias rotinas, tais como roteiros de trânsito, reservas de passagens e hotéis, situação de bares noturnos e compras de supermercado. Nesse sentido, o consumo de produtos pela internet parece indicar que o canal pode se tornar moda, como foi a rua Augusta para roupas ou a rua São Caetano para vestidos de noiva, ou tornar-se um ponto de referência acima da moda, como ocorreu com o rádio e a televisão. Esse futuro pode não estar longe, se considerarmos a internet por ondas de rádio, que vai torná-la tão acessível quanto um rádio é atualmente.

Uma interessante questão de pesquisa seria analisar se os grupos de *eletronic*-consumidores têm a mesma dinâmica dos grupos físicos, ou seja, o mesmo poder de persuasão com suas regras (se é que elas irão existir) e capacidade de alienar o sujeito de suas vontades. Como hipótese, sugerimos que são grupos com outra forma de dinâmica, com um conjunto muito flexível de participantes, pouco comprometidos com a necessidade de "fazer parte", que é a base do comportamento. Talvez o estudo dos grupos de colecionadores de carros antigos ou fãs de filmes pudesse ser interessante.

O modelo social, portanto, pode ser aplicado tanto ao consumo da internet como ao consumo pela internet, gerando linhas de pesquisas. A Antropologia é um ramo que tem desenvolvido pesquisas em grupos etnográficos especiais.[2]

## 10.6 O exemplo do ensino a distância

O ensino a distancia existe há muito tempo, inclusive no Brasil, com a tradicional escola Instituto Universal Brasileiro. A distância pode ser transposta por meio do correio, do rádio, da televisão e, mais recentemente, da internet. A facilidade de comutar recursos (de áudio, imagem, *links*, interatividade) tornou o ensino a distância pela internet uma realidade presente demais para as escolas ignorarem. Pode ocorrer, em um futuro próximo, que os enormes espaços das escolas fiquem vazios durante boa parte do dia e da noite, enquanto as pessoas ficam em casa "assistindo às aulas".

Os consumidores de ensino a distância têm outros parâmetros de estudo. No caso de um curso universitário, a universidade deixa de ser o único local do conhecimento, e o uso do tempo e do espaço mudam radicalmente, já que agora é o consumidor quem decide sobre essas variáveis. Por causa disso, o *e-aluno* precisa ser mais responsável e disciplinado, pois a presença da autoridade do professor é bastante minimizada.

Ele deve aprender no seu próprio ritmo, e talvez aqui esteja um dos grandes fatores do sucesso do *e-learning*, ou seja, o consumidor terá escolha (qual escola, qual curso, qual horário, qual idioma etc.). Os modelos de educação atuais admitem que a aprendizagem se dê em múltiplos níveis. Winters (1998) recupera as sete capacidades humanas de processar a informação. Entre os tipos, temos o linguístico, o experimental (ou que duvida), o espacial (que aprende com imagens), o musical (que aprende pela música), o corporal (que toca tudo), o social e o individual. Como cada um de nós desenvolve esses tipos? Winters coloca na cultura o ponto básico dessa construção e, na educação, um dos caminhos (senão o básico) das relações entre culturas, isto é, da possibilidade de emergência de vários estilos. É nas diferenças que está a força da aprendizagem, e na internet o aluno pode ter muitas delas reunidas em uma única página, permitindo a escolha de caminhos.

Segundo Valente (2000), o ensino deixa de ser o ato de transmitir informação e passa a se traduzir em criar ambientes nos quais o aprendiz possa interagir com uma variedade de situações e problemas, auxiliando-o na sua interpretação para

---

[2] Para um breve panorama de pesquisas no Brasil, ver Rocha et al. (1999).

que consiga construir novos conhecimentos. Isso significa que o consumo de cursos a distância deve ter como diretriz a liberdade do aluno de construir seus caminhos e seu conhecimento; o professor é um guia, diferentemente do que ocorre em uma sala de aula presencial, com 40 alunos. Fala-se em aprendizagem cooperativa assistida por computador (em inglês, *Computer Supported Cooperative Learning* ou CSCL). Em novos câmpus virtuais, os professores e os estudantes partilham os recursos materiais e informacionais de que dispõem. Os professores aprendem junto com os estudantes e atualizam continuamente seus saberes "disciplinares" e suas competências pedagógicas.

Nem tudo é maravilha, porém, no consumo de ensino a distância. Os estudantes reclamam que demoram mais nos módulos de educação a distância do que nos presenciais e também que existe maior carga de trabalho. Para esses alunos, que seguem a lei do mínimo esforço, a classe virtual não é um progresso.

Como obter consumidores satisfeitos no ensino a distância? Segundo Wagner (1993), os conhecimentos prévios dos consumidores e sua tipologia são duas variáveis importantes que interferem no sucesso de um programa de educação desse tipo.

## 10.7 Comentários finais sobre o consumidor na internet

Em 2002, nas cidades de São Paulo e do Rio de Janeiro, foi realizada uma pesquisa de mercado para saber se uma pessoa poderia viver sua rotina sem sair de casa, só utilizando a internet. Dois jovens, um rapaz paulista e uma moça carioca foram colocados em um apartamento que só tinha as quatro paredes e um computador conectado à internet. Eles tinham um cartão de crédito para comprar tudo o que quisessem.

O que você compraria em primeiro lugar? Os itens de rotina, não é? Utensílios de cozinha, uma cama, comida, produtos de higiene e limpeza. Foi o que eles fizeram, com algum sacrifício, nos primeiros dois dias. Depois, vieram os produtos de facilidades, tais como fogão, geladeira, máquina de lavar e liquidificador. Depois, os itens de conforto, tais como sofás, cadeiras, música, TV. Finalmente, segundo relatos dos participantes, passaram aos itens de lazer, tais como aluguel de fitas e aparelhos de ginástica. Quando os participantes estavam já bem habituados à sua rotina (aproximadamente 20 dias depois), o experimento foi encerrado. A conclusão (entre outros itens de propaganda) é que já é possível comprar tudo aquilo de que você precisa pela internet. Tudo mesmo, até a companhia de outras pessoas, o que não foi permitido naquele experimento.

A internet é, portanto, um canal de compra completo. Janal (apud Vieira, 1998) verificou que os consumidores apresentam os seguintes relatos sobre as vantagens do comércio eletrônico:

- *Comodidade*: Os usuários podem encomendar produtos, em qualquer lugar, a qualquer hora.
- *Informação*: Os computadores são capazes de armazenar e exibir maior número de descrições e preços de produtos.

- *Resposta às condições do mercado*: As empresas podem acrescentar produtos, descrições e preços, mantendo-os sempre atualizados.

- *Menor desgaste entre os participantes*: Os consumidores não precisam lidar com vendedores que tentam pressioná-los.

O assunto da internet tem criado linhas de pesquisas. Nos congressos da Enanpad[3] têm surgido algumas reflexões, como os artigos de Diaz (1998) – "Marketing na internet e o comportamento do consumidor"; Gonçalves (1998) – "Comércio eletrônico na internet: uma pesquisa exploratória no mercado consumidor"; Nique (1999) – "Comércio eletrônico na internet"; Nogueira et al. (2001) – "Identificação das expectativas dos usuários da internet em relação ao comércio eletrônico". Outras linhas de pesquisas brasileiras (Karsaklian, 2001, p. 96) têm mostrado que existem três tipos de pessoas nos endereços de compras: a) os compradores; b) os que procuram a informação na web, mas compram nas lojas reais; c) os que visitam os *sites*, mas não compram de nenhuma forma.

Textos em uma linha mais tradicional de marketing têm referido os seguintes pontos do lado dos fornecedores como fatores críticos de sucesso na internet:

Em uma linha de raciocínio da tipologia:

- descubra quem são seus consumidores e *prospects*;
- descubra quais são os consumidores lucrativos;
- decida que consumidores você quer atrair e quais não quer perder;
- identifique o consumidor final;
- deixe seus consumidores especificarem e modificarem seus perfis;
- ofereça conteúdo e ofertas embasadas nos perfis;
- ofereça serviços apropriados às necessidades dos clientes.

Em uma linha de raciocínio do processo em etapas:

- saiba quais consumidores geram indicações;
- não confunda seus consumidores;
- entregue uma experiência consistente;
- deixe o consumidor escolher a mídia que quer usar;
- ofereça ao consumidor controle sobre sua relação;
- facilite o processo do ponto de vista do consumidor, focando no que ele acha que é importante;
- melhore o processo tendo por base o *feedback* do consumidor;

---

[3] Congresso brasileiro que apresenta, basicamente, os conteúdos das linhas de pesquisa mais atuais dos professores e alunos dos cursos de pós-graduação de Administração no Brasil.

- deixe o consumidor achar a informação de que precisa;
- deixe o consumidor checar o *status* de suas transações;
- dê aos consumidores a possibilidade de desenhar seus próprios produtos;
- desenvolva relacionamentos;
- possibilite aos consumidores acesso ao seu histórico de transações;
- encoraje seus consumidores a fornecerem informações adicionais.

Em uma linha de raciocínio do modelo econômico:

- priorize economizar o tempo do consumidor;
- ofereça tranquilidade a ele.

Em uma linha de raciocínio do modelo social:

- facilite a comunicação de consumidores com interesses comuns;
- use e reforce termos e valores comuns;
- encoraje consumidores a fazerem parte das comunidades.

O tema do comportamento do consumidor na internet, portanto, está aberto aos pesquisadores interessados. Para nós, acima de todos os tópicos tradicionais de pesquisas, tais como tipologia, satisfação, processos de compra, existe um tema social e antropológico que merece um estudo mais científico: é a emergência de um novo estilo de relacionamento profissional, social e afetivo que aceita a distância física e a superficialidade das relações. Seria o nascimento de uma nova ordem cultural, transnacional?

## *Referências Bibliográficas*

DIAZ, A. Marketing na internet e o comportamento do consumidor: investigando a dicotomia hedonismo *versus* utilitarismo na www. *Anais da Enanpad*, n. 22, p. 27-30, set. 1998.

DRUCKER, P. *A sociedade pós-capitalista*. Tradução de Nivaldo Montingelli Jr. São Paulo: Pioneira, 1993.

GONÇALVES, C. Comércio eletrônico na internet: uma pesquisa exploratória no mercado consumidor. *Anais da Enanpad*, n. 22, p. 27-30, set. 1998.

KARSAKLIAN, E. *Cybermarketing*. São Paulo: Atlas, 2001.

NIQUE, W. Comércio eletrônico na internet: entendendo a internet como canal de compra. *Anais da Enanpad*, n. 23, p. 19-22, set. 1999.

NOGUEIRA, R.; GRANOZZO, A. e CUNHA, A. Identificação das expectativas dos usuários da internet em relação ao comércio eletrônico. *Anais da Enanpad*, n. 25, p. 68, set. 2001.

POPCORN, F. *O Relatório Popcorn*. Tradução de Outras Palavras. Rio de Janeiro: Campus, 1993.

ROCHA, E. et al. Cultura e consumo: um roteiro de estudos e pesquisas. *Anais da Enanpad*, n. 23, 1999.

VALENTE, J. A. Educação a distância: uma oportunidade para mudança no ensino. In: MAIA, C. (org.) *EAD: educação a distância no Brasil na era da internet*. São Paulo: Anhembi-Morumbi, 2000. p. 97-122.

VIEIRA, B. Comércio eletrônico via internet: uma abordagem exploratória. *Anais da Enanpad*, n. 22, 1998.

_____. Comércio eletrônico via internet: entendendo a internet como canal de compra. *Anais da Enanpad*, n. 23, 1999.

WAGNER, E. Variables affecting distance educational program success. *Educational Technology*, abr. 1993.

WINTERS, E. *Seven styles of learning*. The part they play when developing interactivity. Disponível em: *www.proquest.uni.com/pqdweb*, acessado em 29 ago. 1998.

# Capítulo 11

# A aplicação dos modelos explicativos quando o consumidor é uma empresa

Apesar de focarmos primordialmente os consumidores pessoas físicas, não podemos esquecer que boa parte dos compradores e consumidores é constituída de pessoas jurídicas, representando empresas que necessitam de produtos e serviços para sua produção e comercialização.

Neste capítulo, aplicaremos os modelos explicativos ao consumidor-empresa. Parte de nossos argumentos apoia-se no excelente livro de Morgan (1996), sobre as imagens da organização. Como proposta investigativa, colocamos que o estudo do conjunto das regras da empresa deve ser o ponto de partida das análises do comportamento de consumo e de compra de pessoas que representam empresas.

## 11.1 O ponto de partida

Até aqui comentamos modelos explicativos do comportamento de consumo de pessoas. Quando o consumidor é uma *empresa*, porém, várias pessoas participam dos processos de compra e de consumo, em diversos níveis hierárquicos e graus de importância decisória.

Será que podemos utilizar os mesmos modelos de compra e consumo que são aplicados à pessoa física? Os modelos decerto podem ser utilizados, mas as variáveis não serão as mesmas. Uma empresa é um conjunto de regras de produção e dentro dela as pessoas exercem papéis configurados pelos objetivos da própria empresa, e não por si mesmas. Nossa proposta é que a matriz de análise do comportamento de consumo parta das regras da empresa, e não dos elementos psicológicos de seus participantes. É claro que esses elementos psicológicos/emocionais continuam presentes (por exemplo, a personalidade de um diretor), porém em menor importância, pois o processo decisório é definido principalmente por regras externas às pessoas, que inibem ou regulam os elementos emocionais.

Para estudar o consumidor-empresa, portanto, é necessário aceitar o pressuposto de que uma empresa é uma unidade e de que as relações entre as pessoas e os objetos seriam a unidade de estudo. De acordo com nossos interesses, chamaremos de *cultura organizacional* o conjunto de regras explícitas e implícitas de uma organização que influenciam os processos, incluindo os de consumo.

## 11.2 A aplicação do modelo econômico para o consumidor-empresa

O princípio do modelo econômico é o processo de decisão sobre os recursos financeiros das pessoas ou das empresas. Nesse último caso, o modelo busca compreender as decisões da empresa sobre o que consumir para aumentar suas receitas e diminuir suas despesas, bem como seus processos decisórios sobre a divisão dos recursos para suas várias áreas.

Como propusemos que se devem considerar as regras como base de análise, então, o profissional deve buscar aquelas sobre o uso do dinheiro na empresa, desde as mais simples, como, por exemplo, se o uso de ligações interurbanas é livre, até as mais complexas, como análises de risco de potenciais compradores ou fornecedores.

O processo de compra e uso de produtos seguiria (muito mais do que quando aplicado a pessoas) a regra básica do menor custo pelo maior benefício. Quem já assistiu a uma negociação entre fabricantes e atacadistas sabe que a conversa gira primordialmente em torno do dinheiro.

O modelo econômico tem três subdivisões. No nível econômico mais simples, a empresa conhece o preço final do produto que pretende adquirir e o processo é bem simples e óbvio, e ela sempre busca reduzir o valor final e/ou adquirir vantagens. São as negociações típicas entre fabricantes e revendedores, que contam inclusive com tabelas de preços diferentes conforme o volume adquirido.

No segundo nível econômico, o resultado final é incerto e aparece a variável risco. A compreensão desse nível está nas regras que a empresa consumidora utiliza para diminuir suas incertezas. Esse processo passa por etapas bem conhecidas, tais como definição do objetivo, identificação das incertezas, busca de informações para diminuir essas incertezas, criação de alternativas, decisão de uma linha de ação e controle sobre a decisão. Uma situação típica seria, por exemplo, a compra de um serviço de consultoria para motivar a equipe de vendas. Não há garantias sobre os exatos resultados (nem mesmo se haverá resultados), então, a empresa procura diminuir suas incertezas buscando informações sobre a empresa de consultoria, por exemplo.[1]

No terceiro nível do modelo econômico, coloca-se a influência de fatores externos nas decisões da empresa. É um pouco mais difícil fazer afirmações nesse caso, mas podemos pensar que os modismos administrativos econômicos são

---

[1] Uma situação já não tão rara consiste em um contrato em que a empresa prestadora de serviços só recebe seus honorários caso seu trabalho surta algum efeito. Em serviços de auditorias fiscais, para diminuir a carga de impostos das empresas, essa regra já é bem utilizada, o que reduz praticamente a zero a incerteza do comprador.

modelos que as empresas tendem a seguir. Na década de 1980, por exemplo, vários modelos japoneses de produção foram imitados, tais como estoque zero e defeito zero, buscando reduzir os custos. Esses modelos geram o consumo de produtos e requerem pessoal especializado.

## 11.3 A aplicação do modelo de tipologia ao consumidor-empresa

Podemos agrupar empresas como agrupamos pessoas?

Não só isso é possível, como é muito comum. O modelo de tipologia pode ser utilizado no caso de consumidores-empresas, embora não tenha a mesma força explicativa e prática que tem para consumidores pessoas. No entanto, divisões como empresas de *grande* × *pequeno porte, com* × *sem compradores profissionais, com* × *sem filiais* são utilizadas na formação de estratégias de vendas. Como veremos adiante, as variáveis demográficas, de traços e de estilos de vida que são utilizadas para as pessoas também podem ser utilizadas para empresas, com algumas adaptações.

### 11.3.1 As variáveis da demografia dos consumidores-empresa

Conforme vimos no capítulo sobre tipologia, as variáveis demográficas a serem utilizadas são infinitas, pois cada negócio deve definir seu leque. No entanto, certas variáveis têm sido utilizadas mais frequentemente como parâmetros para construir a tipologia dos consumidores empresa:

- A idade da empresa, como a de indústrias que utilizam máquinas, é importante, por exemplo, no negócio de manutenção de máquinas.
- O número de funcionários da empresa é importante, por exemplo, na venda de serviços de restaurante.
- A existência e o número de filiais são importantes, por exemplo, na venda de sistemas de integração.
- O faturamento é importante, por exemplo, para a venda de consultoria de incentivos ou de assistência médica.
- A localização é importante, por exemplo, para a venda de transportes de pessoas e cargas.
- A taxa de recompra é importante, por exemplo, na venda de *softwares* de sistemas de estoques.

Como se vê, é o mesmo raciocínio da tipologia de pessoas. Cada profissional deverá pensar quais variáveis do consumidor-empresa são importantes para criar o consumidor típico no seu negócio. Utilizando a mesma divisão da demografia para pessoas, poderíamos concentrar as variáveis nos seguintes fatores:

- *Estrutura da empresa*: Refere-se aos aspectos visíveis e sensoriais da empresa, como tamanho, área construída, número de funcionários, divisão do espaço físico, maquinário (número e tamanho) etc.

* *Dinâmica da empresa*: Refere-se à organização funcional da empresa, com sua estrutura organizacional, suas regras de autoridade, de comunicação e de compras, suas relações com filiais, fornecedores e distribuidores.

* *Fatores geográficos/sociais/econômicos*: Localização e natureza do negócio, qualificação da mão de obra, faturamento, padrões de divisão de custos, padrões de divisão dos lucros, posição no mercado etc.

* *Rotinas relativas ao produto*: Valorização do produto do fornecedor, frequência de recompra, rotinas de negociação etc.

Uma divisão clássica, que segue alguns princípios da tipologia, divide o mercado em quatro grandes categorias: o mercado industrial, o mercado revendedor, o mercado de serviços e o mercado governamental. Tipicamente coloca-se, por exemplo, que o mercado industrial tem poucas empresas de grande porte que visam à qualidade, ao contrário do mercado revendedor, que tem muitas empresas de porte médio que procuram o melhor preço. Para nós, essa divisão tão genérica não tem validade, porque uma empresa (de cola de sapato, por exemplo) pode ter como consumidores típicos as pequenas indústrias da cidade de Franca, e uma empresa (de carrinhos de bebê, por exemplo) pode ter como consumidores típicos as grandes redes varejistas. Cada negócio, enfim, deve construir sua tipologia.

## 11.3.2 As variáveis dos traços culturais da empresa

Uma empresa não tem traços de personalidade, mas padrões de respostas conforme sua cultura organizacional. Desses padrões surgem tipologias de pares de opostos, imitando o modelo de Jung aplicado às pessoas. Considere a oposição *empresa inovadora* × *empresa conservadora*. É possível afirmar, por exemplo, que uma empresa que vende sistemas de gerenciamento provavelmente terá como consumidores típicos as empresas com cultura de inovação, enquanto uma empresa que vende sistemas de controle de pessoas provavelmente terá como consumidores típicos as empresas com cultura de conservadorismo. O Quadro 11.1 mostra alguns exemplos.

Tais rótulos pretendem dar uma rápida visão do conjunto de respostas rotineiras e não rotineiras do consumidor típico, geradas em virtude de sua cultura organizacional. É claro que, dependendo do ramo de negócio, outros pares de opostos podem ser construídos, criando teorias de tipologia mais adequadas. Outra divisão muito interessante de tipologias de empresas a partir de sua cultura organizacional foi feita por Morgan (1996). O autor criou alguns rótulos, tais como "a empresa como máquina", "a empresa como jogo de poder", daí derivando alguns comentários sobre os comportamentos esperados. Para nosso propósito, iremos analisar apenas três exemplos dessa tipologia e construiremos algumas adaptações sobre os comportamentos de consumo.

Uma das imagens compara a empresa a uma *máquina*, com noções exatas de equilíbrio. Deve existir um sincronismo entre recursos, pessoas e processos. Nesse caso, os compradores e decisores são vistos como parte de uma engrenagem, sendo perfeitamente substituíveis quando necessário. Os produtos devem ser comprados

***Quadro 11.1*** – Alguns pares de opostos utilizados para classificar as empresas típicas

| | |
|---|---|
| **Inovadoras**, que incentivam as mudanças, assumem riscos. | **Conservadoras**, que incentivam a padronização e valorizam o conhecimento. |
| **Centralizadoras**, nos processos decisórios. | **Descentralizadoras**, que delegam poderes aos colaboradores. |
| **Expansivas**, que buscam novos negócios e mercados. | **Defensivas**, que buscam proteger seus mercados. |
| **Agressivas**, que buscam sua sobrevivência atacando os concorrentes. | **Acomodadas**, que buscam sua sobrevivência justamente não entrando em guerras. |

com estoques suficientes para não prejudicar a produção. O processo de compra é padronizado.

O fornecedor que encontrar empresas com um conjunto de regras que se aproximam do mecanicismo entenderá e agirá considerando o comportamento de compra e consumo um ato mecânico, rotineiro, de formação de hábitos. Possivelmente bastará acompanhar as rotinas dos decisores e dos compradores. Não haverá envolvimento, discussão ou planificação conjunta – tudo já está pronto. Esse modelo mecanicista pode ser mais facilmente observado em indústrias de base ou de precisão, tais como indústrias de aço e de automóveis.

Um dos problemas das empresas que se parecem com máquinas é sua inflexibilidade, o que as faz sofrer com as mudanças de um mercado tão dinâmico quanto o atual. Comprar e consumir sempre da mesma maneira é negar a mudança, a variabilidade, a flexibilidade, itens considerados fundamentais para a competitividade atual.

Outra imagem construída por Morgan compara a empresa a um *organismo vivo*, como um ser humano, com o argumento de que se trata de um conjunto de regras e produtos humanos, portanto, assemelhada ao seu criador. Os participantes da compra são partes do organismo que trabalham em conjunto para seu equilíbrio e seu crescimento.

O fornecedor que se deparar com empresas com um conjunto de regras que se assemelha ao modelo organicista verá que o processo de compra e consumo é entendido pelos participantes como um ato de equilíbrio da empresa, os quais acabam por valorizar aspectos como o estoque e o equilíbrio de contas. Diferentemente do modelo mecanicista, porém, aqui podem existir adaptações, assim como um organismo pode precisar de mais ou menos alimento no seu dia a dia ou variar sua alimentação. Há alguma possibilidade de relacionamento e planejamento, bem como de interação entre as partes da organização. Ocasionalmente, os empresários podem se decidir por compras e consumo de oportunidades e risco. Empresas varejistas que mantêm produtos tradicionais ao lado de novidades, tais como lojas de construção civil (existem grandes magazines da construção civil em São Paulo), podem ser exemplos desse modelo.

O profissional que entender uma empresa conforme esse ponto de partida estará diante de regras que buscam firmes parcerias de fornecimento, sólidos treinamentos para a compreensão dos negócios e programas de flexibilização da empresa.

A mudança de algumas empresas automotivas da cidade de São Paulo para cidades do Estado do Paraná poderia ser entendida como um movimento de adaptação ao meio ambiente.

Um terceiro exemplo vê a empresa como um cérebro. O conjunto de regras de empresas desse tipo aponta para uma incrível capacidade de adaptação e flexibilidade. A estrutura organizacional da empresa tem de partir de um desenho de matriz, e os estilos de liderança são mais democráticos. O objetivo mais importante da empresa parece ser o desenvolvimento da capacidade organizacional, dos talentos e de novas respostas. A empresa aprende continuamente. Empresas que vendem produtos sob medida, tais como os ramos de arquitetura, móveis ergonômicos e sistemas de gerenciamento, podem ser exemplos disso.

As principais regras organizacionais desse tipo de empresa são:

- encorajar e valorizar uma abertura e flexibilidade que aceite erros e incertezas;
- encorajar um enfoque de análise e solução de problemas complexos que reconheça a importância de vários pontos de vista;
- evitar a imposição de estruturas organizadas, tais como metas preestabelecidas;
- cada área ou departamento deve ser independente e capaz de realizar o processo todo (princípio holográfico). Isso significa ser especialista e genérico ao mesmo tempo.

O profissional de Marketing que utilizar esse modelo por considerar que seu consumidor típico se encaixa melhor nele que em outros estará diante de uma complexidade de relações e precisará estar preparado para entrar no circuito de aprendizagem e renovação da empresa, principalmente aprendendo com os erros. A parceria entre fornecedores e compradores na solução de problemas e no desenvolvimento de novos produtos seria um protótipo desse envolvimento.

O problema de desenvolver a tipologia, nesse caso, é que a variabilidade entre empresas pode ser tão grande a ponto de dificultar os raciocínios normais de agrupamento e previsibilidade, que são condições da tipologia. Para minimizar esse problema, o profissional deve utilizar os modelos de racionalidade limitada, desenvolvidos e refeitos por Simon (apud Barracho, 2001), buscando as regularidades da tomada de decisão dentro da variabilidade.

Existem outros modelos possíveis, encontrados na obra de Morgan (1996), mas para os propósitos deste livro esses exemplos são suficientes. São metáforas que auxiliam e orientam as ações dos profissionais que necessitam compreender as regras de busca, compra e consumo do consumidor-empresarial. É claro que, há 80 anos, no auge da ciência mecanicista e biológica e da empresa calcada na produção, foram gerados modelos que seguiam as premissas mecanicistas e biológicas. Na atualidade, em que o produto mais importante é a informação, são as regras de sua circulação que fornecem o modelo do que pode ser definido como empresa. Modelos fundamentados em neurolinguística, por exemplo (a empresa como uma rede neural), parecem mais afinados com os paradigmas atuais.

A tipologia do consumidor-empresa, portanto, é possível e cria campos de pesquisa interessantes. A questão crítica da tipologia, como já dissemos em um capítulo anterior, está na escolha das variáveis. Algumas delas, tais como o número de funcionários, podem conter pressupostos (por exemplo, quanto maior o número de funcionários, maior o faturamento) que não guardem mais relações com os fatos da atualidade. O que sempre defendemos neste livro é que precisamos nos livrar de algumas teorias antigas e criar teorias mais apropriadas ao momento, buscando uma renovação.

A definição que afirma ser a empresa um grupo de pessoas que compartilham regras e objetivos parece-nos a chave para compreender o consumo e a compra do consumidor-empresa. Se conhecermos detalhadamente as regras da empresa, desde as mais explícitas até as latentes, poderemos construir teorias atualizadas sobre o comportamento de compra dos participantes e seguir os mesmos princípios que comentamos para os consumidores individuais.

Na prática, ao realizar a primeira visita a uma empresa, o profissional deve conhecer sua história. Sabendo ouvir, podem-se coletar quatro níveis de dados: os fatos que marcaram os períodos de crescimento e queda da empresa, os fatos que marcaram a vida das pessoas dentro dela, a visão particular do interlocutor e os elementos sobre o futuro.

Conhecer as regras de uma empresa significa colher dados sobre suas políticas de propaganda, de rotinas de pedido, de produção, de entrega e manutenção. Para ampliar o quadro de informações, pedimos que algumas pessoas nos relatem as regras de relações interpessoais dentro da empresa, tais como as que definem a autoridade, a hierarquia e o poder de decisão. Essas regras dão as informações finais para se elaborar a teoria do comportamento de compra e consumo da empresa, o que permite criar tipologias.

## 11.4 A aplicação do modelo de etapas ao consumidor-empresa

Neste item, desenvolveremos o modelo de *consumo* e *compra* em etapas, considerando o consumidor-empresa. Os livros de Marketing, tais como o de Webster e Wind (1972) e Kotler (1998), acabam focando mais a etapa da *compra* justamente porque não houve a construção do raciocínio de toda a cadeia. De nossa parte, esboçaremos um roteiro que poderá ser complementado por publicações e pesquisas posteriores.

Como dissemos, o ponto de partida de análise do processo de consumo é o conjunto de regras da empresa, as quais geram as experiências que formam o pano de fundo do início do processo. A pesquisa dessas regras pode focar quatro pontos básicos:

- Sua história, com os fatos do passado e do presente que marcam os ciclos de crescimento e declínio das atividades da empresa e seus projetos para o futuro.
- Seus ciclos de propaganda, de vendas, produção e entrega; conhecendo essas regras, podemos criar afirmativas sobre o consumo.
- As regras de relações interpessoais dentro da empresa, tais como as que definem a autoridade, a hierarquia, o poder de decisão e os relacionamentos não profissionais.
- As características do negócio em que a empresa atua. Uma empresa de *software*, por exemplo, não pode ter muita burocracia, sob pena de desaparecer.

Conhecendo as regras da empresa, temos as condições iniciais para a compreensão das etapas. Quando aplicamos o modelo a pessoas físicas, há possibilidade de acompanharmos uma única pessoa, que desempenha os papéis de iniciador, comprador e usuário. Com empresas, essa situação é mais rara, já que vários participantes entram no processo, o que torna a construção do modelo mais complicada, por ter de contar com mais de uma fonte de informação. Basicamente, podemos considerar os seguintes participantes:

- *Iniciadores*: Podem ser os usuários ou outras pessoas que controlam as necessidades de produtos e serviços. O iniciador pode simplesmente solicitar um produto ou indicar um fornecedor.
- *Usuário*: É aquele que aponta a necessidade do produto e dá alguma indicação de sua especificação. Ele também pode indicar o fornecedor.
- *Influenciadores*: Geralmente são técnicos que conhecem as especificações do produto ou serviço e complementam a qualidade do pedido dos anteriores.
- *Decisores*: Como o nome diz, decidem as qualidades do produto e dos fornecedores.
- *Compradores*: Fazem os contatos, recebem as propostas e escolhem um fornecedor. Em algumas empresas, têm autonomia para decidir, em outras, não.
- *Aprovadores*: Engenheiros, diretores de finanças ou donos podem aprovar a proposta de compra. Não são necessariamente conhecedores dos aspectos técnicos.

É claro que a presença de todo esse pessoal depende do tamanho da empresa e das regras que ela segue. Uma empresa grande, burocrática, com luta de poder, terá esses e outros participantes; uma empresa média, com planos de enxugamento e flexibilidade, poderá eliminar alguns deles.

Após essas considerações iniciais, podemos realizar o mesmo raciocínio de consumo em etapas que foi aplicado para o consumidor pessoa física.

## As experiências

As rotinas de uma empresa, assim como as de uma pessoa, iniciam o processo de consumo. As variáveis mais comuns que podem ser levadas em consideração são:

- *O espaço físico*: uma empresa tem um espaço físico, o que gera experiências tais como falta de espaço para pessoas ou materiais, criando objetivos de mudança (ampliação, por exemplo).

- Os *recursos materiais*: as máquinas e os equipamentos de uma empresa podem gerar experiências de falta, de quebra ou de sucateamento.

- *Dinâmica e estrutura*: uma empresa pode ampliar seu quadro de pessoal, necessitando para tanto, de serviços como treinamento. Também pode ocorrer uma mudança de cultura, por exemplo, dos cargos e salários, o que leva a mudanças de pessoal.

- *Relações com outras empresas*: uma empresa pode, por exemplo, iniciar atividades de exportação, o que cria novas expectativas.

## Nascimento dos objetivos *(seriam as expectativas quando tratamos de pessoas)*

As experiências levantam problemas (no sentido de desafios) com dois componentes: o conteúdo do objetivo e a importância de seu alcance. O conteúdo do objetivo é a ideia propriamente dita sobre o que se pretende. Por exemplo, uma indústria têxtil pode traçar o objetivo de trocar uma máquina por ano, nos próximos cinco anos, para aumentar sua produção em 35%. Já a importância diz respeito ao quanto se pretende investir em recursos de toda ordem para se alcançar o objetivo. No exemplo da indústria têxtil, se o objetivo é visto como sobrevivência da empresa, portanto, muito importante, a disposição para a procura e a compra é alta.

Conhecer esses dois componentes dos objetivos auxilia na compreensão das etapas posteriores, por exemplo, por que faltaria empenho de uma empresa em levar adiante o levantamento de alternativas.

## Levantamento de alternativas

Nas empresas, esse processo é bastante detalhado. Seus principais pontos são:

- *Descrição geral do produto que supre o objetivo*: aqui participam todos os que podem ajudar na definição do que comprar para atingir o objetivo.

- *Especificação do produto*: especialistas descrevem as especificações técnicas do produto.

- *Identificação de fornecedores*: quais as condições de qualidade exigidas dos fornecedores.

- *Solicitação de proposta*: são contatados vários fornecedores visando à escolha do melhor.

♦ *Seleção do fornecedor*: conforme critérios de especificação (aqui pode haver um início da etapa de negociação).

Como se percebe, diferentemente do consumidor pessoa, a empresa sempre levanta alternativas com critérios técnicos, especificando claramente qual o produto e qual a qualificação da empresa que pode ajudá-la a alcançar seus objetivos. É claro que, tal como o consumidor pessoa, a empresa utiliza suas experiências anteriores (no caso de recompra) e informações de outras empresas consumidoras. É prática comum que se solicite aos fornecedores uma referência cadastral; incluindo dados de seus clientes. Na situação de primeira compra, as exigências podem aumentar: podem-se pedir garantias de entrega, de devolução e outros itens de proteção. Nas compras rotineiras, esse processo pode ser abreviado.

### Julgamento do consumo

O julgamento é basicamente um critério de valor que as pessoas aplicam no consumo. Como as empresas estão comprando itens para seu funcionamento, essa etapa não se aplica. Uma empresa não sente vergonha, por exemplo, nem tem receio da opinião dos outros sobre seu consumo.

Para não fechar completamente o tema, podemos comentar que, em alguns casos extemporâneos, empresários podem ficar temerosos de arriscar o prestígio da empresa ou a imagem da marca na compra e no uso de produtos necessários, porém, com restrições junto aos acionistas, ao governo ou ao público em geral. Uma multinacional desistiu de patrocinar um time de futebol paulista porque o torcedor daquele time já identificava a empresa com outro time que havia sido patrocinado por ela. A reação do público foi um risco que a empresa decidiu não testar. Um atacadista de material elétrico de São Paulo passou a ter dificuldades de venda depois que passou por um problema de concordata (e o resolveu), gerado por um volume intenso de compras. Uma empresa de seguros controlada por um grupo japonês, que atua em São Paulo, só estabelece relações comerciais com outras empresas japonesas.

### Compra propriamente dita

Conforme a natureza da compra, mesmo já tendo escolhido o fornecedor, essa pode ser uma fase de muita negociação e especificações. Normalmente, há um trâmite de documentos e informações para que a transação se realize. As negociações podem versar sobre certificações de qualidade do produto, serviços associados (entrega, manutenção, treino, devolução, troca), formas de pagamento e treinamentos.

No caso de uma primeira compra, podemos utilizar as variáveis do modelo de Cohen, que definem a forma e o conteúdo da negociação (ver item 7.1.): conflito de interesses, elementos tangíveis e intangíveis, natureza e tipo de informação, tempo e legitimidade. Em alguns casos, como o da compra de uma máquina industrial, os processos anteriores são tão detalhados que o momento da compra torna-se rápido. Um gerente de filtros industriais relatou-nos que as etapas de especificação e testes do produto demoravam cerca de seis meses, enquanto a compra propriamente dita era rotina de um dia. Já em situações de recompra as variáveis podem ser reduzidas a algumas básicas, tais como tempo, alternativas de recompra e conflito de interesse.

*Pós-compra*

Diferentemente de consumidores pessoas, que sofrem dissonâncias cognitivas por diferenças entre expectativas e resultados, o consumidor-empresa chega a um grau de especificação do produto e do serviço que gera pouca diferença entre os objetivos e os resultados. É claro que uma falha nas etapas anteriores, como, por exemplo, o estabelecimento de um objetivo irreal, pode comprometer a avaliação do produto. Por isso, o acompanhamento constante do desempenho de produtos e serviços pelo fornecedor custa pouco e garante fidelidade. Em uma época atual, em que vários serviços e partes de produção são terceirizados, os dois participantes – compradores e fornecedores – não devem abrir mão de seus controles pós-compra.

É possível, portanto, construir um modelo completo de etapas de consumo aplicado ao consumidor-empresa nos mesmos moldes da pessoa física, adaptando-se às variáveis. O processo, no caso de uma empresa, fica isento da emoção, adquirindo qualidades racionais, o que muda o foco de algumas ações dos fornecedores. No levantamento de alternativas e no momento da compra, por exemplo, os argumentos racionais é que são valorizados.

Como existem poucos escritos sobre o modelo completo aplicado à empresa, fica aberto um campo de pesquisa. O ponto de partida do estudo é o conjunto de regras da empresa e seu cotidiano. É esse pano de fundo que inicia o processo em etapas.

## 11.5 A aplicação do modelo de influência social ao consumidor-empresa

Neste item, exploraremos a possibilidade de entendermos o consumo de empresas a partir do foco de análise grupal. Existe um meio grupal quando consideramos o consumidor-empresa? Acreditamos que os mesmos aspectos de definição de grupo possam ser utilizados quando consideramos um conjunto de empresas. Textos de planejamento estratégico (Fishmann e Almeida, 1991) colocam os seguintes itens como constituintes do meio social do consumidor-empresa:

- *Variáveis macroambientais*: regras de economia, de legislação, de tecnologia, características demográficas da população servida pela empresa, incluindo a opinião pública e as regras do governo.

- *Variáveis microambientais*: as regras dos consumidores, dos fornecedores, dos distribuidores e dos concorrentes.

Fazendo um paralelo com os grupos de consumidores pessoa física, diríamos que as empresas participam de dois grupos de referência: um mais próximo, gravitando em torno do negócio, em que se definem modos de atuação das empresas participantes, e um mais distante, das relações da empresa com a sociedade e com o governo, que influencia, de modo direto ou indireto, a competitividade da empresa.

## A. As regras que vêm do macroambiente e sua relação com o consumo da empresa

Com relação ao grupo de referência macroambiental, certas regras de administração têm sofrido transformações, ocasionando a decadência e o crescimento de produtos e serviços de consumo. Entre elas, podemos citar:

- *O fenômeno da globalização*: No sentido estritamente econômico, a globalização pode ser entendida como a possibilidade de comprar e vender entre empresas geográfica e politicamente distantes. Como resultado, surgem produtos e serviços como advogados especializados em transações internacionais, treinamento de representantes internacionais e canais globais de venda, como a internet. Parafraseando o pensamento clássico, poderíamos dizer que surge uma aldeia global de empresas, com suas regras de como agir.

- *O fenômeno das fusões*: Sobre a década de 1980, chamada de era da informação, autores como Drucker (1993, cap. 1) afirmaram que o domínio da informação passou a ser a variável fundamental para a competitividade, em vez do tamanho da empresa. Na década de 1990, e acreditamos, que também nesta próxima, predominou o movimento de fusões, refutando em parte a afirmativa sobre a queda de poder das grandes empresas. Elas estão se fundindo com outras tão grandes quanto elas e formando oligopólios em indústrias como a de petróleo, os bancos, as de lazer e as de seguros. Esses movimentos criam oportunidades para negócios como avaliadores de empresas, consultores em treinamento e empresas de pesquisas.

- *A decadência de sistemas políticos fechados*: Os últimos regimes fechados estão chegando ao fim, com as regras econômicas estabelecendo os novos limites entre as nações. Agora temos países ricos, em desenvolvimento e pobres. Essa divisão cria um campo de regras entre as empresas no mundo sobre o que e como comprar e onde investir. O Brasil, por exemplo, é considerado um país em desenvolvimento, com boa capacidade de fornecer matéria-prima e com um grupo ávido de consumo de novidades nos campos eletrônico e automotivo. Nossa flexibilidade política e econômica cria uma cultura de investimentos diretos e indiretos em empresas do mundo todo.

- *O fortalecimento dos blocos econômicos*: O Mercado Comum Europeu, o Mercosul, o Nafta, o Pacto Andino e a Alca são exemplos de blocos comerciais que criam novas regras de compra e venda entre as empresas. No Brasil, criou-se um bom campo de entrada de produtos alimentícios oriundos da Argentina e do Uruguai, mesmo com toda a lentidão do Mercosul.

Esses exemplos mostram que as regras que nascem fora das empresas podem interferir diretamente nas regras e nos modos de compra e consumo de produtos e serviços. Para quem vende serviços de capacitação humana, de importação e exportação, de testes de mercado, por exemplo, deve prestar atenção nesses movimentos mundiais.

## B. As regras do microambiente e sua relação com os processos de consumo

No que se refere ao microambiente, Porter (1991) analisa dois aspectos que nos interessam diretamente no raciocínio de regras de grupo que influenciam o consumo de empresas: a questão das barreiras e a questão dos grupamentos estratégicos.

Em cada ramo de negócio existe um conjunto de regras que determina o que fazer para entrar e o que fazer para sair. São as barreiras de entrada e saída, bem como as regras de permanência. Se um conjunto de acionistas decidir abrir um banco no Brasil, terá de passar por duras regras de entrada, que, muitas vezes, impossibilitam a concretização do plano. Da mesma forma, se um banco brasileiro decidir fechar suas portas, não poderá fazê-lo da noite para o dia, pois existem regras severas de saída do negócio. Essa situação cria a necessidade de um nível mínimo de consumo para continuar a fazer parte do grupo. Se um banco abre um sistema eletrônico de caixa automático, todos os outros terão de segui-lo, mais cedo ou mais tarde. Os fornecedores de equipamentos e serviços podem ter certeza de obter outros consumidores do ramo bancário assim que conquistarem o primeiro banco.

Já em negócios de baixas barreiras de entrada e/ou de saída, como uma lanchonete, a venda de um avanço tecnológico para um consumidor não garante vendas para os outros.

Com relação aos grupamentos estratégicos, Porter (1991) identificou que dentro de um negócio existem subgrupos, com características semelhantes, regras de sobrevivência semelhantes e, portanto, certas regras constantes de compra e consumo. No mesmo exemplo de banco, existem alguns mais voltados à pessoa jurídica, os bancos de varejo, os bancos de financiamentos agrícolas etc. As regras dentro deles determinam o que comprar e o que consumir.

Vale também comentar que ferramentas de administração, como *downsizing* e reengenharia, voltadas para a eficiência e os custos, criam nas empresas certas "regras" de busca de enxugamento e terceirização. Para obter agilidade e diminuir custos, as empresas têm diminuído seus quadros de colaboradores e criado vínculos com empresas terceirizadas. Esses movimentos criam mercados para consultores, para advogados que criam essas empresas terceirizadas e para *softwares* que gerenciam os custos das empresas, conforme suas ações de enxugamento.

Parece possível, portanto, realizar um raciocínio de influência social quando o foco é o consumidor-empresa, buscando as regras do grupo de que ela participa. No ramo imobiliário, por exemplo, consolidaram-se as redes imobiliárias, que tem um banco de dados de imóveis único, partilhado por empresas afiliadas, em que todos os corretores podem negociar; o que é diferente da regra de exclusividade. Essa regra de partilha dos produtos está influenciando as empresas imobiliárias a comprarem e consumirem equipamentos, treinarem pessoal em bancos de dados e qualificarem seu pessoal de linha de frente (os corretores).

Como proposta de compreensão das regras de grupo aplicadas a empresas consumidoras, sugerimos aos profissionais que:

- os interessados em conhecer seus consumidores empresa participem de congressos e reuniões que os envolvam, para ter uma ideia do avanço de técnicas, leis e outras variáveis macroambientais;

- obtenham uma descrição detalhada sobre as relações entre os concorrentes. Existe toda uma gama possível que vai desde o isolamento até as formas cooperativas;

- obtenham uma descrição detalhada do dia-a-dia da empresa, principalmente das pessoas que participam diretamente da compra e do uso do seu produto/serviço;

- obtenham uma descrição detalhada do processo de decisão de consumo de algum item que envolva a todos (por exemplo, a construção de uma filial, a terceirização da alimentação ou a contratação de uma consultoria).

O resultado será o conjunto de regras naquele negócio e naquela empresa, o que possibilita aventar hipóteses sobre seus modos de consumo.

Essa proposta de analisar o "grupo" de que a empresa participa tem validade, já que esta pode ser considerada uma unidade de estudo inserida em um conjunto com outras unidades (empresas) que se relacionam por meio de regras. A adoção de modismos administrativos por empresas de um setor poderia ser um interessante tema de pesquisa nessa linha de raciocínio.

## *Referências Bibliográficas*

BARRACHO, C. *Lições de psicologia econômica*. Lisboa: Instituto Piaget, 2001.

DRUCKER, P. *A sociedade pós-capitalista*. Tradução de Nivaldo Montingelli Jr. São Paulo: Pioneira, 1993.

FISHMANN, A.; ALMEIDA, M. *Planejamento estratégico na prática*. 2. ed. São Paulo: Atlas, 1991.

KOTLER, P. *Administração de marketing*. 5. ed. Tradução de Ailton Bomfim Brandão. São Paulo: Atlas, 1998.

MORGAN, G. *Imagens da organização*. Tradução de Cecília Whitaker Bergamini. São Paulo: Atlas, 1996.

PORTER, M. *Estratégia competitiva*. 7. ed. Tradução de Elizabeth Maria de Pinho Braga. Rio de Janeiro: Campus, 1991.

WEBSTER, F.; WIND, Y. *Organizational buying behavior*. New Jersey: Prentice-Hall, 1972.

# Capítulo 12

## Tópicos atuais de pesquisa sobre o comportamento do consumidor e a defesa de renovação de teorias

Como último ponto deste livro, discutiremos uma agenda de pesquisas e linhas de ação para a compreensão do comportamento do consumidor. Primeiramente, vamos discutir nossa proposta de renovação das teorias. Em um outro item, discutiremos uma agenda de pesquisas. Finalmente, comentaremos algumas reflexões sobre o assunto.

### 12.1 Nosso conceito de teoria do momento e algumas defesas sobre a necessidade de renovação de teorias

Como afirmamos várias vezes neste livro, propomos que cada gerente se transforme em um *teórico consciente,* construindo hipóteses atualizadas sobre o consumidor e ensinando seus associados a assim proceder. O que significa isso?

Isso significa que nossa postura básica está orientada para *não* enquadrarmos de antemão o consumidor em alguma teoria conhecida, mas aprender a recolher sinais que permitam processar no presente, criando teorias atuais. É atentar para cada consumidor e para os grupos de consumidores, questionando-se sobre que variáveis estão sendo colocadas como mais importantes para o comportamento. Os profissionais de atividades de relacionamento (vendedores, atendentes e assistentes técnicos) utilizam esse recurso regularmente, quando vão organizando mentalmente os dados à medida que o consumidor visitado vai fornecendo-os.

A ideia de renovação de teoria não é nossa, nem é nova. O nascimento da ciência, na Grécia antiga, tinha como propósito o questionamento dos alunos sobre o que era dado como explicação para os fenômenos. Heráclito afirmava que tudo é um fluxo. Santo Agostinho criticava e raciocinava sobre o estabelecido. Na Física, na Matemática, na Química, os postulados foram e são revitalizados saudavelmente com teorias divergentes. Lenin refere-se à revitalização no seu modelo de conjuntura. Althusser e Poulantzas também abordam a questão desse ponto de vista. A Fenomenologia de Husserl e o Existencialismo de Heidegger buscam uma renovação da experiência do cientista, que deve suspender paradigmas explicativos. Piaget nos brindou com uma teoria da acomodação que mostra a evolução do pensamento da criança, criando e abandonando pressupostos (hipóteses ou projetos de teorias) sobre os acontecimentos. Popper, em seus ensaios sobre o neopositivismo, coloca o esquema de *teoria – tentativa – erro – nova teoria* como o paradigma do raciocínio humano e, por consequência, das ciências. A Antropologia dos anos 1980 ainda busca as invariantes (ou estruturas) dos fenômenos, mas já aceita mudanças históricas da própria invariante. A teoria do *caos* coloca a revisão dos paradigmas de causalidade e previsibilidade. Algumas abordagens modernas neurológicas afirmam que o cérebro funciona com teorias, as quais são refinadas.[1]

Não são poucos, portanto, os movimentos científicos que advogam a renovação dos conceitos, tampouco essa é uma atividade estranha às pessoas. Todos nós realizamos diariamente o exercício de construir hipóteses e abandoná-las ou suspendê-las sempre que conveniente. Nas mais diversas atividades, tais como conhecer novas pessoas, dirigir, assistir a um filme de suspense, conduzir uma reunião e namorar, estamos continuamente criando e abandonando dezenas de hipóteses momentâneas. O conceito por trás da *teoria do momento,* ou seja, suspender teorias antigas enquanto nos relacionamos com os consumidores, está perfeitamente fundamentado na ciência e no nosso cotidiano. Dito de outra maneira, tem fundamento lógico e factual.

Como aplicar isso ao comportamento do consumidor? O que necessitamos é saber em que sinais devemos prestar atenção. Assim como o motorista se concentra em uma criança que está dando sinais de que vai atravessar a rua alguns metros adiante, o gerente de Marketing deve reconhecer os sinais que lhe falam sobre o comportamento do seu consumidor.Jean Carlzon (apud Heskett, 1994, p. 38) fala sobre os esforços de uma empresa aérea para criar um hotel que abrigasse pessoas idosas. No planejamento, pensou-se em um ambiente tranquilo, longe do barulho e da praia, com excursões rápidas. Ao entrevistarem as pessoas sobre o local e suas acomodações, os gerentes foram surpreendidos com as declarações dos sujeitos de que o local parecia tranquilo demais, de que eles queriam agitação, de que os roteiros eram muito tradicionais. Nada do que os gerentes haviam planejado foi valorizado. Eles tinham em mente uma teoria sobre o que uma pessoa de meia-idade deseja, mas não acompanharam os fatos. Por sorte, fizeram uma pequena pesquisa antes de concretizar o plano e criaram uma nova teoria sobre aquele grupo ou mercado.

Esses exemplos, no entanto, constituem exceções à regra. Alguém poderia objetar que criar teorias atualizadas não é para qualquer um, tampouco um artifício de uso cotidiano. Dir-se-ia que nossa proposta leva ao caos, pois teríamos dezenas de conjuntos de hipóteses mal articuladas, levando a ações ainda mais duvidosas do que o uso das teorias tradicionais.

De fato, qualquer teoria mal construída leva a ações desastrosas. Parece-nos, entretanto, indefensável argumentar que é mais adequado o uso de teorias nascidas há décadas em uma situação completamente diferente do que a tentativa de uso de

---

[1] Nesse contexto de exemplificação, preferimos não dar todas as referências bibliográficas, mas o interessado não terá nenhuma dificuldade em encontrar os autores e os assuntos nas bibliotecas e livrarias.

novas explicações. Segundo o critério de validade de Tarsk (apud Popper, 1975), as teorias tradicionais não têm representação nos fatos atuais. Em um outro ponto, parece-nos também indefensável acreditar em modelos fechados do comportamento humano. A indeterminação é um fato nas ciências humanas. Utilizando esse parâmetro de indeterminação, podemos aceitar o critério de cientificidade colocado por Demo (1995, p. 26) como sendo a *discutibilidade*, ou seja, é mais científico criar teorias que possam ser discutidas, que tenham relações com a situação atual, mesmo que ainda necessitem de ajustes, do que utilizar teorias bem construídas nos seus axiomas, porém, distantes da nossa realidade. A pobreza do raciocínio de alguns alunos e gerentes é, segundo nossa interpretação, sinal de falta de prática na criação de teorias. Quando aprenderem a sistematizar seus dados e a criar hipóteses, em uma escola que funcione diferentemente da atual, teremos tantos gurus quanto interessados nas explicações. Ou por acaso um guru é um gênio que viu algo que ninguém poderia ter visto? De forma nenhuma. Os seminários de gurus que vêm ao Brasil mostram novidades, mas também obviedades, por vezes colocadas sob um novo prisma.

O que queremos enfatizar é que colocamos como fundamental a disposição à renovação das teorias sobre o comportamento do consumidor. A pesquisa de mercado sistemática é o melhor instrumento para se obterem dados que possibilitem criar novas teorias, diminuindo as margens de erro das ações. Criar novas teorias sobre o consumidor é respeitá-lo na sua atualidade. É o mínimo que se espera de estudos sobre o consumidor.

## 12.2 A valorização do futuro

Um dos problemas dos sistemas explicativos tradicionais da Psicologia ou da Sociologia, tais como os de Freud, Skinner ou Maslow, aplicados ao comportamento do consumidor, é que eles não fornecem conhecimentos sobre como recolher e interpretar sinais "*do que virá*", pois seus pontos de partida são os eventos passados. Ao lidarmos com o futuro, estamos no campo do imprevisível, e acreditamos que os modelos que sabem utilizá-lo têm mais consistência lógica e maior proximidade com os fatos, levando à melhor compreensão dos fenômenos.[2]

Entre os modelos estudados, o modelo econômico valoriza o futuro quando se refere às incertezas financeiras. O modelo de processo em etapas tem como premissa a passagem do tempo, e nas etapas de expectativas (o que a pessoa quer alcançar no futuro), levantamento de alternativas (quando leva em conta a entrada de recursos, o tempo de espera necessário), compra (quando se considera o tempo disponível, a abertura de novas alternativas) e pós-compra (quando os resultados

---

[2] Existe um campo de estudo sobre os processos de decisão que utiliza ferramentas matemáticas para incluir o imprevisível. O modelo todo é dirigido para o futuro. Ele não se aplica imediatamente ao estudo do consumidor, mas não deixa de ser um exemplo claro de como teorias causais que privilegiam o passado podem ser questionadas ou até substituídas. Para o leitor interessado, indicamos o livro de Clemen (1996).

não são imediatos), o futuro é colocado como variável importante. Na tipologia, as variáveis dos traços atitudinais podem levar em conta a valorização ou não do futuro (por exemplo, entre comprar uma novidade já ou esperar). O modelo social lida com papéis que são exatamente os comportamentos *esperados*.

O futuro está presente em todas as nossas ações, e só o negamos quando não temos habilidades para lidar com a incerteza. É por esse motivo que sistemas explicativos relativos ao passado fazem sucesso junto ao público e aos profissionais. Eles são cômodos, pois o passado não mais nos aflige. Por nosso lado, incentivamos os administradores a exercitar a criação de teorias do momento flexíveis, adaptáveis às mudanças e coerentes com a imprevisibilidade. De que ponto partir e que sinais captar é o que estivemos conversando até aqui.

## 12.3 Uma resposta alternativa na teoria do caos

Para muitas pessoas, a palavra *caos* significa desordem. Existe um outro sentido para a palavra, mais científico, que é importante para nossos modelos de comportamento do consumidor.

A teoria do *caos* teve início nos idos de 1960, mas só ganhou força com os computadores, em 1980, contando com a globalização e a necessidade de novos modelos organizacionais. O primeiro uso da expressão parece ser de Jules Henry Poincaré, ainda na era newtoniana. James Gleik, jornalista, escreveu em 1989 um livro sobre o nascimento da teoria do caos nas ciências. O marco da teoria é de Edward Lorenz, no início dos anos 1960, que alterou sem querer as casas centesimais de gráficos de equações meteorológicas, modificando completamente os gráficos e mostrando a sensibilidade dos resultados aos dados iniciais. Vários outros estudos subsequentes colocaram em xeque o pressuposto da causalidade, em contraposição ao pressuposto da variabilidade imprevisível.[3]

Caos não quer dizer desordem, mas descobrir leis na complexidade, sem possibilidade ou preocupação de previsão. Um dos seus sistemas complementares é a teoria da complexidade (Morin, 1991).

O caos é ordem sem previsibilidade. Quando irrompem a ordem, os fenômenos parecem caóticos, mas na verdade nunca ultrapassam certos limites. É aí que entra a compreensão dos atratores (a ordem na superestrutura). Somos treinados a considerar que pequenas variações desaparecem nas médias, mas a teoria do caos diz o contrário, ou seja, que pequenas variações podem ter impactos enormes. Sistemas caóticos, portanto, são aqueles que apresentam irregularidades e extrema sensibilidade às condições iniciais. A piada corrente, quando se trata desse assunto, de que uma borboleta bate asas no Japão e desencadeia um furacão nos Estados Unidos, acaba explicando a teoria e não desvalorizando-a.

---

[3] Conceitos extraídos de Wood (1995).

O interessante para nossa área de estudo é que Simon, em 1990 (apud Wheatley, 1999) realizou uma síntese sobre a possibilidade de construirmos ferramentas para a simulação e o estudo dos sistemas. Segundo o autor, para criarmos uma teoria (ou modelarmos um sistema, utilizando sua expressão), devemos privilegiar a imprevisibilidade, embora tenhamos em mente conhecer a superestrutura. Se levarmos esses pressupostos para o campo do comportamento do consumidor, construiremos sistemas que não têm intenções de modelagem e previsão, mas sim de descrição dos atratores (os pontos de atração), ao redor dos quais o comportamento imprevisível de pessoas e grupos ocorre.[4]

Exemplificando, um dos campos de maior aplicação da teoria do caos é a área financeira de flutuações da Bolsa de Valores. Embora os estudos não sejam conclusivos, parece haver indicações de que o sistema funciona como um modelo de caos, isto é, extrema sensibilidade a pequenas variações e uma superestrutura possível de ser examinada. Em termos mais simples, a notícia de concordata de uma empresa grande na Europa pode levar os aplicadores brasileiros a ações que originem queda na Bolsa. Os primeiros sinais de queda realimentam os comportamentos, e a queda se acentua. A não linearidade do sistema (as altas e baixas da Bolsa) praticamente descarta as previsões a longo prazo, embora haja no sistema fatores macroeconômicos bem estruturados e lineares (os atratores). Isso significa que os estudos sobre o comportamento do consumidor (aplicador) na Bolsa de Valores não poderiam buscar ordem e previsibilidade, pois estariam contra os fatos que se apresentam, mas que cada aplicador e cada bolsa teriam seus limites ou atratores.

Apesar de alguns livros tratarem da aplicação da teoria do caos na Administração (Peters, 1989), a abordagem ainda não é organizada. No campo do Marketing, não encontramos nenhuma sistematização. A teoria pode gerar pesquisas interessantes sobre os possíveis atratores em campos de consumo em que a imprevisibilidade e a variância parecem dominar, tais como formas de lazer, moda, internet, roteiros turísticos, entre outros.

Em relação à construção de estratégias de Marketing, a teoria do caos inverte o que se conhece da literatura clássica. Em vez de construirmos planos e estratégias que orientem as ações, estas vêm em primeiro lugar, para, posteriormente, caso os atratores sejam descobertos, construírem-se estratégias (o que não adiantaria muito, no final das contas, pois o sistema pressupõe o imprevisível e a eterna mudança).

A aplicação da teoria do caos ao comportamento do consumidor parece-nos um interessante campo de pesquisa. Até o ponto em que terminamos este livro, não havíamos encontrado nenhuma sistematização. Fica lançado o desafio.

## 12.4 Conceitos e pesquisas sobre a compra por impulso

Em alguns ramos de negócio, cuja compra é realizada sem muito envolvimento emocional e financeiro, costuma-se utilizar a expressão "compra por impulso". O

---

[4] Conceitos extraídos de Wheatley (1999).

que ela significa? Os relatos e as explicações (por exemplo, Gade, 1980, p. 179) apontam para o conceito de um processo rápido e não planejado, guiado por estimulação momentânea. Profissionais do varejo aceitam o conceito de compra por impulso em oposição à compra racional.

Uma revisão da literatura mostra que não há simplicidade, nem acordo na definição. Almeida e Jolibert (1993) construíram um quadro que organiza as abordagens. Por um lado, as definições tradicionais colocam que a compra impulsiva é uma compra não planejada. Se você colocou no seu carrinho de supermercado itens que não estavam na sua lista, então, houve compra por impulso.

Uma segunda abordagem considera o aspecto comportamental, no sentido de emoção e prazer dominando o comportamento no momento de compra. Popcorn (1997) parece ter captado bem esse aspecto na tendência *pequenas indulgências*, em que o consumo ocorre por um prazer momentâneo, sem culpa, sem plano.

Uma terceira abordagem coloca o impulso no sentido de doença relativa à compulsão para compra. O sujeito não consegue se controlar, embora pense ser errado consumir. O consumo incontrolável de jogos de azar, como o bingo, seria um exemplo.

Na prática de Marketing, os profissionais também colocam outra categoria relativa à compra por impulso, só que a variável mais importante está fora do sujeito, na localização e na oportunidade de posse. É o caso, por exemplo, de promoções orientadas para preços baixos ou com presentes, ou a colocação de produtos de baixo valor em pontos estratégicos, como próximo ao caixa do supermercado.

De nossa parte, colocamos que o uso do conceito de expectativa como um futuro imaginado facilita a construção de outra explicação sobre a compra por impulso. Em um exemplo simples, o estímulo visual de um carrinho de sorvete em um dia de verão leva ao ato imediato da compra do produto. Nossa hipótese é de que o consumo, nesse caso, é determinado pela interpretação da situação presente (calor e desconforto) e a antecipação de uma possível situação futura (frescor e conforto).

Vejamos um pouco de cada uma das definições.

### *A compra impulsiva como compra não planejada*

Este conceito é bem simples. Entre o planejamento dos itens a serem adquiridos e sua compra efetiva há uma diferença que pode ser medida. Os autores que pesquisaram dentro desse contexto colocaram como causa principal da compra impulsiva o meio ambiente (por exemplo, fatores climáticos, disponibilidade do produto, estimulação no ponto de venda) ou fatores culturais (como a compra de um perfume, em uma roda de amigas em que todas as outras também compraram).

Situações de fatores climáticos, tais como a chuva repentina, podem estimular a compra de capas e guarda-chuvas (que dobram de preço em minutos).

Sobre a disponibilidade do produto e a estimulação no ponto de venda, há uma grande aceitação entre gerentes de supermercados e lojas de varejo de que esses fatores levam à compra por impulso. Nos caixas de supermercados, há uma série de produtos que, supõe-se, são comprados por impulso. Gôndolas de lojas e mercados utilizam faixas e cartazes com preços em vermelho para estimular a compra.

Ilhas são formadas nos corredores, expondo promoções. Toda uma área de estudos denominada Gerência por Categorias coloca a possibilidade de se distribuírem os produtos por categorias (por exemplo, tudo o que se relaciona com o acordar e sair), o que aumentaria as vendas.

Sobre a teoria de pressão de grupo, vendedoras de perfumes que organizam reuniões de mulheres acreditam (e há muitas evidências a favor) que, se a maioria do grupo comprar um item, as demais também comprarão, mesmo não tendo necessidade.

Um dos pressupostos dessa linha de raciocínio é que a compra por impulso dá-se com artigos que têm preço baixo e cuja posse e uso causam pouca mudança na vida da pessoa. No nosso cotidiano de trabalho em consultoria, porém, vimos compras por impulso de itens considerados de compra racional, tais como imóveis e carros. Acompanhamos a venda de um imóvel usado em que a compradora desceu do carro, olhou a casa por fora, entrou no carro e disse que a compraria, isso depois de ter visto outros imóveis detalhadamente. Não havia nenhuma estimulação especial nesse caso.

O modelo, portanto, é bem aplicável a inúmeros itens de varejo e também pode ser aplicado a itens não rotineiros.

### *A compra impulsiva como expressão de emoções*

Depois dos escritos de Freud, ficou cada vez mais difícil defender a racionalidade do ser humano. Nessa linha, o comportamento, incluindo o consumo impulsivo, teria como origem primeira as emoções, a busca da felicidade e do prazer. Todos nós temos lembranças de compras impulsivas, guiadas pela emoção, que geraram extrema satisfação.

Apesar do uso da palavra *comportamento* no artigo de Almeida e Jolibert (1993), essa explicação refere-se aos afetos, às emoções como origem do comportamento. Nesse caso, não importa se a compra havia sido planejada ou não. As explicações giram ao redor das emoções que a pessoa sente no antes, no durante e no depois da compra. É claro que um pesquisador poderia rastrear ainda mais essas emoções para buscar outras origens, tais como pressão de trabalho e problemas afetivos. Gerentes de lojas de roupas, acessórios para autos ou cabeleireiros reportam histórias sobre compradores que expressam um grande prazer em comprar e o fazem sem muita negociação.

Em um capítulo especial sobre o prazer imediato, Popcorn e Marigold (1997) comentam a tendência das pessoas de deixar certos controles de lado, tais como a dieta ou os exercícios, e dar-se o direito de alguns consumos extravagantes. Essas compras emocionais, associadas ao "eu mereço", poderiam ser classificadas como impulsivas, conforme o conceito apresentado.

### *A compra impulsiva como doença ou compulsão*

Nessa terceira vertente, a compra por impulso é mais apropriadamente denominada compra compulsiva. O sujeito é acometido de um desejo incontrolável para comprar, o qual só reduz sua pressão com o ato da compra. Aqui a estimulação ambiental parece não ter importância, já que a pressão é interna. Alguns sinais de compra compulsiva seriam o excesso de itens (pessoas que têm dezenas de pares de sapatos, mas nunca os utilizam) o demasiado tempo utilizado na busca e no consumo (pessoas que passam horas no bingo ou nas máquinas de videopôquer, perdendo grandes quantias de dinheiro) ou a necessidade de consumir tudo naquele momento (pessoas que não se controlam diante de um pacote de chocolates e não sossegam enquanto não vêem a caixa vazia, ou os inúmeros casos de vício, como o alcoolismo). Na maioria desses casos de compras compulsivas, o pós-consumo é caracterizado pela culpa e consciência da falta de controle, que perdura por certo período, até que uma nova pressão de consumo vai tomando conta da pessoa.

### *A compra impulsiva como resultado da estimulação ambiental*

Conforme essa linha explicativa, a compra impulsiva não está nas características de personalidade da pessoa, mas na qualidade da estimulação realizada no ponto de venda. O uso de frases de efeito e números especiais, como "Qualquer peça por R$ 1,99", pode desencadear o consumo impulsivo em qualquer pessoa, sob qualquer condição psicológica.

Essa é uma das abordagens de maior sucesso entre os gerentes de Marketing, pois supervaloriza a ação do profissional e torna secundária a condição do consumidor. Essa premissa da capacidade do estímulo de eliciar o comportamento de compra tem gerado um enorme campo de pesquisas e experimentos em precificação, embalagem, promoção, experimentação, entre outros.

### *A compra impulsiva como coerência imediata das etapas de consumo: uma hipótese que estamos desenvolvendo*

Aqui desenvolvemos a hipótese de que o uso do conceito de expectativa como um futuro imaginado possibilita a construção de outra explicação para a compra por impulso. Ela utiliza os conceitos do modelo em etapas, aplicados à compra de produtos de baixo valor financeiro e emocional, o que não é o padrão nesse modelo, mas vai ajudar a compreender a explicação.

Em primeiro lugar, a compra por impulso geralmente implica um gasto *considerado* pequeno pelo consumidor. A compra e o consumo de sorvetes, salgadinhos e colônias não alteram o orçamento de muitas pessoas e são prazeres momentâneos que ninguém critica. Temos, então, uma disposição ao consumo criada por um *julgamento positivo quanto ao dinheiro e seu destino*, reforçada nas várias situações em que consumos semelhantes ocorreram (ou o sujeito viu ocorrerem). Recorremos, portanto, à etapa de julgamento do consumo antes da compra.

Um outro aspecto: a mudança que o consumo irá proporcionar na vida do sujeito é considerada pequena. Na verdade, tomar o sorvete ou comer o salgadinho não vai mudar muita coisa na nossa vida. Essa insignificância de expectativas relaxa os julgamentos sobre o acerto ou não do consumo. Recorremos, portanto, à etapa de criação de expectativas, no seu aspecto de carga afetiva (que aqui é baixa), e à etapa de julgamento (que aqui é positivo).

Outro ponto: o consumo é considerado adequado quanto a um julgamento social. Ninguém considera estranho tomar sorvete no calor, comprar um perfume em uma roda de amigas ou comprar salgadinho em uma fila. Há aprovação imediata, sem problema. Estamos novamente no terreno da etapa de julgamento, aqui referente ao produto. Outro aspecto é que o produto ou serviço apresenta-se imediatamente ao consumo, sem que haja nenhum esforço em procurá-lo. Aqui estamos nos referindo à etapa de levantamento de alternativas.

As expectativas são baixas, as alternativas não oferecem problema e o julgamento não coloca nenhum obstáculo. A integração dessas etapas se dá rapidamente. Essa análise possibilita afirmar que a compra por impulso poderia ser chamada de *compra por consistência,* porque o que elas têm em comum não é um impulso, no sentido radical da palavra (uma força interior que determina um comportamento, independentemente de escolha ou razão), mas uma rápida solução das etapas, porque os fatores estão integrados, levando a uma conclusão de ação. Explicando o exemplo do sorvete:

Experiências (os estímulos sobre a sensação do calor + a visão do carrinho + a lembrança do efeito do sorvete na boca + lembrança do preço do sorvete)

$\Downarrow$ +

expectativas (de uma rápida mudança no estado físico, sem muito esforço)

$\Downarrow$ +

alternativas (o produto está disponível imediatamente)

$\Downarrow$ +

julgamento (todos os aspectos são positivos e aceitáveis)

$\Downarrow$ =

rápida integração das etapas de consumo e decisão de comprar
e consumir um sorvete *agora.*

No exemplo de compra de perfume em um grupo, a experiência (o pano de fundo) refere-se a estar naquele grupo, à sensação de integração com as pessoas, de troca de informações etc. As expectativas sobre determinado perfume podem ser baixas (por exemplo, o consumidor não espera que ele irá mudar radicalmente sua sensualidade), o produto está imediatamente disponível (alternativa), todo o grupo apoia sem restrição o consumo (o diferente seria não consumir), portanto, entre a pergunta da vendedora – "A senhora vai levar?" – e a resposta da consumidora – "Sim" –, há um lapso de tempo muito curto.

Nossa hipótese de compra impulsiva, portanto, tem um elemento temporal, já que o processo das experiências, passando pelas expectativas, alternativas e pela aprovação do consumo, se dá rapidamente. As etapas continuam lá, só que são rapidamente elaboradas.

Nessa linha, seria possível explicar a compra por impulso de itens de alto valor? Em uma pesquisa realizada para uma construtora[5] encontramos alguns exemplos de compra por impulso, ou seja, o tempo de decisão foi bem curto:

a. um comprador adquiriu o imóvel porque seu irmão havia comprado, e ela não se demorou mais que meia hora no plantão para conhecê-lo e comprá-lo;

b. um casal se decidiu assim que viu a planta;

c. um senhor de idade comprou pelo local e pelas atendentes.

Em todos esses casos, foi relatado um processo de compra rápido, ou seja, logo na primeira visita ao plantão e com poucos minutos de conversa, bem diferente do padrão normal, que é de procura durante semanas ou meses.[6] O ponto básico está na consistência dos fatores e na rapidez de análise das etapas. Essa rapidez pode ser comparada com padrões médios ou com o padrão da própria pessoa. Se uma pessoa não está procurando imóvel, é levado ao plantão pelo irmão e em poucos minutos assina uma proposta, de fato não está no padrão normal de tempo. Se uma pessoa tem como padrão ficar pelo menos meia hora em uma videolocadora lendo os resumos dos filmes e, em um determinado dia, decide em poucos segundos o aluguel de um filme, sem ter informações anteriores sobre ele, acabou saindo de seu padrão temporal, constituindo uma compra impulsiva.

Essa nossa hipótese de etapas consistentes e rapidamente processadas pode gerar pesquisas interessantes sobre a percepção de situações. Como base teórica dessas pesquisas, talvez se pudessem utilizar os conceitos da Gestalt.[7] Essa teoria tem conceitos para explicar como se integram o sujeito, o carrinho de sorvete, o calor, a praia e o momento de vida, resultando na ação de compra instantânea. Essa linha de raciocínio parece nos oferecer mais vantagens de compreensão e prática das ações de mercado do que as linhas que colocam a compra por impulso como referente a alguém que não pensa ou é dominado por forças exteriores e interiores. Colocamos para discussão ser mais proveitoso, em termos teóricos e práticos, considerar a compra *por impulso no sentido temporal,* e não a compra *por impulsivos.* Basicamente, a variável *tempo* sofre uma alteração, mas todos os processos comentados no modelo em etapas (experiência, consciência das expectativas, levantamento das alternativas, julgamento do consumo, compra e avaliação pós-compra) estão presentes. A variação do tempo pode ser entendida como uma consequência da consistência visível e imediata entre os estímulos e a ação.

Explicações mais complexas sobre a compra por impulso têm aparecido na literatura. Costa (2003) afirma que a compra por impulso vem sendo discutida e pesquisada há mais de cinquenta anos, porém um salto qualitativo ocorreu nos últimos anos com os esforços realizados em busca de modelos explicativos mais elaborados. Sua tese busca analisar as relações entre os ambientes de uma loja, a impulsividade

---

[5] Trabalho não publicado.

[6] Pesquisas informais do ramo imobiliário apontam que um consumidor de classe média procura um imóvel por seis meses antes de se decidir.

[7] Área da Psicologia que trata das unidades perceptuais, ou seja, da integração das percepções e dos comportamentos.

individual, a circulação na loja e a realização de compras impulsivas. Como refinamento, o autor estudou a situação de compra em uma loja física e em uma loja virtual. Como técnica, ele utilizou a modelagem de equações estruturais. Seus resultados mostraram que é possível construir um modelo de antecedentes e consequentes que integre as explicações organizadas por Almeida e Jolibert (1993).

## 12.5 Estratégias de valor para o consumidor

Neste item, desenvolveremos uma proposta de estratégia de empresa tendo como base o valor para o consumidor. A palavra *valor* tem sentidos diversos na Administração. Ela pode estar relacionada ao aspecto financeiro (tal como o valor de uma ação) ou a uma marca (ainda no plano financeiro), ao uso (a funcionalidade de um produto) ou à troca (na valorização de um imóvel, por exemplo), ao valor agregado (conjunto de características do produto) ou ao dos resultados obtidos (o elogio de uma roupa) etc.

O termo *valor para o consumidor* não é novo e já aparece em Alderson e Hallbert (1971, p. 124), relacionando o valor criado por ele com o preço e a possibilidade de encontrar substitutos. As definições são várias e aparecem em muitos contextos. Szafir-Goldstein (2000) procedeu a uma revisão do conceito de valor, concluindo que houve uma evolução desde uma abordagem econômica, passando por conceitos de valor de uso e valor de troca, até o ponto em que a abordagem do valor para o consumidor tornou-se parte da estratégia da empresa, daí advindo o termo "estratégia orientada para o mercado". O fim último estaria sempre na satisfação do consumidor.

Autores conhecidos, como Porter (1989) e Kotler (2000), ao discutir cadeias de valor, concluem que a base final para uma diferenciação está na percepção do consumidor sobre os valores de um produto (e uma empresa) a partir do seu próprio conjunto de valores. Tudo parte do consumidor e termina nele, e o modo como cada atividade é executada na empresa determina sua contribuição de valor para as necessidades do comprador.

Para McKenna (1993, p. 3), as empresas bem-sucedidas estão se voltando para o mercado e adaptando seus produtos às expectativas dos consumidores. Uma das formas de se criar essa orientação consiste em dialogar com os consumidores. A partir desse diálogo, a empresa planeja e alinha seus processos para desenvolver e manter o valor que o consumidor deseja.

Zeithaml (1988) afirma que o valor refere-se ao julgamento sobre o que foi recebido. Monroe (apud Woodruff, 1997) refere-se a uma troca de compensações entre a qualidade dos benefícios percebidos no produto e o sacrifício percebido para pagar o preço. Butz e Goldstein (apud Woodruff, 1997) colocam que valor para o consumidor é uma ligação emocional estabelecida entre o consumidor e o fornecedor depois que o primeiro utilizou um produto. Após fazer uma revisão dos conceitos de valor para o consumidor, Woodruff (1997) propõe que a expressão indica a percepção da preferência e avaliação de atributos de produto, atributos de funcionalidade e as consequências de obtenção dos objetivos e propósitos do uso do produto.

As afirmações dos autores sobre relacionamento e valor não deixam dúvidas de que as estratégias de valor para o consumidor devem privilegiar a interação contínua e personalizada com ele, adaptando planos, objetivos, táticas e operações. Entre os autores citados, porém, não se encontra um modelo explicativo básico das chamadas estratégias de valor para o consumidor. Nossa proposta, embasada em outro trabalho (Giglio, 2002), focando o ramo imobiliário, é de desenvolver a estratégia de valor para o consumidor a partir do modelo de consumo em etapas.

Das várias definições, adotamos o conceito, conforme Rokeach (1973), do valor como uma crença duradoura de que certos estados finais de existência (nosso conceito de expectativas) são preferíveis a outros.

Os valores têm componentes cognitivos (a ideia propriamente dita), afetivos (o quanto é importante para a pessoa) e comportamentais (que ações ele origina). Sua constituição é a mesma da expectativa e das representações sociais, conceitos relativos a duas etapas de consumo, no modelo de etapas do comportamento do consumidor. Dessa forma, valores, expectativas e representações sociais estão estreitamente relacionadas.

Esse conceito de valor como seleção e guia de comportamentos também está expresso nos textos de Schwartz (1987), que construiu um conjunto de 11 domínios, dentro dos quais estão inclusos os valores universais da sociedade moderna. São eles: autodireção, estímulo, hedonismo, realização, poder, segurança, conformidade, tradição, espiritualidade, benevolência e universalismo. As expectativas e as representações sociais dos consumidores e outros participantes da troca conteriam esses valores, que podem ser pesquisados, pois estão acessíveis à consciência.

Recordando a sequência do modelo em etapas: experiências ⇒ expectativas ⇒ levantamento de alternativas ⇒ julgamento do consumo ⇒ compra ⇒ uso ⇒ avaliação pós-compra. A presença dos valores nas etapas de expectativas e julgamento (com as representações sociais) influenciam as formas de relacionamento no momento da negociação, afetando o resultado final da satisfação do consumidor. Os valores, portanto, influenciam a satisfação do consumidor ao final do processo.

Se o desenvolvimento da estratégia de uma empresa, seja no seu todo, seja em unidades de negócios, seja em linhas de produtos ou mesmo em um único produto (como é o caso no ramo imobiliário), seguir paralelamente às etapas de elaboração dos consumidores e dos participantes e puder reconhecer os valores em cada uma delas, transformando essa informação em ação de Marketing, teremos uma estratégia de valor para o consumidor. Um desenho resumido da estratégia pode ser visto a seguir. Existe a coluna do consumidor, a coluna do vendedor (ou outro representante da empresa, no relacionamento direto com o consumidor) e a da empresa.

Na coluna do consumidor, vemos a sequência normal do processo em etapas: as expectativas, as representações sociais na etapa do julgamento, a compra e o pós-compra (satisfação). Em cada etapa, os valores estão presentes e a tendência é de que não sejam exclusivos entre si. Por exemplo, alguém que tem a expectativa de buscar liberdade e procura um imóvel, estará repetindo essa mesma busca de liberdade (é o seu valor) na negociação com o vendedor.

Na coluna do vendedor, vemos as expectativas (sobre seu futuro), suas representações sociais (sobre si mesmo, sobre os consumidores, sobre o negócio, sobre o produto etc.), seus valores na etapa da compra (como ter poder na negociação). Por exemplo, um corretor de imóveis que tem a expectativa de maior convivência com a família e planeja sair dessa profissão poderá estar pouco disposto a atender um consumidor detalhista no final da tarde de domingo. Os valores do vendedor entram em jogo com os valores dos consumidores, influenciando a satisfação destes.

Na coluna da empresa, temos os valores na estratégia (por exemplo, aceitar que é o consumidor quem dirige a empresa); os valores nos objetivos (por exemplo, o lucro em primeiro lugar); os valores nos produtos (por exemplo, o importante é produzir imóveis de luxo para a classe A) e os valores na negociação (por exemplo, dar poder ao vendedor para negociar como lhe aprouver). Uma empresa, representada pelos seus diretores, que procura criar um ambiente de competição interna entre seus vendedores estará colocando esse valor (*é bom os vendedores competirem entre si*) no momento da negociação entre o consumidor e o vendedor.

Como fica claro, portanto, os valores dos participantes estão presentes como um pano de fundo, na frente do qual os comportamentos ocorrem nas etapas até o resultado final de satisfação do consumidor.

Implementar uma estratégia de valor para o consumidor, portanto, significa acompanhar a existência e a influência dos valores dos participantes nos rumos da empresa e na configuração de seus produtos.

Essa proposta tem um raciocínio sistêmico, ou seja, as variáveis influenciam-se mutuamente e todo o funcionamento tem sentido considerando-se o objetivo final: a satisfação do consumidor.

Sobre os critérios de satisfação do consumidor, alguns autores colocam que ela deve ser relacionada aos resultados ou às consequências, tais como taxa de recompra, reclamações, número de consumidores novos que o consumidor traz para a empresa (a caixa denominada Indicadores, no modelo). Para produtos de baixo envolvimento emocional e baixo preço (Assael, 1998), esses indicadores podem ser utilizados. Para compras complexas, porém, eles são insuficientes. Uma pessoa recompra imóveis duas ou três vezes na vida, e as compras são separadas por muitos anos. Para esses casos, é coerente a utilização dos indicadores de processos de análise do consumidor, ou seja, a satisfação em cada etapa do processo.

Nosso modelo de estratégia de valor para o consumidor, portanto, tem um raciocínio sistêmico, cujo principal fim é a satisfação do consumidor, que pode ser acompanhada nos comportamentos dos participantes em cada etapa do consumo, os quais são influenciados pelos valores. Dessa forma, a empresa vai aprendendo com o desenrolar do processo e é capaz de redirecionar seus objetivos, criar novas estratégias (ou seja, novos caminhos de realização dos objetivos) e adequar produtos e serviços. Pudemos testar em parte o modelo em pesquisas sobre o ramo imobiliário, mas ainda faltam pesquisas de acompanhamento, desde o início, de criação de novos produtos ou de novas orientações estratégicas de uma empresa.

### 12.5.1 Um exemplo resumido do uso do modelo de estratégia de valor proposto

Conforme citado, realizamos trabalhos de campo para a verificação empírica do

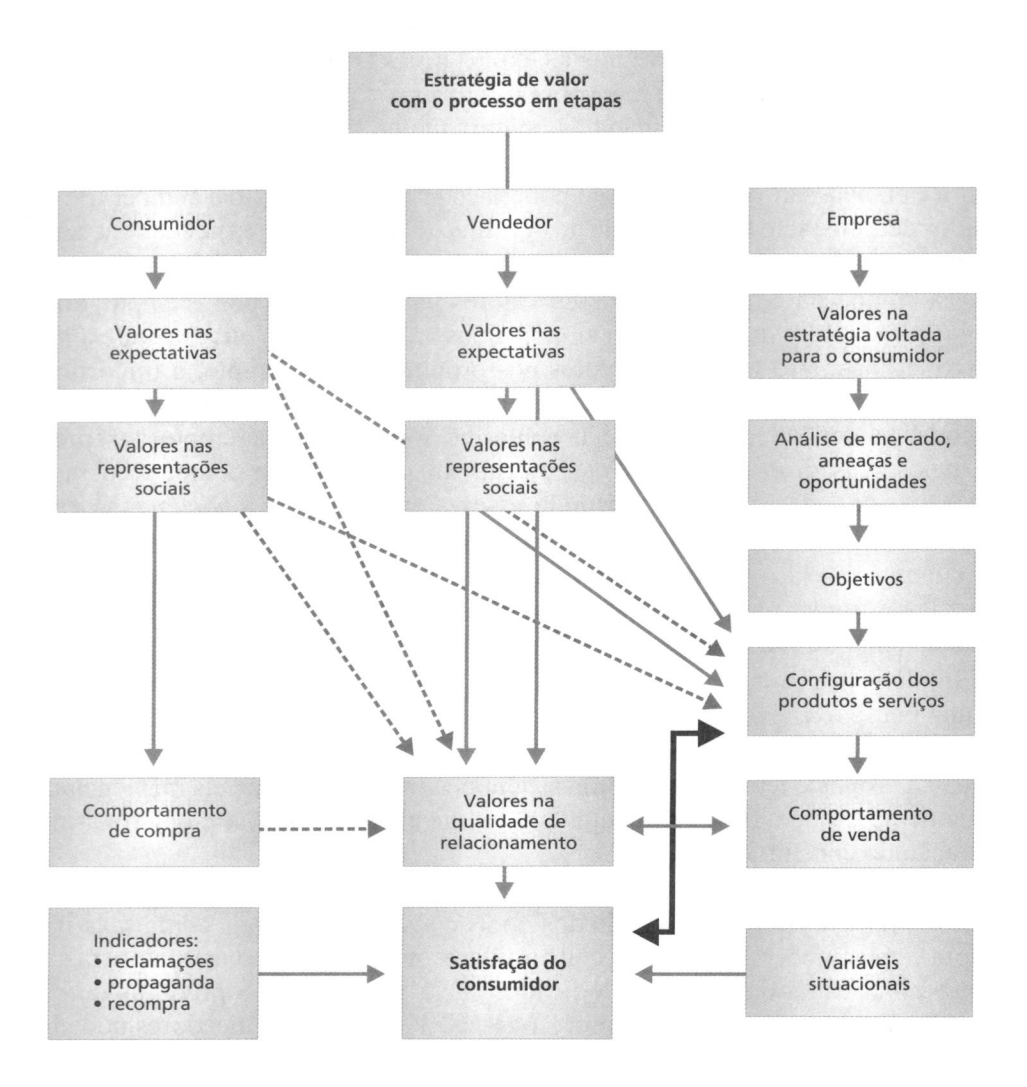

**Figura 12.1** – Desenho da estratégia de valor para o consumidor. As linhas cheias e as pontilhadas indicam as influências esperadas dos valores sobre o resultado final de satisfação do consumidor.

modelo. Em um desses trabalhos, foi possível testar a influência dos valores de consumidores potenciais e dos corretores sobre um produto que seria lançado. Trata-se de um imóvel residencial, uma casa térrea, na praia da Lagoinha, no litoral norte de São Paulo. Por uma oportunidade de mercado, foi possível realizar uma pesquisa de conceito de produto, ou seja, a construtora do empreendimento queria saber a opinião de corretores e possíveis consumidores sobre o projeto.

Para tanto, foi elaborado um questionário, aplicado tanto nos corretores que trabalhariam sobre o produto, quanto nos possíveis consumidores de uma região próxima, a cidade de São José dos Campos, em São Paulo. As perguntas do questionário referiam-se às características do produto, mas nada perguntavam sobre as expectativas e os planos dos respondentes para sua vida. Ao final foram obtidas cinco respostas de corretores e trinta respostas de possíveis compradores.

O objetivo científico da pesquisa era verificar quais valores estariam presentes na avaliação do produto e se este deveria sofrer alguma modificação em função das respostas. Considerando as experiências anteriores, para revelar os valores dos participantes, foram escolhidas as seguintes variáveis: a localização da praia, a localização do condomínio, o preço, o acesso ao local, a planta do imóvel, os serviços de hotelaria inclusos no condomínio e a imagem de quem seria o comprador típico.

### *As respostas dos corretores*

As respostas dos corretores mostraram uma imagem muito negativa do produto, principalmente sobre a localização (outro lado da pista, não do lado da praia), acesso ruim e preço alto. Sobre o preço, eles julgavam que o que era oferecido (o terreno, a casa, os serviços) não valia aquele preço. Também visualizaram um futuro cheio de problemas entre as pessoas do condomínio e as que frequentariam o hotel no mesmo terreno, pois acreditavam no valor da privacidade.

Perguntados sobre o que mudariam no empreendimento, as respostas dos corretores mostraram claramente o valor que dão à privacidade, ao tamanho do imóvel e à posse individual (por exemplo, uma piscina em cada casa).[8]

O nosso modelo de estratégia supõe que, com essas imagens negativas, que revelavam valores sobre o que é morar bem, ser bonito, ser caro e ser funcional, os corretores não conseguiriam criar bons relacionamentos no momento da venda. Em outras palavras, como as respostas mostraram que os corretores consideravam o imóvel caro, em função do terreno, da planta, da localização e do acanhamento do condomínio, e como, em suas cabeças, o comprador era uma pessoa mais sofisticada, de classe A, bastante experiente e maduro, provavelmente poderiam considerar um produto difícil de vender, mesmo utilizando os argumentos de praia/montanha e os serviços do hotel. Esse julgamento do produto poderia influenciar a qualidade do atendimento.

No modelo proposto, coloca-se que, se os corretores pudessem opinar sobre um empreendimento desde o início, ocasionando algumas mudanças no produto, estariam mais motivados e transmitiriam confiança e empatia aos compradores, pois não teriam aspectos negativos rondando seus pensamentos.

### *As respostas dos consumidores potenciais*

Tal como os corretores, os consumidores também criticaram duramente o empreendimento em itens como tamanho do terreno, distância da praia, preço e planta. O item mais negativo foi a distância da praia (cerca de 800 m), o que mostrava o valor da comodidade. O item mais positivo foi a paisagem, que não se relacionava diretamente com o produto.

---

[8] Estamos apenas resumindo a pesquisa, que é complexa e tem todo o suporte metodológico. Os interessados podem vê-la inteira no trabalho de Giglio (2002).

Sobre o produto, os consumidores reclamaram do tamanho pequeno do terreno, de ter muitas casas e outros itens na linha do valor da privacidade, da individualidade (fazer mudanças na planta) e da posse (piscina privativa). De outro lado, ao contrário dos corretores, eles valorizaram o hotel, que permitiria socialização. Só ressalvaram a possibilidade de lotação do hotel, que traria dificuldades no uso do lazer e dos serviços e implicaria a mistura de pessoas do condomínio com os hóspedes.

Quanto ao preço, todos consideraram caro. O valor financeiro de um produto está muito associado aos valores que lhe são colocados e os respondentes consideravam uma troca não satisfatória. Para valorizarem o produto, eles modificariam o terreno (para maior), diminuiriam o número de casas, deixando maior espaço entre elas (para privacidade), e pediriam uma piscina privativa.

Como compradores típicos, os consumidores responderam que seriam pessoas com idade superior a 40 anos, empresários de classe alta, que procuram qualidade de vida. Pessoas, portanto, que valorizassem qualidade, sossego, privacidade e luxo.

## *Conclusões*

Nosso modelo de estratégia propõe a análise de todas as etapas do consumo, porém, essa pesquisa exploratória estava mais relacionada às etapas do levantamento de alternativas, do julgamento e do resultado final de satisfação. O que se pode concluir?

Em primeiro lugar, vale destacar a disposição das pessoas em virem para uma pesquisa (já haviam sido instruídas), em uma segunda-feira, e colaborarem. Sentiram-se importantes em dar uma opinião. Segundo o que se defende nesse modelo, ouvir é o primeiro e o mais importante passo quando se adota uma estratégia de valor para o consumidor.

O modelo proposto se mostrou adequado para testar os valores que influenciam o comportamento das pessoas (nesse caso, o comportamento era a análise do produto) sobre um produto imobiliário, indicando que haveria problemas na negociação e na satisfação dos consumidores. Ficou claro que poucos comprariam o produto exatamente como ele foi apresentado. Quando comparavam suas alternativas e representações sociais com a realidade do produto (a planta, o preço, o terreno etc.), surgia uma diferença que precisava ser resolvida para que houvesse consumidores satisfeitos. Por exemplo, o tamanho do terreno foi considerado inadequado pela maioria dos respondentes. Uma possível interpretação é que o conceito de praia leva a imaginação do respondente a criar um espaço bem maior, ou seja, o tamanho do terreno passa a ser um valor importante.

Com os dados, foi possível mostrar ao construtor e à imobiliária responsável pelas vendas que as críticas devem ser entendidas como pontos de resistência na negociação, já indicando possíveis raciocínios sobre como abordar os consumidores na situação de venda. Conforme os resultados, alguns itens relativos ao produto deveriam ser modificados para obter qualidade de atendimento e a possibilidade de vender para consumidores que ficariam satisfeitos. Como o construtor já havia registrado o empreendimento, acabou realizando apenas algumas modificações, tais como o embelezamento do acesso e ajustes nos acabamentos. Informações posteriores, colhidas pelo autor, dão conta de que o empreendimento não vendeu o suficiente para ser implantado, tendo sido abandonado.

Transpondo os resultados dessa pesquisa para o modelo proposto, tem-se o desenho da Figura 12.2. Como se percebe, os respondentes avaliaram que o produto não estava adequado nem em suas características, nem em seu preço; eles criticaram até mesmo a estrutura que o cercava (o acesso, a praia, a estrada). Dos trinta entrevistados, apenas dois se declararam dispostos a comprar o imóvel sem nenhuma alteração.

**Estratégia de valor**

**comprador**
Valores nas expectativas e alternativas
- espera-se um produto de alto padrão, com todos os serviços do hotel e lazer particular

**vendedor**
Valores nas expectativas e alternativas
- produto difícil de vender, pois é ruim para a classe à qual se dirige
- os consumidores conhecem produtos similares

**empresa**
Objetivos de vendas e lucro:
- vender pelo menos 50% das unidades entre dezembro e fevereiro

Valores nas representações sociais:
- perfil do comprador é de classe alta, com filhos, que busca comodidade

Valores nas representações sociais:
- comprador de classe alta, exigente e instruído

Valores na definição do produto:
- aspectos mais negativos comentados (ou seja, não correspondem ao ideal influenciado pelos valores): longe da praia, terreno pequeno, não tem piscina, acesso difícil, casas muito próximas, muito caro, não tem opção de planta, acabamento ruim
- aspectos positivos mais comentados: serviço do hotel, segurança, praia boa

Valores na qualidade de relacionamento:
- clareza da comunicação entre as partes: consumidores conhecem os produtos da região
- conhecimento das partes; empatia gerada entre as partes; credibilidade gerada no consumidor; segurança gerada no consumidor; imagem gerada entre as partes: não comentados

Variáveis situacionais

Satisfação do consumidor:
- sobre o produto: queriam um produto maior, mais personalizado, com mais área de lazer particular.
- sobre compra ou proposta: de 30 entrevistados, apenas 2 relataram disposição para compra sem alterar o produto.
- sobre o relacionamento: resultado sobre fidelidade ou rejeição da empresa e participantes; resultados sobre fazer propaganda: não comentados.

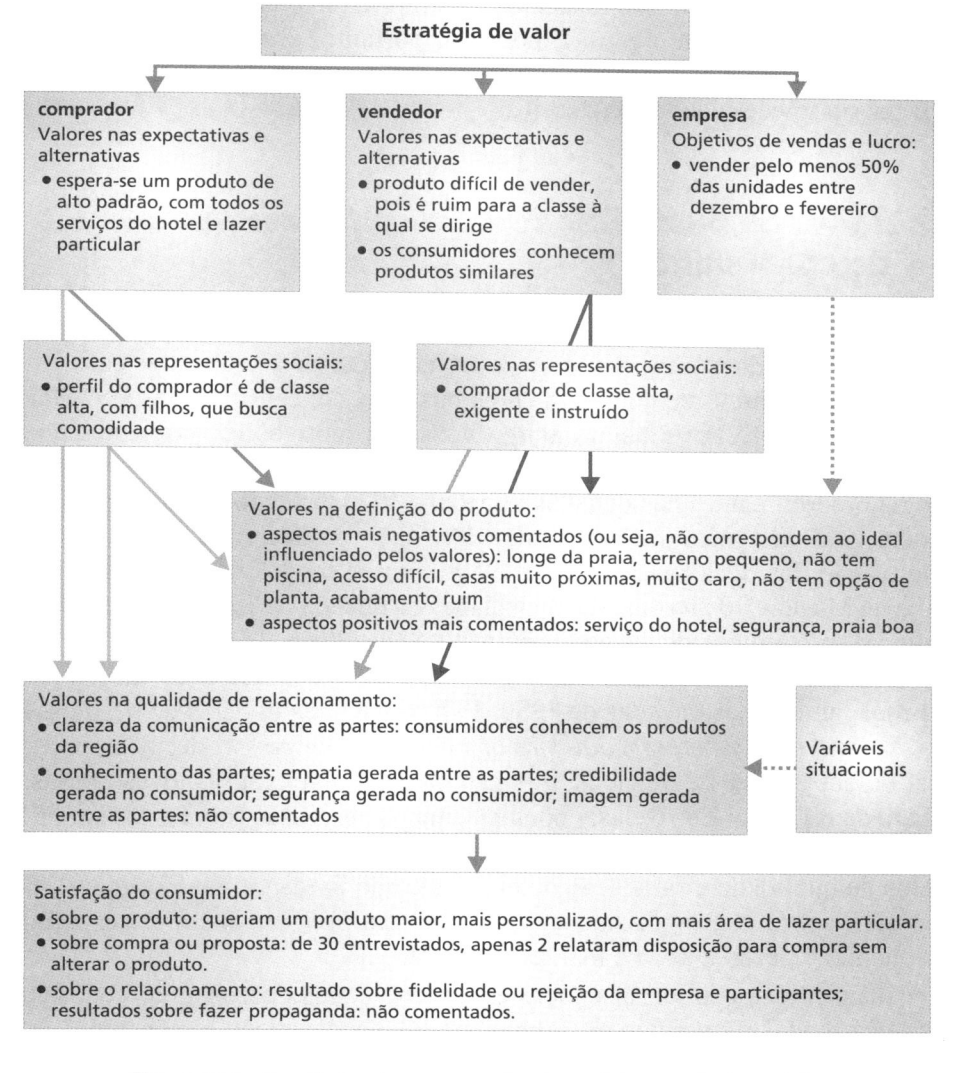

*Figura 12.2* – Resultados de uma pesquisa de produto, a partir do modelo de estratégia de valor para o consumidor.

As categorias escolhidas anteriormente (localização, preço etc.) e as variáveis colocadas no modelo mostraram-se adequadas para revelar os valores e indicar melhor definição do produto. Realizando-se essas mudanças conforme a hipótese do modelo, incrementa-se a possibilidade de se ter um consumidor satisfeito ao final do processo.

Outro aspecto que se pode salientar é a possibilidade preditiva do modelo proposto de mostrar algumas das áreas de conflito em uma situação de venda do produto. Ficou claro que no lançamento do produto já se conheciam alguns pontos de resistência dos visitantes. Conhecendo-se tais pontos antecipadamente, é possível construir algumas ações de resposta.

O modelo parece particularmente adequado para o ramo imobiliário, que se caracteriza por lançamentos embasados em empirismo ou em sucessos do passado, com raras pesquisas como essa. É possível, portanto, desenvolver uma estratégia inteiramente fundamentada nos valores dos consumidores, o que é mais do que satisfazer suas necessidades ou desejos.

## 12.6 Linhas de pesquisas sobre o comportamento do consumidor

A partir de suas raízes básicas na Economia, na Psicologia, na Sociologia e na Antropologia, a área do Comportamento do Consumidor desenvolveu-se com modelos híbridos. Seu conjunto de conhecimentos busca os conceitos de Freud e Marx, do final do século XIX (originando as teorias sobre motivos inconscientes do comportamento de consumo e o comportamento de consumo alienado); de teorias da tipologia predominantes nas décadas de 1920 e 1930 (criando os modelos de tipologias demográficas, psicográficas, estilos de vida e o conceito de atitude); de teorias da motivação das décadas de 1940 e 1950 (com os modelos de necessidades, tais como o de Maslow); de teorias sobre decisões da década de 1960 (originando modelos como o econômico); de teorias estruturais e gestálticas da década de 1970 (criando os modelos de comportamento de compra global e os modelos de estimulação pela propaganda). Nas décadas de 1980, 1990 e 2000, as revistas de pesquisas, tais como *Journal of Marketing* e *Journal of Consumer Research*, destacaram a emergência de outras áreas agregadas, que não chegam a constituir novas teorias, mas auxiliam na reflexão. Entre elas, podemos citar as pesquisas sobre o consumidor organizacional, sobre satisfação e insatisfação dos consumidores (principalmente os modelos de qualidade e satisfação de autores como Parasuraman, Zeithaml, Berry, Woodruff), sobre consumerismo e aplicações em áreas, tais como segmentação, posicionamento, propaganda e marketing de varejo.

A maioria das explicações sobre esses fenômenos do consumo continua embasada nos modelos tradicionais de previsibilidade, repetição e mensuração, salvo alguns estudos qualitativos em pesquisas de mercado e acadêmicas, estas geralmente tendendo para a análise crítica das influências de ações de marketing sobre as pessoas.

No início desta nova década (2010), já se percebe a multiplicação de escritos e debates sobre alguns novos temas, tais como a customização em massa, o que implica atender a personalização de um grande número de consumidores, o comportamento do consumidor da internet, a antropologia do consumo, o consumidor consciente, entre outros. Também estamos percebendo a valorização crescente das pesquisas de acompanhamento, das pesquisas qualitativas e da pesquisa-ação, arejando um pouco a tradicional pesquisa quantitativa sobre os consumidores. Livros como o de Underhill (2003), sobre acompanhamento de compras, e Gunter (1998), que compila centenas de pesquisas sobre o consumidor infantil, são provas dessas renovações.

Wells (apud Rossi, 1995) chegou ao seguinte quadro de sugestões sobre os caminhos de pesquisas em comportamento do consumidor:

- pesquisar mais "fora de casa", isto é, ir aos locais de compra e consumo dos produtos e serviços, incluindo os momentos de uso;
- abandonar métodos enviesados de pesquisa, tais como uso de estudantes, laboratórios e tratamentos estatísticos simples;
- estender a mão para outras disciplinas, incluindo as mais distantes, já que o objeto de estudo é complexo e multidisciplinar;
- questionar as teorias, suas aplicações, seu grau explicativo e sua relação com os fatos.

Como se percebe, esses itens coincidem com o que estamos defendendo em vários pontos do livro. Como ponto interessante, Hubbard (apud Rossi, 1995) examinou 1.120 textos sobre pesquisas na área do consumidor e não encontrou nenhuma replicação exata, o que é muito incomum em ciência. O resultado mostra a complexidade do fenômeno do consumo. Olson (apud Rossi, 1995) já afirmava que as pesquisas sobre o consumidor devem perseguir teorias com $t$ minúsculo, sem grandes pretensões. Entre os temas interessantes de pesquisa, os colaboradores nesse livro de Rossi citam a satisfação dos consumidores, o consumidor organizacional, o Marketing defensivo (como as empresas lidam com reclamações de consumidores), o consumo na internet, novos estilos de vida, marketing de relacionamento, melhorias e adaptações dos instrumentos de medição, o estudo das práticas consumeristas no Brasil, modelos de compra em economias estáveis, como a brasileira, relações entre as ações de orientação ao consumidor e o ROI (retorno sobre o investimento) e educação e proteção do consumidor.

Agregaríamos a esses pontos o Marketing Social, os direitos do consumidor, as pesquisas sobre fracassos de marketing global (seriam provas de que não se podem eliminar barreiras?), a consciência da raridade, a independência precoce dos adolescentes. Para esses temas emergentes, propomos abordagens também emergentes, como as pesquisas de acompanhamento e uso do produto.

Em um artigo sobre a Antropologia do Consumo, Rocha (1999) defende que o consumo deve ser entendido como ação coletiva, sistêmica e cultural. Ele operaria como uma linguagem em uma comunicação de signos, em que cada pessoa busca se diferenciar da outra, embora operando uma ação coletiva. Nessa perspectiva, temas como romantismo, magia e comunicação em grupos urbanos (a etnografia) seriam importantes pontos de pesquisa. O autor enumera alguns exemplos de pesquisa desse tipo, tais como os fatores motivacionais de mulheres descasadas do bairro da Tijuca, no Rio de Janeiro.

Bebber (1999) analisou os caminhos de pesquisa da satisfação do consumidor com os modelos aplicados nas pesquisas, tais como os tradicionais modelo de lacunas e o modelo de atribuição, e os menos conhecidos, como a teoria do equilíbrio. Rossi (2001) mostra as críticas de vários autores aos caminhos tradicionais de pesquisa do consumidor, o que não condiz com a complexidade e a hiper-realidade do fenômeno do consumo. Entender o ser humano como alguém social, incompleto, em contínua transformação seria um ponto de partida mais aceitável, o que ocorre em pesquisas etnográficas. Outra linha aceitável de pesquisa, segundo o texto, seria interpretar os usos do produto (que na pesquisa tradicional são levados ao pé da letra) como símbolos do jogo social. Rossi comenta a técnica ZMET (*Zaltman Metaphor Elicitation Technique*), desenvolvida por Zaltman, que combina conhecimentos de várias ciências novas, como a Neurobiologia, a Crítica Artística, a Semiótica, a Arteterapia e a Psicolinguística, e técnicas como a tomografia e a ressonância magnética funcional, sem esquecer o tradicional do psiquismo.

Como se percebe, um enorme leque de pesquisas acadêmicas, de mercado e experimentos está aberto para os interessados em compreender os novos tempos e criar novas teorias sobre o consumidor.

## *Referências Bibliográficas*

ALDERSON, W.; HALBERT, M. *Homens, motivos e mercados*. Tradução de Auriphebo Berrance Simões. São Paulo: Atlas, 1971.

ALMEIDA, S.; JOLIBERT, A. A influência do humor sobre a compra impulsiva. *Revista de Administração*, São Paulo, v. 28, n. 4, p. 36-50, out.-dez. 1993.

ASSAELK, H. *Consumer behavior*. 6. ed. Cincinatti: South Wester College Publishing, 1998.

BEBBER, S. Estado atual dos estudos sobre a satisfação do consumidor. *Anais da Enanpad*, n. 23, 1999.

CHURCHILL, G. *Marketing*: criando valor para os clientes. Tradução de Cecília Bartalotti. São Paulo: Saraiva, 2000.

CLEMEN, R. *Making hard decisions*. 2. ed. Duxbury: Belmont, 1996.

COSTA, B. *Relacionamento entre influências ambientais e o comportamento de compra por impulso*: um estudo em lojas físicas e virtuais. São Paulo, 2003. Tese (Doutorado) – Universidade de São Paulo, 2003.

DEMO, P. *Metodologia científica em ciências sociais*. 3. ed. São Paulo: Atlas, 1995.

GADE, C. *Psicologia do consumidor*. São Paulo: EPU, 1980.

GIGLIO, E. *Contribuição ao desenvolvimento de um modelo de estratégia orientada para a satisfação do consumidor no ramo imobiliário*. São Paulo, 2002. Tese (Doutorado) – Faculdade de Administração e Economia, Universidade de São Paulo, 2002.

GLEICK, J. Caos: *A criação de uma nova ciência*. Rio de Janeiro: Campus, 1989.

GUNTER, B.; FURNHAM, A. *As crianças como consumidoras*. Tradução de Aurora Narciso. Lisboa: Instituto Piaget, 1998.

HESKETT, J. *Serviços revolucionários*. Tradução de Carmen Dolores Straube. São Paulo: Pioneira, 1994.

KOTLER, P. *Administração de marketing*: a edição do novo milênio. Tradução de Bazan Tecnologia e Linguística. São Paulo: Prentice-Hall, 2000.

MORIN, E. *Introdução ao pensamento complexo*. Tradução de Dulce Matos. Lisboa: Instituto Piaget, 1991.

PETERS, K. *Prosperando no caos*. São Paulo: Harbra, 1989.

POPCORN, F.; MARIGOLD, L. *Click*. Tradução de Ana Gibson. Rio de Janeiro: Campus, 1997.

POPPER, C. *Conhecimento objetivo*: uma abordagem evolucionária. Tradução de Milton Amado. Belo Horizonte: Itatiaia, 1975.

PORTER, M. *Vantagem competitiva*. 3. ed. Tradução de Elizabeth Maria de Pinho Braga. Rio de Janeiro: Campus, 1989.

_____. *Estratégia competitiva*. 7. ed. Tradução de Elizabeth Maria de Pinho Braga. Rio de Janeiro: Campus, 1991.

ROKEACH, M. *The nature of human values*. Nova York: Free Press, 1973.

ROSSI, C. Estado da arte da pesquisa em comportamento do consumidor e sugestão de uma agenda de pesquisa brasileira. *Anais da Enanpad*, n. 19, 1995.

_____. Explorando novas trilhas na pesquisa do consumidor. *Anais da Enanpad*, n. 25, 2001.

SCHWARTZ, S. Toward a theory of the universal content and structure of values: extensions and cross cultural replication. *Journal of Personality and Social Psychology*, v. 53, n. 3, American Psychological Association, 1987.

SZAFIR-GOLDSTEIN, C. *O conceito de valor percebido*: um estudo de caso na indústria de papel e celulose sobre a utilização da percepção dos clientes sobre o produto. São Paulo, 2000. Dissertação (Mestrado) – Faculdade de Administração da USP, 2000.

UNDERHILL, P. *Vamos às compras*: a ciência do consumo. Rio de Janeiro: Campus, 2003.

WHEATLEY, M. *Liderança e a nova ciência*. Tradução de Adail Ubirajara Sobral. São Paulo: Cultrix, 1999.

WOOD, T. (coord.) *Mudança organizacional*: aprofundando temas atuais em administração. São Paulo: Atlas, 1995.

WOODRUFF, R. B. Customer value: the next source to competitive advantage. *Journal of The Academy of Marketing Science*, v. 25, n. 2, 1997, p. 139-153.

ZEITHAML, V. Consumer perceptions of price, quality and value: a means-end model and synthesis of evidence. *Journal of Marketing*, v. 52, n. 3, p. 2-23, jul. 1988.

# Comentários finais

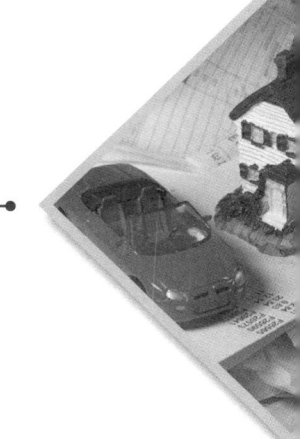

Nossa intenção, neste livro, foi mostrar o leque atual de modelos sobre o comportamento do consumidor e convidar os interessados a revitalizar o modo de raciocínio nessa área. Para isso, lançamos algumas hipóteses que necessitam de maior embasamento e pesquisa, mas constituem um primeiro leque de alternativas aos modelos tradicionais.

Defendemos que modelos preditivos do comportamento podem ser colocados em segundo plano, em favor de uma aceitação da complexidade, flexibilidade e imprevisibilidade do comportamento humano. Teorias que embasam esse ponto de vista já estão bem desenvolvidas nas ciências humanas.

Afirmamos que tipologias têm um poder explicativo e aplicativo restrito, a não ser que nasçam de bancos de dados bem construídos e interpretados. Elas poderiam ser utilizadas como indicadores de um primeiro conjunto de dados, que não seria aceito como acabado. No lugar de modelos acabados, propomos que se construam teorias do momento, flexíveis e adaptadas aos fatos, que se realimentem e se modifiquem continuamente, com uma superestrutura que suporte seus princípios.

Na constituição dessa superestrutura, sugerimos que se utilizem alguns poucos princípios:

- Cada pessoa busca ordenar suas experiências. A ordenação é a superestrutura, mas a forma como essa busca aparecerá no comportamento é imprevisível.

- Cada pessoa busca superar sua condição de vida atual. Da mesma forma que o princípio anterior, a forma como essa superação aparecerá no comportamento é imprevisível.

- Cada pessoa busca o prazer na vida e evita o desprazer. A forma como se busca e se sente prazer é imprevisível.

- As buscas de ordenações, superações e prazer estão circunscritas aos modos de experiências e às relações do sujeito com seu corpo, com suas ideias, com suas emoções, com seus objetos e com outras pessoas. Todo comportamento de consumo, imprevisível, pode ser analisado em pelo menos um dos cinco modos relacionais citados.

- O que chamamos de expectativa é a representação mental da busca de ordenação e/ou superação da pessoa e projeta-se no futuro, em uma situação imaginada.

- Pequenas variações em estímulos, em qualquer um dos cinco modos de relações, podem desencadear resultados de grande impacto. Um exemplo seria gastar todas as reservas na compra de bens imóveis e móveis, tais como apartamentos e carros, por causa de um boato de crise. O estímulo ambiental e a reportagem desencadeiam consumos de grande monta.

- No modelo tradicional de etapas do consumo, propomos que se substitua o conceito de atitude pelo conceito de representação social, mais abrangente e explicativo que o anterior. A representação social possibilita estudos com menor dificuldade de integrar pessoa e grupo.

- Defendemos que o estudo do consumidor-empresa pode utilizar os princípios anteriores com algumas adaptações. As ordenações e superações continuam presentes, a busca do prazer, não. Seus modos de relações são com seus públicos (interno, externo, intermediários). Uma empresa também tem expectativas, que são seus objetivos. Pequenas alterações em uma empresa (um prêmio em dinheiro para uma equipe especial, por exemplo) podem ocasionar grandes mudanças na estrutura toda. A cultura organizacional (as regras da empresa, que revelam seus valores) constitui o ponto de partida da análise.

Do nosso primeiro texto em 1996, passando por edições até esta reimpressão de 2010, evoluímos em nosso raciocínio e encontramos mais pessoas que concordam com nossos pontos de vista. Precisamos de novos modelos explicativos sobre o consumidor e novas formas de gerenciamento. Nossos jovens alunos e gerentes continuam relatando situações de submissão a diretores que utilizam os velhos modelos de liderança e compreensão do mercado. Buscam previsão e controle, nada arriscam e nada delegam, obrigando seus jovens executivos ao condicionamento precoce, já que estes não possuem ou não utilizam seu poder de mudança.

Continuamos a afirmar, tal como fizemos em 1996, que estamos em uma situação de quebra de paradigma, para utilizar o conceito de Khun (1992). Segundo seus enunciados, quando quebramos um paradigma (isto é, um modelo explicativo ou uma teoria, palavras que utilizamos neste texto como equivalentes), todo o conhecimento e poder voltam ao marco zero em termos de liderança e competitividade. Acreditamos que, nessa virada, quem estiver mais bem treinado para suspender velhas teorias sobre o consumidor e construir novas, estará saindo na frente.

Finalmente, para os apreciadores, como eu, dos fantásticos modelos explicativos de Sigmund Freud, Carl Gustav Jung, Martin Heidegger, Edmund Husserl, Claude Levi-Strauss e Karl Marx, gostaria de comentar que, em todo o texto, defendemos a ideia de que modelos antigos precisam ser revistos e substituídos, mas isso não significa que eles não tenham sua validade. A maioria deles, inclusive, não foi criada para explicar mercados, empresas e o comportamento do consumidor, mas adaptada a essa situação. Nos seus campos de origem, eles continuam a ser tão importantes quanto no início, e recomendamos sua leitura para qualquer pessoa interessada em cultura geral.

# Bibliografia

ALDERSON, W. *Marketing behavior and executive action*: a functionalist approach to marketing behavior. Illinois: R. Irwin Inc., 1957.

ALDERSON, W.; HALBERT, M. *Homens, motivos e mercados*. Tradução de Auriphebo Berrance Simões. São Paulo: Atlas, 1971.

ALMEIDA, S.; JOLIBERT, A. A influência do humor sobre a compra impulsiva. *Revista de Administração*, São Paulo, v. 28, n. 4, p. 36-50, out.-dez., 1993.

ASSAEL, H. *Consumer behavior*. 6. ed. Cincinatti: South Western College Publishing, 1998.

BARDIN, L. *Análise de conteúdo*. Tradução de Luís Antero Reto. Lisboa: Edições 70, 1977.

BARRACHO, C. *Lições de psicologia econômica*. Lisboa: Instituto Piaget, 2001.

BAUDRILLARD, J. *A sociedade de consumo*. Tradução de Artur Morão. Rio de Janeiro: Elfos, 1995.

BEBBER, S. Estado atual dos estudos sobre a satisfação do consumidor. *Anais da Enanpad*, n. 23, 1999.

BETTA, J. *Manual de psiquiatria*. 6. ed. Buenos Aires: Albatroz, 1976.

BOSS, M. *Na noite passada eu sonhei*. 2. ed. Tradução de George Shlesinger. São Paulo: Summus, 1979.

BOURDIEU, P. *Sociologia*. São Paulo: Ática, 1994.

BUTCHER, H. *A inteligência humana*. Tradução de Dante Moreira Leite. São Paulo: Perspectiva, 1972.

CANCLINI, N. *Consumidores e cidadãos*. Rio de Janeiro: UFRJ, 1995.

CHURCHILL, G. *Marketing*: criando valor para os clientes. Tradução de Cecília Bartalotti. São Paulo: Saraiva, 2000.

CLEMEN, R. *Making hard decisions.* 2. ed. Duxbury: Belmont, 1996.

COHEN, H. *Você pode negociar qualquer coisa.* 5. ed. Tradução de Siu Ching Han. Rio de Janeiro: Record, 1980.

_____. *MBAs*: curso prático. Tradução de Maria José L. Monteiro. Rio de Janeiro: Campus, 1999.

COSENZA, J. Resgatando o marketing. *Revista da ESPM*, v. 7, ano 6, n. 1, fev. 2000.

COSTA, B.; PLONSKI, G.; SBRAGIA, R. A influência da cultura no consumo de serviços automatizados. *IV SEMEAD – Semana de Administração*, Universidade de São Paulo, out. 1999.

COSTA, B. *Relacionamento entre influências ambientais e o comportamento de compra por impulso*: um estudo em lojas físicas e virtuais. São Paulo, 2003. Tese (Doutorado) – Universidade de São Paulo, 2003.

CUVILLIER, A. *ABC da Psicologia.* 11. ed. Tradução de J. Penna. São Paulo: Nacional, 1968. (Coleção Iniciação Científica, v. 8).

DEMO, P. *Metodologia científica em ciências sociais.* 3. ed. São Paulo: Atlas, 1995.

DIAZ, A. Marketing na internet e o comportamento do consumidor: investigando a dicotomia hedonismo *versus* utilitarismo na www. *Anais da Enanpad*, n. 22, p. 27-30, 1998.

DRUCKER, P. *A sociedade pós-capitalista.* Tradução de Nivaldo Montingelli Jr. São Paulo: Pioneira, 1993.

DURNING, A. *How much is enough?* Nova York: Norton, 1992.

ENGEL, J. F.; BLACKWELL, R. D.; MINIARD, P. W. *Consumer behavior.* Nova York: Dryden Press, 1995.

FESTINGER, L. *A theory of cognitive dissonance.* Evanstone, Ill.: Row Peterson, 1957.

FEYREBEND, P. *Adeus à razão.* Lisboa: Edições 70, 1991.

FIGUEIREDO, M. A. *Algumas tentativas de caracterização de aspectos afetivos, cognitivos e comportamentais das emoções através de aplicação do modelo teórico de Fishbein Ajszen sobre atitudes.* São Paulo, 1986. Tese (Doutorado) – Faculdade de Psicologia, Universidade de São Paulo, 1986.

FISHMANN, A.; ALMEIDA, M. *Planejamento estratégico na prática.* 2. ed. São Paulo: Atlas, 1991.

FREUD, S. *Além do princípio do prazer.* Tradução de Christiano M. Oiticica. Rio de Janeiro: Imago, 1975. (Pequena Coleção das Obras de Freud, Livro 13).

_____. Novas conferências introdutórias sobre psicanálise. Tradução de Jayme Salomão. Rio de Janeiro: Imago, 1976, p. 90-92. (Coleção Obras Completas, v. XXII).

_____. Cinco lições de psicanálise. In: _____. Obras completas. Tradução de Jayme Salomão. Rio de Janeiro: Imago, 1970. v. XI.

_____. Esboço de psicanálise. In: _____. Obras completas. Tradução de Jayme Salomão. Rio de Janeiro: Imago, 1975. v. XXIII.

FROMM, E. *O medo à liberdade*. 12. ed. Tradução de Octávio Alves Velho. Rio de Janeiro: Zahar, 1980.

_____. *Ter ou ser*. Tradução de Nathanael C. Caixeiro. Rio de Janeiro: Guanabara, 1987.

_____. *Psicanálise da sociedade contemporânea*. 9. ed. Tradução de L. A. Bahia. Rio de Janeiro: Zahar, 1979.

GADE, C. *Psicologia do consumidor*. São Paulo: EPU, 1980.

GIGLIO, E. Queremos aventura... queremos segurança... afinal o que queremos? *Revista da ESPM*, v. 2, n. 3, p. 98-106, nov. 1995.

_____. *Um estudo exploratório sobre as representações sociais presentes no processo de decisão de compra de imóvel*. São Paulo, 1998. Dissertação (Mestrado) – Pontifícia Universidade Católica de São Paulo, 1998a.

_____. A compra de imóvel na planta por mulheres solteiras e sua relação com a identidade. *Revista da ESPM*, v. 5, n. 4, p. 16-22, nov.-dez. 1998b.

_____. *Contribuição ao desenvolvimento de um modelo de estratégia orientada para a satisfação do consumidor no ramo imobiliário*. São Paulo, 2002. Tese (Doutorado) – Faculdade de Administração e Economia, Universidade de São Paulo, 2002.

GLEICK, J. *Caos:* a criação de uma nova ciência. Rio de Janeiro: Campus, 1989.

GONÇALVES, C. Comércio eletrônico na internet: uma pesquisa exploratória no mercado consumidor. *Anais da Enanpad*, n. 22, p. 27-30, set. 1998.

GUARESHI, P.; JOVCHELOVITCH, S. (org.) *Textos em representações sociais*. Rio de Janeiro: Vozes, 1994.

GUNTER, B.; FURNHAM, A. *As crianças como consumidoras*. Tradução de Aurora Narciso. Lisboa: Instituto Piaget, 1998.

HAIR, J. *Multivariate data analysis*. 5. ed. New Jersey: Prentice-Hall, 1998.

HALL, C.; LINDZEY, G. *Teorias da personalidade*. Tradução de Lauro Bretones. São Paulo: EPU, 1973.

HAMMEL, G.; PRAHALAD, C. *Competindo pelo futuro*. Tradução de Outras Palavras. Rio de Janeiro: Campus, 1995.

HEIDEGGER, M. *Todos nós... ninguém*. Tradução e comentário de Dulce Mara Critelli. São Paulo: Moraes, 1981.

HESKETT, J. *Serviços revolucionários*. Tradução de Carmen Dolores Straube. São Paulo: Pioneira, 1994.

HIRSCHMAN, A. *De consumidor a cidadão*. Tradução de Marcelo M. Levy. São Paulo: Brasiliense, 1983.

HOOLEY, G.; SAUNDERS, J. *Posicionamento competitivo*. Tradução de Luiz Liske. São Paulo: Makron, 1996.

HUSSERL, E. *A filosofia como ciência do rigor*. Tradução de Albin Beau. Coimbra: Atlântida, 1965.

JOHANSSON, J.; NONAKA, I. *Implacable*: ahora sí, por fin, la manera japonesa de hacer marketing. Traducão de Jorge Cárdenas Nannetti. Barcelona: Norma, 1997.

JUNG, C. *O homem e seus símbolos*. 5. ed. Tradução de Maria Lucia Pinho. Rio de Janeiro: Nova Fronteira, 1964.

_____. *Tipos psicológicos*. 3. ed. Rio de Janeiro: Zahar, 1976.

KARSAKLIAN, E. *Comportamento do consumidor*. São Paulo: Atlas, 2000.

_____. *Cybermarketing*. São Paulo: Atlas, 2001.

KATONA, G. *Psychological analysis of economic behavior*. Nova York: McGraw-Hill, 1951.

KEEGAN, W. *Princípios de marketing global*. Tradução de Sonia Schwartz. São Paulo: Saraiva, 1999.

KEEN, E. *Introdução à psicologia fenomenológica*. Tradução de Heliana de Barros Conde Rodrigues. Rio de Janeiro: Interamericana, 1979.

KELLEY, S. et al. Costumer participation in service production and delivery. *Journal of Retailing*, v. 66, n. 3, 1990.

KOTLER, P. *Princípios de marketing*. 5. ed. Tradução de Alexandre S. Martins. Rio de Janeiro: Prentice-Hall, 1993.

_____. *Administração de marketing*. 5. ed. Tradução de Ailton Bomfim Brandão. São Paulo: Atlas, 1998.

KRECH, D.; CRUTCHFIELD, E. L. *Elementos de psicologia*. 5. ed. Tradução de Dante Moreira Leite e Miriam M. Leite. São Paulo: Pioneira, 1974.

KHUN, T. *A estrutura das revoluções científicas*. 3. ed. São Paulo: Perspectiva, 1992.

LÉVI-STRAUSS, C. *As estruturas elementares do parentesco*. Tradução de Mariano Ferreira. São Paulo: Edusp, 1976.

LEVITT, T. *A imaginação de marketing*. 2. ed. São Paulo: Atlas, 1995.

LICHT, R. *Variáveis psicológicas na composição do corpo de executivos em uma administração brasileira*. São Paulo, 1994. Tese (Doutorado) – Instituto de Psicologia, Universidade de São Paulo, 1994.

LINNEMAN, R. *Marketing de nichos*. Tradução de Barbara Theoto Lambert. São Paulo: Makron, 1993.

LOURENÇO, S. A dialectical analysis of organizational conflict. *Administrative Science Quarterly*, v. 20, p. 489-558, dez. 1995.

McKEENA, R. *Marketing de relacionamento*. Tradução de Outras Palavras. Rio de Janeiro: Campus, 1993.

MASLOW, A. *Motivation and personality*. 2. ed. Nova York: Harper & Row, 1945.

MERLEAU-PONTY, M. *Fenomenologia da percepção*. São Paulo: Freitas Bastos, 1971.

_____. *A estrutura do comportamento*. Tradução de José de Anchieta Corrêa. Belo Horizonte: Interlivros, 1975.

MORGAN, G. *Imagens da organização*. Tradução de Cecília Whitaker Bergamini. São Paulo: Atlas, 1996.

MORIN, E. *Introdução ao pensamento complexo*. Tradução de Dulce Matos. Lisboa: Instituto Piaget, 1991.

MOSCOVICI, S. Notes towards a description of social representations. *European Journal of Social Psychology*, v. 18, p. 211-250, 1988.

NAISBITT, J. *Megatrends 2000*. 5. ed. São Paulo: Amana Key, 1990.

_____. *Paradoxo global*. Tradução de Ivo Korytowski. Rio de Janeiro: Campus, 1994.

NIQUE, W. Comércio eletrônico na internet: entendendo a internet como canal de compra. *Anais da Enanpad*, n. 23, p.19-22, set. 1999.

NOGUEIRA, R. et al. Identificação das expectativas dos usuários da internet em relação ao comércio eletrônico. *Anais da Enanpad*, n. 25, p.68, set. 2001.

OLIVEIRA, M.; FREITAS, A. O uso da metodologia multicritério de apoio à decisão como ferramenta de marketing na avaliação de atributos imobiliários. *Revista da XXI Enanpad*, Rio de Janeiro, set. 1997.

OYAKAWA, E. As bases sociais para o surgimento do homem consumidor. *Revista da ESPM*, ano 1, n.1, p. 29-36, jun. 1994.

PARASURAMAN, A. et al. A conceptual model of service quality and its implications for future research. *Journal of Marketing*, v. 49, p. 41-50, outono 1985.

PETERS, T. *Prosperando no caos*. São Paulo: Harbra, 1989.

PLOUS, S. *The psychology of judgment and decision making*. Nova York: McGraw-Hill, 1993.

POPCORN, F. *O Relatório Popcorn*. Tradução de Outras Palavras. Rio de Janeiro: Campus, 1993.

POPCORN, F.; MARIGOLD, L. *Click*. Tradução de Ana Gibson. Rio de Janeiro: Campus, 1997.

POPPER, C. _____. *A sociedade aberta e seus inimigos*. Tradução de Milton Amado. São Paulo: Edusp, 1974.

_____. *Conhecimento objetivo:* uma abordagem evolucionária. Tradução de Milton Amado. Belo Horizonte: Itatiaia, 1975.

PORTER, M. *Vantagem competitiva*. 3. ed. Tradução de Elizabeth Maria de Pinho Braga. Rio de Janeiro: Campus, 1989.

_____. *Estratégia competitiva*. 7. ed. Tradução de Elizabeth Maria de Pinho Braga. Rio de Janeiro: Campus, 1991.

PSILLAKIS, H. Marketing imobiliário – variáveis de decisão. *Revista de Administração de Empresas da Fundação Getúlio Vargas*, v. 15, n. 6, p. 21-26, nov.-dez. 1975.

RAMOZZI-CHIAROTTINO, Z. *Piaget*: modelo e estrutura. Rio de Janeiro: José Olympio, 1972.

RIES, A.; TROUT, J. *Posicionamento*: a batalha pela sua mente. 4. ed. Tradução de José Roberto Whitaker Penteado. São Paulo: Pioneira, 1993.

ROCHA, E. et al. Cultura e consumo: um roteiro de estudos e pesquisas. *Anais da Enanpad*, n. 23, 1999.

ROGERS, C. *A pessoa como centro*. São Paulo: EPU, 1977.

ROKEACH, M. *The nature of human values*. Nova York: Free Press, 1973.

ROSSI, C. Estado da arte da pesquisa em comportamento do consumidor e sugestão de uma agenda de pesquisa brasileira. *Anais da Enanpad*, n. 19, 1995.

_____. Explorando novas trilhas na pesquisa do consumidor. *Anais da Enanpad*, n. 25, 2001.

SARTRE, P. *Esboço de uma teoria das emoções*. Tradução de A. Pastor Fernandes. Lisboa: Presença, 1972.

SCHEWSERINER, M. Crazy people e Benetton: sim, temos muita coisa em comum. *Revista da ESPM*, v. 2, n. 3, p.15-20, nov. 1995.

SCHIFFMAN, L. *Consumer behavior*. 6. ed. Upper Saddle River, NJ: Prentice-Hall, 1997.

SCHWARTZ, S. Toward a theory of the universal content and structure of values: extensions and cross cultural replication. *Journal of Personality and Social Psychology*, American Psychological Association, v. 53, n. 3, 1987.

_____. Universals in the content and structure of values: theoretical advances and empirical tests in 20 countries. *Advance in Experimental Psychology*, v. 25, n. 1, 1992.

SEMENIK, R. *Princípios de marketing*: uma perspectiva global. Tradução de Lenke Peres. São Paulo: Makron, 1995.

SETTLE, R.; ALRECK, P. *Why they buy*. Nova York: John Wiley & Sons, 1989.

SKINNER, B. F. Are theories of learning necessary? *Psychology Review*, n. 57, p. 193-216, 1950.

_____. *Ciência e comportamento humano*. Brasília: Universidade de Brasília, 1967.

_____. *Walden II*: uma sociedade do futuro. 2. ed. Tradução de Rachel Moreno. São Paulo: EPU, 1978.

SZAFIR-GOLDSTEIN, C. *O. conceito de valor percebido: um estudo de caso na indústria de papel e celulose sobre a utilização da percepção dos clientes sobre o produto*. São Paulo, 2000. Dissertação (Mestrado) – Faculdade de Administração, Universidade de São Paulo, 2000.

TOFFLER, A. *O choque do futuro*. 3. ed. Rio de Janeiro: Record, 1971.

TUCK, M. *Como escolhemos*: psicologia do consumidor. Tradução de Álvaro Cabral. Rio de Janeiro: Zahar, 1978.

UNDERHILL, P. *Vamos às compras*: a ciência do consumo. Rio de Janeiro: Campus, 2003.

VALENTE, J. A. Educação a distância: uma oportunidade para mudança no ensino. In: MAIA, C. (org.) *EAD: Educação a distância no Brasil na era da internet*. São Paulo: Anhembi-Morumbi, 2000, p. 97-122.

VIEIRA, B. Comércio eletrônico via internet: uma abordagem exploratória. *Anais da Enanpad*, n. 22, 1998.

_____. Comércio eletrônico via internet: entendendo a internet como canal de compra. *Anais da Enanpad*, n. 23, 1999.

WAGNER, E. Variables affecting distance educational program success. *Educational Technology*, abr. 1993.

WEBSTER, F.; WIND, Y. *Organizational buying behavior*. New Jersey: Prentice-Hall, 1972.

WEISS, B. *Só o amor é real*. 5. ed. Tradução de Roberto Raposo. Rio de Janeiro: Salamandra, 1996.

WHEATLEY, M. *Liderança e a nova ciência*. Tradução de Adail Ubirajara Sobral. São Paulo: Cultrix, 1999.

WINTERS, E. *Seven styles of learning*. The part they play when developing interactivity. Disponível em: *www.proquest.uni.com/pqdweb*, acessado em 29 ago. 1998.

WOOD, T. (coord.) *Mudança organizacional*: aprofundando temas atuais em administração. São Paulo: Atlas, 1995.

WOODRUFF, R. B. Customer value: the next source to competitive advantage. *Journal of The Academy of Marketing Science*, v. 25, n. 2, p. 139-153, 1997.

ZALTZMAN, C.; MOTTA, P. Segmentação de mercado dos consumidores mais velhos segundo seus perfis de estilos de vida. *Revista de Administração da USP*, v. 31, n. 4, out.-dez.1996.

ZEITHAML, V. Consumer perceptions of price, quality and value: a means-end model and synthesis of evidence. *Journal of Marketing*, Nova York, v. 52, n. 3, p. 2-23, jul. 1988.

# Anexo 1

## Páginas na internet sobre consumerismo

Em qualquer portal internacional, digite "consumerism". Veja alguns exemplos de endereços, lembrando que sua velocidade de mudança é muito grande:

http://acd.ufrj.br/consumo/consumerismo.htm

www.adbusters.org

www.antiglobo2001.cjb.net

www.consumismo.com/index_main.html

www.dieoff.org

www.envirolink.org

www.food.safety.ufl.edu/index.html

www.newdream.org

www.popcultures.com/articles/consumer.htm

www.rubedo.psc.br/Artigos/consumo.htm

www.stopsmoking.com/1_main.htm

www.verdant.net

www.winepros.org/consumerism/labels.htm

www.womanmotorist.com